rororo computer
Herausgegeben von Ludwig Moos

Wollen auch Sie Ihre Arbeit mit **Excel** professionalisieren? Dann müssen Sie sich mit Visual Basic for Applications (kurz VBA) befassen. In dieser praxisnahen Einführung lernen Sie systematisch die Möglichkeiten von VBA für Excel kennen. Zum Einstieg erfahren Sie anhand überschaubarer Anwendungsbeispiele, wie Sie wiederkehrende Aufgaben mit Excel automatisieren und den Funktionsumfang des Programms gezielt erweitern können. Nachdem Sie sich mit Funktionen, Kontrollstrukturen, Objekten und Dialogfeldern vertraut gemacht haben, sind auch umfangreichere Anwendungsprogramme – beispielsweise zur Fakturierung oder zur Finanzierungsproblematik – keine Hürde mehr für Sie. Schritt für Schritt werden Sie so in die Lage versetzt, professionelle Lösungen mit Excel zu entwickeln.

Benno Brudermanns ist Studiendirektor an den Beruflichen Schulen des Kreises Viersen und arbeitet in der Lehrerfortbildung des Landes Nordrhein-Westfalen. Weitere Grundkursbände sind von ihm zu Excel und Power Point erschienen.

Ernst Tiemeyer ist als Diplomhandelslehrer in der Aus- und Fortbildung tätig und dabei auf die Anwendung von Computerlösungen in Office-Umgebungen spezialisiert. Weitere Grundkursbände sind von ihm zu Power Point und Lotus 1-2-3 erschienen.

Benno Brudermanns
Ernst Tiemeyer

Excel für Profis

Programmieren mit VBA

G r u n d k u r s
C o m p u t e r p r a x i s

Originalausgabe
Veröffentlicht im
Rowohlt Taschenbuch Verlag GmbH,
Reinbek bei Hamburg, April 1997
Copyright © 1997 by
Rowohlt Taschenbuch Verlag GmbH,
Reinbek bei Hamburg
Umschlaggestaltung Walter Werner
Grafiken Benno Brudermanns/Ernst Tiemeyer
Satz Stone Serif und Stone Sans PostScript,
QuarkXPress 3.31 bei UNDER/COVER, Esgrus
Druck und Bindung Clausen & Bosse, Leck
Printed in Germany
2290-ISBN 3 499 19257 8

Inhalt

Editorial 9

Vorwort 10

1   **Einleitung** 12

2   **Routineaufgaben mit Makros automatisieren** 16
2.1   Makros mit dem Makro-Recorder aufzeichnen 16
2.2   Aufgezeichnete Makros ausführen 19
2.3   Makros komfortabel starten 20
2.3.1   Makros über die Visual-Basic-Symbolleiste starten 20
2.3.2   Makros über Schnelltasten starten 21
2.3.3   Makros in das Menü Extras einfügen 23
2.3.4   Makros einer Schaltfläche in einer Symbolleiste zuweisen 24
2.3.5   Makros einer Schaltfläche auf einem Tabellenblatt zuweisen 27
2.3.6   Makros einem Grafikobjekt zuweisen 28
2.4   Makroeinstellungen vornehmen 29
2.4.1   Makrooptionen festlegen oder ändern 29
2.4.2   Speicherungsort festlegen 30
2.4.3   Absolute oder relative Bezugsart wählen 33
2.5   Aufgezeichnete Makros anpassen 34
2.5.1   Aufgezeichnete Makros anzeigen 34
2.5.2   Das Modulblatt als VBA-Entwicklungsumgebung 37
2.5.3   Einen aufgezeichneten Makro bearbeiten 42
2.5.3.1   Einen Makro lesen 42
2.5.3.2   Kommentar hinzufügen 45
2.5.3.3   Code bearbeiten 48
2.5.3.4   Zusätzlichen Code aufzeichnen 51

3   **Benutzerdefinierte Funktionen erzeugen und anwenden** 53
3.1   Der Funktionsbegriff 53
3.2   Aufbau und Wirkungsweise einer benutzerdefinierten Funktion 56
3.3   Benutzerdefinierte Funktionen erzeugen 58
3.4   Benutzerdefinierte Funktionen verwenden 61

3.5	Besonderheiten beim Definieren von Funktionen	65
3.5.1	Datendeklaration in Funktionen	65
3.5.2	Funktionen mit Wenn-Dann-Strukturen	69
3.5.3	Funktionen mit Wiederholungsstrukturen	70
3.6	Anwendungsfall «Handelskalkulation»	71
3.7	Übung «Industriekalkulation»	87
4	**Die VBA-Programmierumgebung**	**95**
4.1	Das Prozedurkonzept von Excel	96
4.1.1	Grundaufbau einer VBA-Prozedur	96
4.1.2	Mehrere Prozeduren für eine Anwendung	99
4.2	Aufbau einer Anwendung mit mehreren Prozeduren (Module strukturieren)	106
4.2.1	Deklarationsteil eines Programms	106
4.2.1.1	Optionen festlegen	107
4.2.1.2	Variablen deklarieren	107
4.2.1.3	Konstanten deklarieren	112
4.2.1.4	Prozeduren deklarieren	113
4.2.2	Hauptprogramm eingeben	114
4.2.3	Sub-Prozeduren erzeugen	115
4.3	VBA-Prozeduren ausführen	122
4.3.1	Prozeduren aktivieren	122
4.3.2	Prozeduren automatisch ausführen	125
4.4	Gültigkeitsbereiche festlegen	127
4.4.1	Gültigkeitsbereiche für Prozeduren	128
4.4.2	Gültigkeitsbereiche für Variablen und Konstanten	129
4.5	Besonderheiten beim Aufrufen von Prozeduren	130
4.6	Hinweise zur Verwendung der Sprache im VBA-Code	132
5	**Kontrollstrukturen**	**135**
5.1	Auswahlstrukturen	135
5.1.1	Einfachauswahl	136
5.1.2	Mehrseitige Auswahl	139
5.1.3	Fallunterscheidung	143
5.2	Schleifenstrukturen	146
5.2.1	Schleifen mit Bedingungsabfrage	147
5.2.2	Zählergesteuerte Schleife	151
5.3	Besonderheiten in Kontrollstrukturen	157
5.3.1	Unbedingte Verzweigung	157
5.3.2	Verschachtelte Kontrollstrukturen	159
5.3.3	Kontrollstrukturen und Prozeduren verlassen	160
5.4	Anwendungsbeispiel «Auslesen von Informationen»	163

6   Objekte 165
6.1   Der Objektbegriff in VBA 165
6.2   Eigenschaften steuern Objekte 169
6.2.1   Nutzungsmöglichkeiten für Eigenschaften 169
6.2.2   Schreibweise von Eigenschaften 169
6.2.3   Eigenschaftswerte festlegen 170
6.2.4   Eigenschaftswerte zurückgeben 171
6.3   BeiEreignis-Prozeduren 172
6.3.1   Die Eigenschaft BeiAktion (OnAction) 173
6.3.2   Die Eigenschaft BeiBerechnung (OnCalculate) 174
6.3.3   Die Eigenschaften BeiBlattaktivierung (OnSheetActivate)
          und BeiBlattdeaktivierung (OnSheetDeactivate) 175
6.3.4   Die Eigenschaft BeiDatenerhalt (OnData) 176
6.3.5   Die Eigenschaft BeiDoppelklick (OnDoubleClick) 176
6.3.6   Die BeiEingabe-Eigenschaft (OnEntry) 178
6.3.7   Die BeiFensterwechsel-Eigenschaft (OnWindow) 180
6.4   Methoden steuern Aktionen 180
6.4.1   Schreibweise von Methoden 180
6.4.2   Methoden mit benannten Argumenten nutzen 182
6.4.3   Integrierte Konstanten als Argumentwerte nutzen 184
6.4.4   Mit Objektauflistungen arbeiten 186
6.4.4.1   Ein einzelnes Auflistungsobjekt zurückgeben 186
6.4.4.2   Alle Objekte einer Auflistung zurückgeben 187
6.4.4.3   Ein neues Auflistungsobjekt erstellen 188
6.4.4.4   Weitere wichtige Auflistungen 188

7   Dialogmenüs mit Feldern und Steuerelementen erstellen 190
7.1   Vorteile der Verwendung von Dialogfeldern 190
7.2   Vorgehensweise und Optionen
          für das Erzeugen von Dialogfeldern 191
7.3   Varianten von Dialogelementen und ihre Nutzung 199
7.4   Dialogfelder anzeigen 210
7.5   Zusammenspiel von Dialogfeld und Makro 213
7.6   Anwendungsbeispiel «Annuitäten» 214
7.7   Integrierte Excel-Dialogfelder anzeigen 221
7.8   Vordefinierte Dialogfelder nutzen 226
7.8.1   Dateneingabe mit der EingabeDlg-Funktion 226
7.8.2   Dateneingabe mit der Eingabefeld-Methode 230
7.8.3   Datenausgabe mit der MeldungsDlg-Funktion 233

8 Anwendung: Prozentrechnung 241
8.1 Situation 241
8.2 Die benötigten Dialogfelder 242
8.3 Programmablauf planen 244
8.4 Dialogfelder entwickeln 245
8.5 Prozeduren entwickeln 247

9 Anwendung: Fakturierung im Kfz-Werkstattbereich 263
9.1 Situation 263
9.2 Programmentwurf planen 264
9.3 Entwicklung der Stammdatenverwaltung 268
9.3.1 Allgemeine Vorarbeiten 268
9.3.2 Kundendaten verwalten 268
9.3.3 Materialdaten verwalten 280
9.3.4 Arbeitsgangdaten verwalten 281
9.3.5 Das Tabellenblatt Menü erstellen 282
9.3.6 Das Tabellenblatt Rechnungsdaten entwickeln 284
9.3.7 Das Tabellenblatt Rechnung entwickeln 288
9.3.8 Tabellenblatt Materialschein entwickeln 292
9.3.9 Programminfo anzeigen 294
9.3.10 Programm beenden 295
9.3.11 Bildschirmorganisation 297
9.3.12 Gesamtlösung 299

10 Anwendung: Autofinanzierung 308
10.1 Situation 308
10.2 Das Listenfeld einrichten 310
10.3 Die Liste erweitern 313
10.4 Einen Listeneintrag löschen 328
10.5 Ein selbstdefiniertes Dialogfeld anlegen 332
10.6 Das Angebot drucken 342

11 Anhang 347
11.1 VBA-Schlüsselwörter 347
11.2 Objektnamen in VBA 367
11.3 Literaturverzeichnis 374
11.4 Sachwortregister 375

Editorial

Das Zusammenleben der Menschen wird immer stärker von informationsverarbeitenden Maschinen geprägt. Die meisten von uns werden direkt oder indirekt mit Computern zu tun haben. Eine besondere Rolle spielt dabei der millionenfach verbreitete Personal Computer (PC). Schüler, Studenten und Angehörige aller Berufsgruppen spielen oder arbeiten schon heute mit diesem Gerät.

Der Einsatz des persönlichen Computers wird weniger von der Fähigkeit des Benutzers bestimmt, das Gerät in seiner Technizität (Hardware) zu verstehen, als vielmehr davon, es mit Hilfe der Computerprogramme (Software) zu bedienen.

Der «Grundkurs Computerpraxis» erklärt Informationsverarbeitung sehr konkret und auf einfache Weise. Dabei steht das, was den Computer im eigentlichen Sinne funktionieren läßt, im Vordergrund: die Software. Sie umfaßt

▦ Betriebssysteme,
▦ Anwenderprogramme,
▦ Programmiersprachen.

Ausgewählt werden Programme, die sich hunderttausendfach bewährt und einen Standard gesetzt haben, der Gefahr des Veraltens also nur in geringem Maße unterliegen.

Im «Grundkurs Computerpraxis» wird das praktische Computerwissen übersichtlich gegliedert, auf das Wesentliche begrenzt und mit Grafiken, Beispielen und Übungen optimal zugänglich gemacht.

Dem «Grundkurs Computerpraxis» liegt ein didaktisches Konzept zugrunde, das von Dipl.-Hdl. Rudolf Hambusch, Referatsleiter im Landesinstitut für Schule und Weiterbildung Soest, entwickelt wurde. Es will das Computerwissen für jedermann verständlich machen. Die Autoren sind erfahrene Berufspädagogen, Praktiker oder Mitarbeiter in Weiterbildungsprojekten.

Vorwort

Excel hat sich sowohl im privaten als auch im kommerziellen Bereich zum führenden Tabellenkalkulationsprogramm entwickelt. Dennoch nutzen viele Anwender die Fähigkeiten von Excel nur zu einem geringen Bruchteil. Dieses Buch wendet sich an Excel-Anwender, die bereits über grundlegende Programmkenntnisse verfügen und nun erfahren möchten, wie man Excel noch besser zur Lösung bestimmter individueller Probleme nutzen kann. Dies erfordert eine intensive Auseinandersetzung mit der in Excel seit der Version 5 implementierten Programmierumgebung *Visual Basic für Applikationen* (VBA).

Visual Basic für Applikationen ist ein mächtiges Programmierwerkzeug, mit dem sich
- wiederkehrende Aufgaben automatisieren,
- Leistungsmerkmale und Funktionsumfang von Excel erweitern und
- vollständige Anwendungsprogramme entwickeln

lassen.

Die hier beschriebenen VBA-Beispiele und Lösungen werden zweisprachig in Deutsch und Englisch dargestellt. Sie sind unmittelbar in den Excel-Versionen 5 und 7 nutzbar und können auch in die Excel-Version für Office 97 übernommen werden.

Sie lernen in diesem Buch anschaulich und Schritt für Schritt, dieses Werkzeug an kleinen und zunehmend auch umfangreicheren Beispielen effektiv zu nutzen und das VBA-Konzept zu verstehen.

Die Autoren danken Herrn Dipl.-Hdl. Gerhard Haase für die Korrektur des Manuskriptes.

Benno Brudermanns
Ernst Tiemeyer

Zur Erleichterung der Arbeit mit diesem Buch können die von den Autoren verwendeten Beispiele auf einer Diskette gesondert unter der **Bestellnummer 9257** (3,5"-Diskette) für 22,00 DM bestellt werden. Der Preis ist inklusive Porto und Verpackung. Die Bestellung erfolgt durch Zusendung eines Verrechnungsschecks (bei Auslandsaufrägen eines auf DM lautenden Euroschecks) oder durch Überweisung auf das Konto 4001186 bei der Stadtsparkasse Lengerich, BLZ 40154476 **(Adresse bitte nicht vergessen!)** an:

DISKSERVICE Hennig, Postfach 1574, D-49525 Lengerich.

1 Einleitung

Was ist VBA ?

Excel war bereits von Anfang an mit einer mächtigen Makrosprache ausgestattet. Seit der Version 5 wurde diese Makrosprache durch das wesentlich leistungsfähigere VBA ergänzt. Visual Basic für Applikationen (besser Visual Basic für Anwendungen) ist ein objektorientiertes Programmiersystem, das einheitlich in alle Office-Produkte von Microsoft implementiert werden wird. Auf diese Weise erhalten dann die wichtigsten Programme des MS-Office-Paketes eine gemeinsame Makro-Programmierumgebung.

Somit ist VBA kein eigenständiges Produkt wie das Programmiertool Visual Basic, sondern es ist in die jeweilige Microsoft-Anwendung eingebettet. VBA ist nicht ausschließlich an die englische Sprache gebunden. Es wurde vielmehr in 20 verschiedene Sprachen «lokalisiert». Weiterhin kann VBA unter verschiedenen Betriebssystemebenen wie Windows 3.x (DOS), Windows NT, Macintosh und Windows 95 genutzt werden.

VBA ist also eine gemeinsame, anwendungs- und plattformübergreifende Makro-Programmierumgebung für Microsoft-Anwendungen.

Wer braucht VBA ?

Als potentielle VBA-Anwender kommen drei Zielgruppen in Frage:

- *Entwickler von Add-ins*, die Komponenten für Endbenutzer und Lösungsanbieter (Solution Provider) entwickeln,
- *Lösungsanbieter*, die durch Verknüpfung von Komponenten der Office-Anwendungen kundenspezifische Lösungen erstellen,
- *Endanwender*, die Makros aufzeichnen und modifizieren, um Routineaufgaben zu vereinfachen oder zu automatisieren.

Der Grund für das Zustandekommen eines so breiten Anwenderspektrums liegt in den Vorteilen, die VBA bietet. Dies gilt besonders für den

Endanwender, der seine Standardanwendungen mit individuellen Lösungen erweitern möchte. Er braucht nur noch eine einzige Makrosprache zu lernen, gleichgültig ob er sich in Excel, Access oder Project befindet. Er kann VBA in seiner vertrauten Arbeits- und Sprachumgebung nutzen und muß sich nicht erst auf andere Programmoberflächen (User-Interfaces) umstellen. Der Datenaustausch zwischen den Standardanwendungen und den individuellen Lösungen wird einfacher und die Nutzung der PC-Ressourcen effizienter. Dies führt insgesamt zu einer Verkürzung der Entwicklungszeit für Lösungen.

Für Unternehmungen bedeutet dies zusätzlich einen verbesserten Investitionsschutz, denn die Standardsoftware läßt sich nun mit VBA besser, schneller und damit kostengünstiger an die individuellen Bedürfnisse anpassen und bleibt so länger nutzbar. Dadurch verringert sich ebenfalls der erforderliche Schulungsaufwand.

Nicht zu vergessen ist auch die bessere und vielseitigere Einsatzmöglichkeit von bereits existierenden Softwarekomponenten. Dies gilt besonders für Lösungsanbieter, die ihre Produkte bausteinartig entwickeln. Geringere Entwicklungszeiten sowie vielseitigere Anpassungsmöglichkeiten der vorhandenen Software-Komponenten bei der Entwicklung von Anwendungen für unterschiedliche Zielgruppen sind die Folge.

Abgrenzungen

Gegenstand dieses Buches ist das in Excel eingebettete VBA. Dabei muß jedoch eine Beschränkung auf eine Beschreibung der wesentlichen VBA-Grundlagen und deren Verdeutlichung an Beispielen hingenommen werden. Eine vollständige Behandlung aller VBA-Schlüsselwörter würde den Rahmen dieses Buches sprengen. Hierzu sei auf die Online-Hilfe verwiesen.

Auch auf die Excel-4-Makrosprache wird nicht mehr eingegangen, da deren Anpassung an die Fähigkeiten neuerer Excel-Versionen nicht mehr erfolgen wird. Wenn Sie bisher mit Excel-4-Makros gearbeitet haben, sollten Sie auf die leistungsfähigere VBA-Sprache umsteigen, die nicht nur von Excel, sondern bald auch von allen wichtigen Microsoft-Anwendungen verstanden werden wird.

VBA gehört zwar zu der Microsoft-Visual-Basic-Programmierumgebung, es unterscheidet sich aber dennoch in wesentlichen Teilen von den selbständig lauffähigen Ausgaben *Visual Basic Standard* oder *Professional*.

Im Gegensatz zu Visual Basic ist VBA eng in eine Anwendung wie Excel integriert und auf andere Plattformen portierbar. Es enthält zusätzliche Syntaxelemente und Datentypen. Die mit VBA erstellten Prozeduren werden integrative Bestandteile der Basisanwendung.

Installation
Eine besondere Installation von VBA ist nicht erforderlich. Es wird mit der jeweiligen Anwendung installiert, in diesem Falle also mit Excel. Sie sollten jedoch darauf achten, die Option *Hilfe zu Visual Basic* zu aktivieren. Sollten Sie dies nicht beachtet haben, so können Sie später das Setup-Programm erneut aufrufen, um diese Option nachträglich zu installieren.

Weiterhin sollten Sie prüfen, ob die landesspezifischen Einstellungen Ihren Wünschen entsprechen. Rufen Sie dazu im Menü **Extras** mit dem Befehl **Optionen** das Dialogfeld *Optionen* auf. Aktivieren Sie das Registerblatt *Modul Allgemein*. Überzeugen Sie sich davon, daß dort im Listenfeld *Sprache/Land* die Einstellung *Deutsch/Deutschland* eingetragen ist.

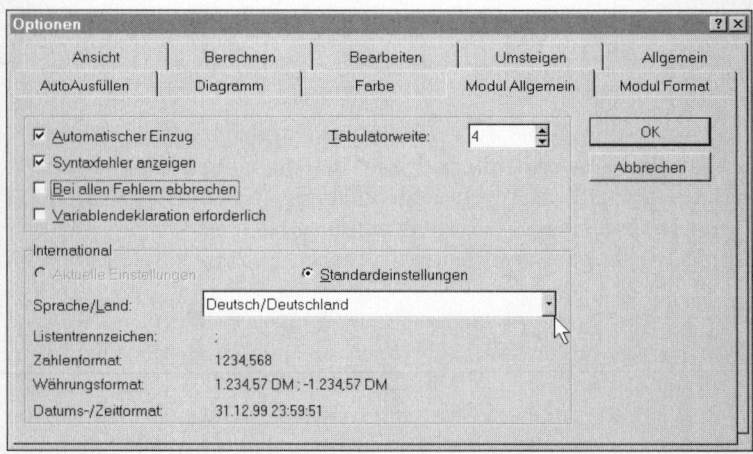

Für die Einführung in VBA werden wir diese landesspezifische Einstellung beibehalten, später aber zusätzlich auch die englischsprachige Lösung zeigen, da seit der Excel-Version 7 die Online-Hilfe nur noch englische Schlüsselbegriffe enthält.

Voraussetzungen

Sie selbst sollten über gute Grundkenntnisse im Umgang mit Windows und Excel verfügen. Programmierkenntnisse müssen Sie hingegen nicht vorweisen, sie schaden aber auch nicht.

2 Routineaufgaben mit Makros automatisieren

2.1 Makros mit dem Makro-Recorder aufzeichnen

Bei der Arbeit mit Excel werden Sie häufig auf Aufgaben stoßen, die sich mit einer gewissen Regelmäßigkeit wiederholen. Solche Aufgaben sind beispielsweise das Öffnen, Speichern oder Schließen von Arbeitsmappen, das Drucken von Tabellenblättern oder das Zuweisen von Formaten zu Tabellenblättern. Derartige Routineaufgaben lassen sich mit Visual Basic für Applikationen auf einfache Weise automatisieren, indem die einzelnen Arbeitsschritte als Makro aufgezeichnet werden.

Ein Makro ist die Zusammenstellung einer Folge von Aktionen oder Befehlen, die beliebig oft automatisch in der ursprünglich aufgezeichneten Reihenfolge ausgeführt werden können. Für die Befehlsaufzeichnung verfügt Excel über einen Makro-Recorder. Dieser Recorder nimmt im eingeschalteten Zustand alle von Ihnen in Excel ausgeführten Aktionen auf und überträgt diese in VBA-Code.

So benötigen Sie zunächst keinerlei Programmiererfahrung, wenn Sie sich für die Lösung einfacher Probleme auf die Nutzung des Makro-Recorders beschränken. Dabei ist es wenig sinnvoll, alle Aktionen einer derartigen Aufgabe in einem einzigen Makro zu erfassen. Vielmehr sollten Sie das Problem modularisieren, d. h. auf mehrere oder sogar viele kleinere Makros aufteilen. Diese Makros können nach Möglichkeit mit dem Makro-Recorder aufgezeichnet werden, müssen dann aber häufig noch «von Hand» an das spezielle Problem angepaßt, erweitert und miteinander verbunden werden.

Zunächst sollen Sie die Einsatzmöglichkeit des Makro-Recorders an einem kleineren Beispiel kennenlernen.

Fallbeschreibung

Die Brinkmann GmbH unterhält Filialen in Berlin, Düsseldorf und München. Die Quartalsumsätze der Filialen sind jährlich in einem

Tabellenblatt darzustellen. Die Arbeiten zur Einrichtung und Formatierung des Tabellenblattes sollen einem Makro übertragen werden. Das Tabellenblatt soll folgenden Aufbau erhalten:

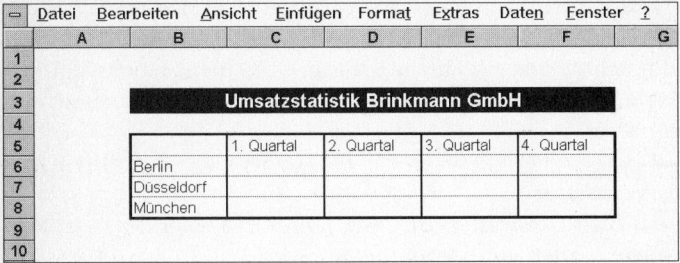

Bevor Sie nun mit der Aufzeichnung beginnen, sollten Sie genau überlegen, welche Schritte im einzelnen aufgezeichnet werden sollen. Im vorstehenden Beispiel sind dies folgende Aktionen:

1. Setzen Sie die Markierung in einem leeren Tabellenblatt in die Zelle B3. Geben Sie dort den Text «Umsatzstatistik Brinkmann GmbH» ein.

2. Zentrieren Sie den Text über den Spalten B bis F.

3. Zeichnen Sie den Text mit Schriftgröße 12 und fett aus.

4. Unterlegen Sie die Zellen B3:F3 schwarz, und wählen Sie als Schriftfarbe Weiß. Die hierzu erforderlichen Befehle finden Sie im Menü **Format**, Befehl **Zellen**, Registerkarten *Muster* und *Schrift*.

5. Setzen Sie die Markierung auf die Zelle C5, und geben Sie ein «1.Quartal». Ziehen Sie zur Erstellung der restlichen Spaltenüberschriften das Ausfüllkästchen dieser Zelle mit der Maus nach rechts bis zur Spalte F.

6. Tragen Sie in die Zellen B6 bis B8 die Standorte der Filialen ein.

7. Markieren Sie den Bereich B5:F8. Wählen Sie dann über Menü **Format**, Befehl **Zellen,** im Register *Rahmen* für die Option *Gesamtrahmen* die Stärke *dick*, für *Links* die Stärke *Mittel* und für *Unten* die Stärke *Haarlinie*.

8. Wählen Sie im Menü **Extras** den Befehl **Optionen**. Schalten Sie im Dialogfeld *Optionen* das Kontrollkästchen *Gitternetzlinien* aus.

9. Aktivieren Sie im Menü **Ansicht**, Register *Ansicht,* den Befehl **Ganzer Bildschirm**.

Um den Makro aufzuzeichnen, wählen Sie im Menü **Extras** den Befehl **Makro aufzeichnen**. In dem sich dann öffnenden Untermenü bringt Sie der Befehl **Aufzeichnen** in das gleichnamige Dialogfeld. Hier können Sie im Feld *Makroname* den Makro benennen, beispielsweise *Umsatzstatistik*. Standardmäßig ist dort der Name *Makro1* eingetragen, der bei weiteren Aufrufen des Dialogfeldes weitergezählt wird.

Das Feld *Beschreibung* enthält ebenfalls bereits einen Standardeintrag, der beliebig geändert werden kann. Tragen Sie hier eine Kurzbeschreibung ein, etwa:

Makro Umsatzstatistik
Erstellt das Blatt Umsatzstatistik eines Jahres mit einer Überschrift in Zeile 3 sowie Spalten- und Zeilentiteln

Wenn Sie nun mit [OK] das Dialogfeld verlassen, wird der Makro-Recorder gestartet. Alle nachfolgend ausgeführten Aktionen werden dann aufgezeichnet, bis Sie den Makro beenden. Hierzu können Sie auf die kleine Schaltfläche *Makro-Aufzeichnung beenden* klicken, die während der Aufzeichnung auf dem Bildschirm erscheint.

Sie können aber auch im Menü **Extras** über den Befehl **Makro aufzeichnen** im Untermenü den Befehl **Aufzeichnung beenden** aktivieren.

Aufgabe

Starten Sie nun den Makro-Recorder, und zeichnen Sie die oben beschriebenen Aktionen zur Einrichtung des Tabellenblattes *Umsatzstatistik* auf. Speichern Sie die Arbeitsmappe unter dem Namen BEISP1.XLS.

2.2 Aufgezeichnete Makros ausführen

Jetzt wollen Sie natürlich sehen, ob Ihre Arbeit von Erfolg gekrönt war und der Makro auch funktioniert. Hierzu müssen Sie folgende Schritte ausführen:

1. Wechseln Sie zu einem leeren Tabellenblatt in Ihrer Arbeitsmappe.
2. Wählen Sie im Menü **Extras** den Befehl **Makro**.
3. In dem nun erscheinenden Dialogfeld werden im Feld *Makroname/Bezug* alle Makros der aktuellen Arbeitsmappe aufgelistet. Durch einen Mausklick wird der gewünschte Makroname *Umsatzstatistik* aus dem Listenfeld in das Eingabefeld übertragen. Eine Tastatureingabe ist ebenfalls möglich. Im unteren Teil des Dialogfeldes erscheint die zu Beginn der Makroaufzeichnung eingegebene Kurzbeschreibung des Makros.
4. Wählen Sie nun die Schaltfläche [Ausführen].

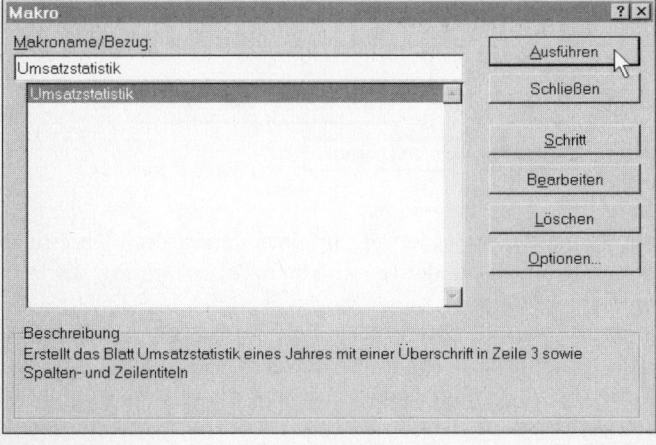

Nun wird der Makro ausgeführt. Nach wenigen Augenblicken ist das Tabellenblatt so eingerichtet, daß Sie mit der Dateneingabe beginnen können.

Sie können einen Makro während der Laufzeit durch Drücken der $\boxed{\text{Esc}}$-Taste unterbrechen. Daraufhin wird das Dialogfeld *Makrofehler* eingeblendet, das Sie mit $\boxed{\text{Esc}}$ oder $\boxed{\text{Ende}}$ schließen können.

2.3 Makros komfortabel starten

Einmal aufgezeichnete Makros können beliebig oft aufgerufen und ausgeführt werden. Excel sieht daher eine ganze Reihe von weiterer Möglichkeiten vor, Makros bequem und einfach zu starten.

2.3.1 Makros über die Visual-Basic-Symbolleiste starten

Excel besitzt unter seinen zahlreichen Symbolleisten eine besondere Visual-Basic-Symbolleiste, die Sie mit dem Befehl **Symbolleisten** im Menü **Ansicht** einblenden können. Zum gleichen Ergebnis kommen Sie, wenn Sie den Mauszeiger in eine Symbolleiste setzen, mit einem Klick auf die rechte Maustaste das Kontextmenü öffnen und dort den Eintrag *Visual Basic* auswählen.

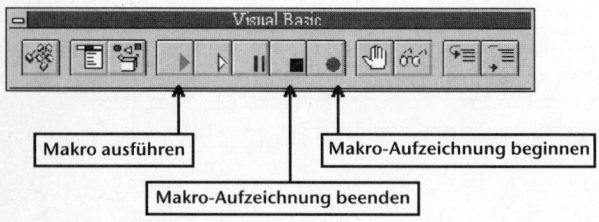

In dieser Symbolleiste finden Sie unter anderem drei Schaltflächen zum Beginnen und Beenden einer Makro-Aufzeichnung sowie zum Ausführen eines Makros.

Zum Start eines Makros klicken Sie auf die entsprechende Schaltfläche. Daraufhin öffnet sich das Dialogfeld *Makro*. Wählen Sie dort im Listenfeld den gewünschten Makro aus, und klicken Sie dann auf die Schaltfläche $\boxed{\text{Ausführen}}$.

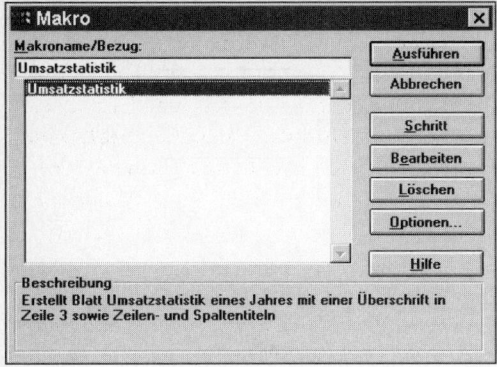

2.3.2 Makros über Schnelltasten starten

Anwender, die über keine Maus verfügen oder nicht mit der Maus arbeiten wollen, können die meisten Excel-Befehle auch über sogenannte Schnelltasten oder Abkürzungstasten (Shortcuts) aufrufen. Dabei handelt es sich um eine Kombination von Sondertasten mit Buchstabentasten, beispielsweise Strg + a oder Strg + ⇧ + b . Dies ist zwar das schnellste Verfahren zur Befehlseingabe. Nachteilig ist jedoch, daß Sie Ihr Gedächtnis mit einer Fülle von Tastenkombinationen belasten müssen.

Auch Makros lassen sich mit solchen Schnelltasten aufrufen. Dazu müssen Sie dem Makro zunächst einen Shortcut zuordnen. Hierzu öffnen Sie über das Menü **Extras** oder durch einen Klick auf die Schaltfläche *Makro-Aufzeichnung beginnen* in der Symbolleiste *Visual Basic* das Dialogfeld *Aufzeichnen*. Klicken Sie dort auf die Schaltfläche Optionen > , so erweitert sich das Dialogfeld nach unten.

Schalten Sie hier im Bereich *Zuweisen* das Kontrollkästchen *Shortcut* ein, und geben Sie bei *Strg+* einen in dieser Arbeitsmappe bisher noch nicht vergebenen beliebigen Buchstaben ein. In unserem Beispiel könnte das der Buchstabe «u» sein. Sollte dieser Buchstabe jedoch bereits belegt sein, so macht Excel Sie in einem Dialogfeld darauf aufmerksam.

Wenn Sie nun nach Aufzeichnung des Makros in ein leeres Tabellenblatt wechseln und dort die Tastenkombination Strg + u eingeben,

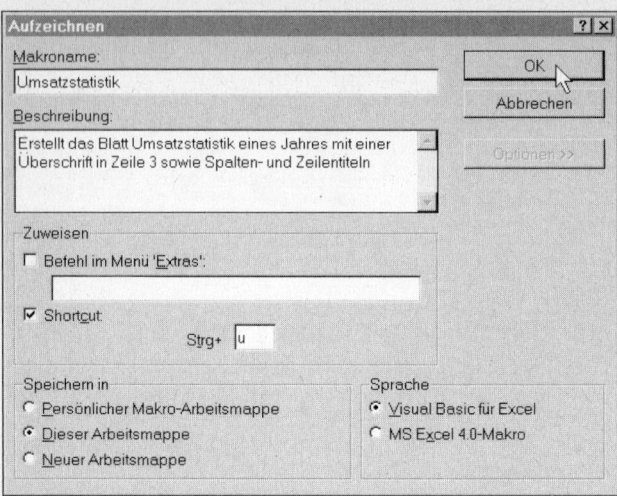

wird der Makro gestartet und das Tabellenblatt für die Umsatzstatistik eingerichtet.

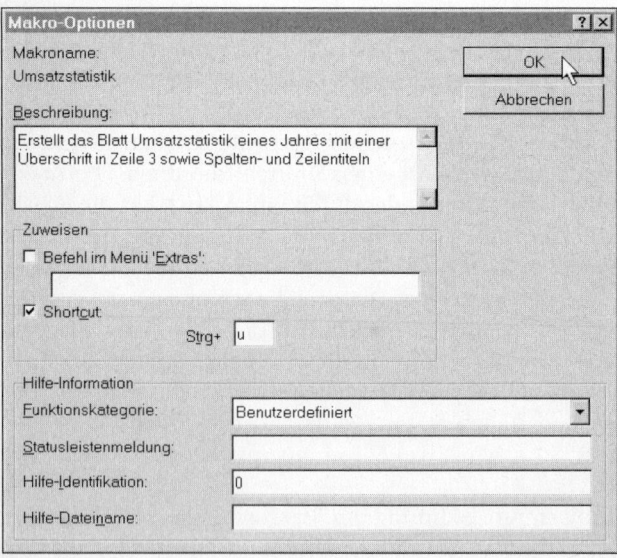

Sie können auch nachträglich einem Makro noch Schnelltasten zuordnen oder bereits vergebene Schnelltasten ändern. Rufen Sie hierzu mit dem Befehl **Makro** im Menü **Extras** das Dialogfeld *Makro* auf, und wählen Sie hier den betreffenden Makro aus. Mit einem Klick auf die Schaltfläche Optionen... gelangen Sie in das Dialogfeld *Makro-Optionen*, wo Sie den Shortcut eingeben oder ändern können.

2.3.3 Makros in das Menü Extras einfügen

Startbefehle für Makros, die Sie ständig benötigen, lassen sich in das Menü **Extras** integrieren. Sie können dann wie normale Menübefehle aufgerufen werden. Der Vorteil liegt darin, daß Sie keine Tastenkombinationen auswendig lernen müssen und andere Mitbenutzer Ihres Rechners die Makros leicht finden.

Um dem Menü **Extras** einen Makro hinzuzufügen, müssen Sie folgende Schritte ausführen:

1. Wählen Sie im Menü **Extras** den Befehl **Makro**.
2. Wählen Sie im Feld *Makroname/Bezug* des Dialogfeldes *Makro* den entsprechenden Makro aus.
3. Klicken Sie auf die Schaltfläche Optionen .

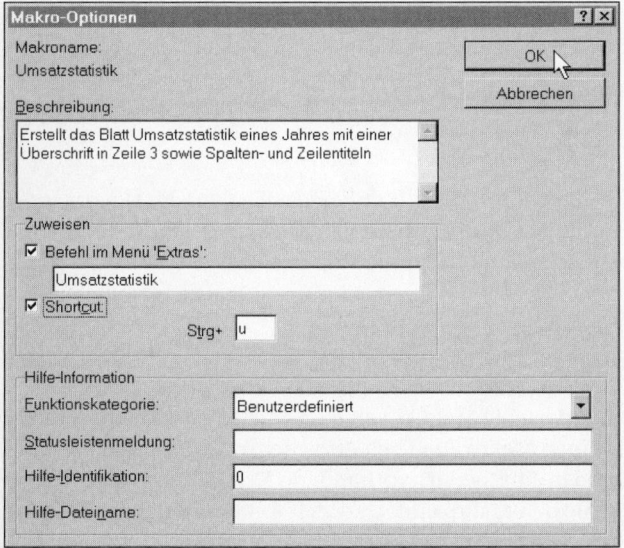

4. Klicken Sie im Feld *Zuweisen* des Dialogfeldes *Makro-Optionen* auf das Kontrollkästchen, und geben Sie den Namen des Makros ein, der im Menü **Extras** eingetragen werden soll.

5. Schließen Sie mit OK das Dialogfeld *Makro-Optionen* und mit Schließen das Dialogfeld *Makro*.

Aufgabe

Weisen Sie dem Makro den Shortcut «u» zu, und fügen Sie den Makronamen «Umsatzstatistik» in das Menü **Extras** ein!
Speichern Sie die Arbeitsmappe BEISP1.XLS!

Sie sollten zu folgendem Ergebnis kommen:

Zum Löschen dieses Eintrags öffnen Sie das Dialogfeld *Makro-Optionen*. Deaktivieren Sie dort das Kontrollkästchen *Befehl im Menü* **Extras**, und löschen Sie den Namenseintrag mit Entf.

2.3.4 Makros einer Schaltfläche in einer Symbolleiste zuweisen

Eine weitere komfortable Möglichkeit zum Starten von Makros besteht darin, daß Sie einen Makro einer Schaltfläche zuweisen und diese dann in eine neue oder eine bereits vorhandene Symbolleiste integrieren. Dann können Sie den Makro einfach durch Anklicken der Schaltfläche aufrufen.

Excel unterscheidet zwischen integrierten und benutzerdefinierten Schaltflächen. Die **integrierten Schaltflächen** sind bereits mit einer bestimmten Funktion verknüpft. Trotzdem kann einer solchen Schaltfläche ein Makro zugewiesen werden. Sie sollten aber bedenken, daß dabei die ursprüngliche Verknüpfung verlorengeht. Die Zuweisung eines Makros an eine **benutzerdefinierte Schaltfläche** erscheint daher sinnvoller. Diese Schaltflächen sind speziell für Makroanbindungen und andere Anpassungen bestimmt.

Um einen Makro einer benutzerdefinierten Schaltfläche zuzuweisen und diese auf einer Symbolleiste zu plazieren, sind folgende Schritte auszuführen:

1. Öffnen Sie im Menü **Ansicht** mit dem Befehl **Symbolleisten** das gleichnamige Dialogfeld.
2. Geben Sie im Eingabefeld *Name der Symbolleiste* dieses Dialogfeldes einen Namen für die neue Symbolleiste ein, beispielsweise «Eigene Makros». Wählen Sie anschließend die Schaltfläche Neu .

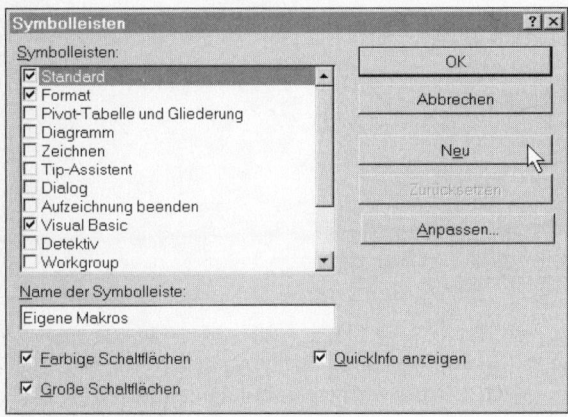

Soll die Schaltfläche jedoch in eine auf dem Bildschirm **bereits vorhandene** Symbolleiste eingebracht werden, wählen Sie die Schaltfläche Anpassen .

3. Unabhängig von der gedrückten Schaltfläche wird anschließend das Dialogfeld *Anpassen* eingeblendet. Dazu wird, falls Sie die Schaltfläche Neu angeklickt hatten, eine neue Symbolleiste auf dem Tabellenblatt angezeigt. Diese Symbolleiste bietet zunächst nur Platz für die Aufnahme einer einzigen Schaltfläche.

4. Wählen Sie im Dialogfeld *Anpassen* die Kategorie *Benutzerdefiniert* aus. Daraufhin erscheinen im Feld *Schaltflächen* eine Reihe von Schaltflächen, die für die Makrozuordnung verfügbar sind. Ziehen Sie mit gedrückter Maustaste eine Schaltfläche Ihrer Wahl auf die neue Symbolleiste. Sie können die Schaltfläche aber auch auf eine andere geöffnete Symbolleiste ziehen, falls dort noch Platz ist.

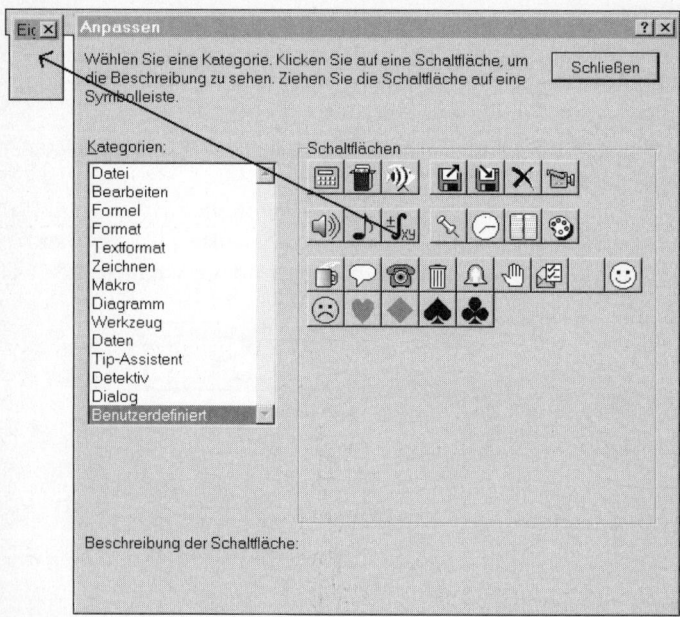

5. Nachdem Sie die Schaltfläche auf der Symbolleiste abgelegt haben, wird das Dialogfeld *Zuweisen* eingeblendet. Hier können Sie im Feld *Makroname/Bezug* einen Makro auswählen, der nach Bestätigung mit OK der zuvor gewählten Schaltfläche zugeordnet wird. Schließen Sie das Dialogfeld *Zuweisen* mit OK und anschließend das Dialogfeld *Anpassen* mit Schließen.

Der neuen Symbolleiste können Sie beliebig weitere Schaltflächen zuweisen. Zur besseren Plazierung sollten Sie die Symbolleiste aus dem Tabellenblatt heraus an den oberen oder unteren Bildschirmrand ziehen.

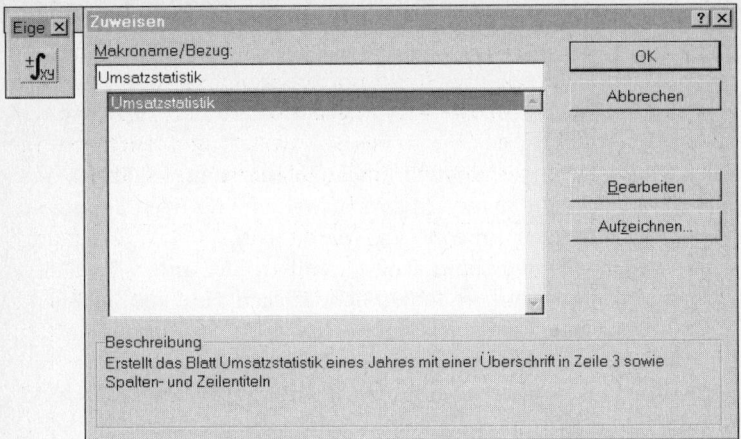

Aufgabe

Vollziehen Sie die oben beschriebene Zuweisung des Makros *Umsatzstatistik* zu einer benutzerdefinierten Schaltfläche und deren Einordnung in eine neue Symbolleiste nach!
Speichern Sie Ihr Arbeitsergebnis in BEISP1.XLS!

2.3.5 Makros einer Schaltfläche auf einem Tabellenblatt zuweisen

Noch deutlicher lassen sich Makros durch Zuweisung zu Schaltflächen, die auf einem Tabellen- oder Diagrammblatt angeordnet sind, verfügbar machen. Die Schaltfläche kann mit einem erklärenden Text beschriftet werden.

Um eine Schaltfläche auf einem Tabellenblatt einzurichten, benötigen Sie die Symbolleisten *Zeichnen* oder *Dialog*. Öffnen Sie über das Menü **Ansicht** eine dieser Symbolleisten, und klicken Sie auf das Symbol *Befehlsschaltfläche*.

Ziehen Sie dann auf dem Tabellenblatt an der gewünschten Stelle mit gedrückter linker Maustaste ein Rechteck auf. Sobald Sie die Maustaste loslassen, wird die Schaltfläche in entsprechender Größe und Form dargestellt. Die Schaltfläche trägt zunächst die Aufschrift «Schaltfläche 1».

Gleichzeitig wird das Dialogfeld *Zuweisen* angezeigt. Im Feld *Makroname/Bezug* können Sie den Makro auswählen, der nach Bestätigung auf OK der Befehlsschaltfläche zugewiesen wird.

Den Standardnamen «Schaltfläche n» ändern Sie, indem Sie bei gedrückter Strg-Taste auf die Schaltfläche klicken. Nun können Sie den neuen Text eingeben, beispielsweise *Umsatzstatistik*. Klicken Sie dann mit der rechten Maustaste auf die Schaltfläche, so erscheint das Kontextmenü. Hier können Sie mit dem Befehl **Objekt formatieren** Ausrichtung und Schriftart des Schaltflächentextes ändern.

Umsatzstatistik

Sobald Sie auf die Befehlsschaltfläche klicken, wird der zugeordnete Makro ausgeführt.

Aufgabe
Erstellen Sie die Befehlsschaltfläche für den Makro *Umsatzstatistik*!
Speichern Sie Ihr Arbeitsergebnis in BEISP1.XLS!

2.3.6 Makros einem Grafikobjekt zuweisen

Ähnlich wie bei Befehlsschaltflächen können auch Grafikobjekten Makros zugewiesen werden. Grafikobjekte sind Bilder, die mit einer anderen Anwendung oder mit den Zeichenwerkzeugen von Excel erstellt wurden. Häufig finden Sie brauchbare Grafikobjekte in den ClipArt-Sammlungen verschiedener Anwendungen wie beispielsweise Word für Windows.

Um ein Grafikobjekt in ein Tabellenblatt einzufügen, wählen Sie im Menü **Einfügen** den Befehl **Grafik**. Wählen Sie dann im Dialogfeld *Gra-*

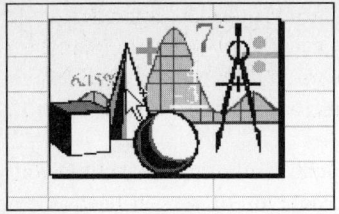

fik einfügen das entsprechende Grafikobjekt aus, das nach Bestätigung auf OK in das Tabellenblatt eingefügt wird.

Wenn Sie auf das eingefügte Grafikobjekt klicken, zeigen sich an dessen Rändern kleine Anfaßpunkte, die zur Größenänderung des Objektes dienen.

Um nun dem Grafikobjekt einen Makro zuzuweisen, klicken Sie es mit der rechten Maustaste an. Wählen Sie dann in dem sich öffnenden Kontextmenü den Befehl **Zuweisen**. Klicken Sie im Feld *Makroname/ Bezug* des sich darauf öffnenden Dialogfeldes auf den Makronamen. Nach Bestätigung auf OK wird dieser Makro dem Grafikobjekt zugeordnet.

Aufgabe

Fügen Sie ein Grafikobjekt Ihrer Wahl in das Tabellenblatt ein, und weisen Sie diesem den Makro *Umsatzstatistik* zu!

Speichern Sie Ihr Arbeitsergebnis in BEISP1.XLS!

2.4 Makroeinstellungen vornehmen

2.4.1 Makrooptionen festlegen oder ändern

Sie haben in den bisherigen Ausführungen erfahren, daß unmittelbar vor Beginn einer Makroaufzeichnung bestimmte Optionen eingestellt werden können. Diese Einstellungen erfolgen im Dialogfeld *Aufzeichnen*, das Sie über die Befehle **Makro aufzeichnen** und **Aufzeichnen** im Menü **Extras** erreichen.

Hier können Sie dem aufzuzeichnenden Makro eine kurze Beschreibung als Kommentar hinzufügen. Nachdem Sie das Dialogfeld über die Schaltfläche ⌊Optionen >⌋ nach unten aufgeklappt haben, bieten sich weitere Einstellmöglichkeiten an. Sie können dem Makro eine Tastenkombination für den Start zuweisen und/oder einen Makronamen in das Menü **Extras** eintragen.

Sollten Sie eine dieser Einstellmöglichkeiten bei der Makroaufzeichnung vergessen haben oder möchten Sie an diesen Einstellungen nachträglich Änderungen vornehmen, so ist dies problemlos möglich. Folgende Schritte sind hierzu erforderlich:

1. Öffnen Sie im Menü **Extras** mit dem Befehl **Makro** das Dialogfeld *Makro*.
2. Klicken Sie im Feld *Makroname/Bezug* auf den Makro, dessen Einstellungen Sie ändern möchten.
3. Wählen Sie die Schaltfläche ⌊Optionen⌋, um das Dialogfeld *Makro-Optionen* zu öffnen.
4. Nehmen Sie in den Feldern *Beschreibung* oder *Zuweisen* die gewünschten Eintragungen vor.
5. Wechseln Sie mit ⌊OK⌋ zurück zum Dialogfeld *Makro*, und verlassen Sie dieses Dialogfeld mit ⌊Abbrechen⌋.

2.4.2 Speicherungsort festlegen

Bisher wurden noch keine Überlegungen darüber angestellt, wo die aufgezeichneten Makros gespeichert werden. Standardmäßig werden Makros in einem besonderen Blatt der **gerade aktiven Arbeitsmappe** aufgezeichnet und mit dieser Arbeitsmappe auch gespeichert. Sobald eine Arbeitsmappe geöffnet wird, stehen die in ihr enthaltenen Makros zur Verfügung. Daneben bietet Excel zwei weitere Speicherungsmöglichkeiten an. Die hierzu erforderlichen Einstellungen nehmen Sie im Dialogfeld *Aufzeichnen* vor, bevor Sie mit der Aufzeichnung beginnen.

Neue Arbeitsmappe
Sie können einen Makro auch in einer neuen Arbeitsmappe speichern.

Dazu ein Beispiel
Es sei ein Makro aufzuzeichnen, der den Firmennamen «Brinkmann GmbH» über 5 Spalten zentriert, in Größe 16, Schriftfarbe Blau auszeichnet und mit einem dicken Rahmen umgibt. Der Makroname sei *Firmenname*. Dieser Name soll auch im Menü **Extras** eingetragen wer-

den. Der Shortcut sei ⌈Strg⌉+⌈f⌉. Die Speicherung des Makro soll jedoch nicht in der aktiven Arbeitsmappe BEISP1.XLS, sondern in einer
neuen Arbeitsmappe erfolgen, die dann unter dem Namen BEISP2.XLS
zu speichern ist.

Zur Lösung dieses Problems müssen Sie folgende Schritte ausführen:

1. Aktivieren Sie in der Arbeitsmappe BEISP1.XLS ein leeres Tabellenblatt.
2. Öffnen Sie mit dem Befehl **Makro aufzeichnen** im Menü **Extras** das
   Dialogfeld *Aufzeichnen*, und aktivieren Sie dort die Schaltfläche
   ⌈Optionen >>⌉.
3. Nehmen Sie folgende Eingaben bzw. Einstellungen vor:
   den Makronamen eingeben,
   die Makrobeschreibung eingeben,
   den Menüeintrag und den Shortcut im Feld *Zuweisen* eingeben,
   die Option *Neue Arbeitsmappe* in der Optionsgruppe *Speichern*
   einstellen.
4. Schließen Sie die Eingaben mit ⌈OK⌉ ab, und beginnen Sie mit der
   Aufzeichnung des Makros.

Der aufgezeichnete Makro wird nun nicht in der aktiven Arbeitsmappe
BEISP1.XLS, sondern in einer neuen Arbeitsmappe mit dem vorläufi-
gen Namen MAPPE2.XLS gespeichert, die von Excel automatisch geöffnet wurde. Sie können dies nachprüfen, indem Sie nach Abschluß der
Aufzeichnung im Menü **Fenster** die Liste der offenen Arbeitsmappen
ansehen.

Dennoch kann dieser Makro aus der Arbeitsmappe BEISP1.XLS sowohl
im Menü **Extras** als auch mit ⌈Strg⌉+⌈f⌉ aufgerufen werden.

Sie finden den Makro im Dialogfeld *Makro* unter dem Namen *MAP-
PE2!Firmenname*.

Auch aus anderen Arbeitsmappen können Sie auf diesen Makro zugreifen. Sie müssen nur dafür sorgen, daß die Arbeitsmappe geöffnet ist.

Aufgabe
Vollziehen Sie dieses Beispiel nach, und speichern Sie beide Arbeitsmappen unter den oben erwähnten Namen!

Persönliche Makro-Arbeitsmappe

Anwender, die bereits unter Excel 4 mit Makros gearbeitet haben, erinnern sich sicher an die Datei GLOBAL.XLM, in der vorzugsweise vielseitig verwendbare Makros gesammelt werden. Die Datei befindet sich im Verzeichnis XLSTART und wird bei jedem Start von Excel automatisch als ausgeblendete Datei geöffnet. Die in dieser Datei gespeicherten Makros stehen ständig zur Verfügung, gleichgültig, in welchem aktiven Tabellenblatt Sie sich gerade befinden.

Eine derartige Sammelmappe für vielseitig nutzbare Makros gibt es auch in Excel 5 und Excel 7. Sie trägt den Namen PERSONL.XLS. Eine Speicherung in dieser persönlichen Arbeitsmappe erreichen Sie durch Aktivierung der Option *Persönliche Makro-Arbeitsmappe* im Dialogfeld *Aufzeichnen*.

Sobald Sie dann mit der Aufzeichnung des ersten Makros beginnen, wird die Arbeitsmappe PERSONL.XLS automatisch von Excel eingerichtet und verwaltet. Das heißt, beim Beenden von Excel wird die Arbeitsmappe PERSONL.XLS automatisch im Verzeichnis bzw. Ordner EXCEL\XLSTART gespeichert. Beim nächsten Start von Excel wird sie wieder automatisch als ausgeblendete Arbeitsmappe geöffnet. Sie kann im Menü **Fenster** mit dem Befehl **Einblenden** sichtbar gemacht werden.

Es gibt zwei Möglichkeiten, das automatische Öffnen zu unterbinden. Sie können die Datei PERSONL.XLS im Ordner XLSTART löschen. Dann stehen Ihnen die dort gespeicherten Makros aber künftig nicht mehr zur Verfügung. Sinnvoller ist es hingegen, die Datei einfach umzubenennen, beispielsweise in PERSONL.BAK.

Im Gegensatz zu anderen Arbeitsmappen enthält die persönliche Arbeitsmappe zunächst nur ein einzelnes Arbeitsblatt, in dem Sie nach Belieben Makros aufzeichnen können, die von allen aktiven Arbeitsmappen aus aufgerufen werden können.

Aufgabe

1. Zeichnen Sie das letzte Beispiel «Firmenname» diesmal in der persönlichen Arbeitsmappe auf.
2. Vergeben Sie als Shortcut $\boxed{\text{Strg}}$+$\boxed{\text{n}}$.
3. Starten Sie Excel neu.
4. Testen Sie den Makro aus einer beliebigen Arbeitsmappe heraus.
5. Löschen Sie die Datei PERSONL.XLS im Ordner EXCEL\XLSTART.

2.4.3 Absolute oder relative Bezugsart wählen

Wie Sie aus Ihrer Arbeit mit Excel wissen, unterscheidet Excel zwischen absoluten und relativen Bezügen. Ein Bezug bestimmt die Lage einer Zelle in einem Tabellenblatt.

Beim **absoluten Bezug** erfolgt diese Adressierung durch Angabe der entsprechenden Spalten- und Zeilennamen. So definiert beispielsweise der Bezug B4 die Lage einer Zelle im Schnittpunkt der Spalte B mit der Zeile 4.

Bei einem **relativen Bezug** ergibt sich die Lage einer Zelle aus ihrem Abstand zu einer vorher markierten Zelle. Wenn beispielsweise B4 die aktuelle Zelle ist und vorher die Zelle A1 markiert war, so befindet sich die aktuelle Zelle B4 eine Spalte rechts und drei Zeilen unterhalb der Ausgangszelle A1. Aus Sicht der Ausgangszelle A1 lautet der relative Bezug auf die Zelle B4 Z(3)S(1).

Auch bei der Aufzeichnung von Makros muß man überlegen, ob die Aufzeichnung mit absoluten oder relativen Bezügen erfolgen soll.

Standardmäßig zeichnet Excel Makros mit absoluten Bezügen auf. Was bedeutet das? In dem Eingangsbeispiel *Umsatzstatistik* bestand die erste Aktion darin, den Cursor in die Zelle B3 zu setzen. Dadurch ist bei eingestellter absoluter Bezugsart sichergestellt, daß der Tabellenaufbau bei jedem Makroaufruf stets mit der Zelle B3 beginnt. Dies ist in diesem Beispiel auch sicherlich sinnvoll.

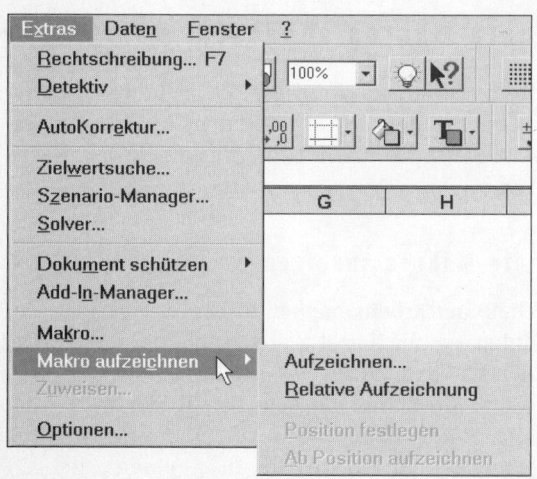

Wäre jedoch vor Beginn der Aufzeichnung A1 die aktive Zelle gewesen und wäre der Makro dann, bei Zelle B3 beginnend, mit relativer Bezugsart aufgezeichnet worden, würde der Tabellenaufbau stets zwei Zeilen unterhalb und eine Zeile rechts von der beim Start des Makros gerade aktiven Zelle beginnen. Das heißt, die Positionierung der Tabelle auf dem Tabellenblatt ist abhängig von der Position der gerade vor dem Makroaufruf aktiven Zelle. Falls D5 die aktive Zelle ist, startet der Makro mit Zelle E7.

Zum Festlegen der Bezugsart wählen Sie im Menü **Extras** den Befehl **Makro aufzeichnen**. In dem dann eingeblendeten Untermenü wird der Befehl **Relative Aufzeichnung** standardmäßig ohne ein vorangestelltes Häkchen angezeigt. Dies bedeutet, die Aufzeichnung erfolgt mit absoluter Bezugsart.

Klicken Sie nun auf den Befehl **Relative Aufzeichnung**, so wird das Häkchen gesetzt. Die folgende Makroaufzeichnung erfolgt dann bis zu einem erneuten Wechsel mit relativer Bezugsart.

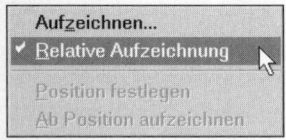

2.5 Aufgezeichnete Makros anpassen

Bisher haben Sie erfahren, wie ein Makro aufgezeichnet und ausgeführt wird. Nun sollen Sie kennenlernen, wie Sie diesen verändern und besser an Ihre Bedürfnisse anpassen können. Dazu müssen Sie den Makro zunächst einmal anzeigen.

2.5.1 Aufgezeichnete Makros anzeigen

Makros werden innerhalb der Arbeitsmappen in besonderen Blättern, den **Visual-Basic-Modulen**, gespeichert. Excel verfügt über verschiedene Möglichkeiten, einen Makro anzuzeigen.

▪ Sie können über das Menü **Extras** mit dem Befehl **Makro** das Dialogfeld *Makro* öffnen. Wählen Sie dort im Feld *Makroname/Bezug* den Namen des anzuzeigenden Makros aus. Nach einem Klick auf

die Schaltfläche [Bearbeiten] wird der gesuchte Makro im Modulblatt gezeigt.

▨ Hatten Sie den anzuzeigenden Makro einer Schaltfläche auf einem
Tabellenblatt oder einem anderen Grafikobjekt zugewiesen, so bietet sich der folgende Weg an. Öffnen Sie das Kontextmenü mit einem Klick der rechten Maustaste auf das Objekt. Wählen Sie dort
den Befehl **Zuweisen**. Das Dialogfeld *Makro* wird eingeblendet.
Wählen Sie den Namen des anzuzeigenden Makros aus, und klicken
Sie auf die Schaltfläche [Bearbeiten], um den Makro zu zeigen.

▨ Um den Code des Makros sichtbar zu machen, können Sie das Modulblatt mit dem anzuzeigenden Makro auch direkt in der Registerleiste der Arbeitsmappe aktivieren. Dies setzt voraus, daß Ihnen der
Name des Modulblattes bekannt ist. Modulblätter werden gewöhnlich am rechten Ende der Registerleiste eingeordnet.

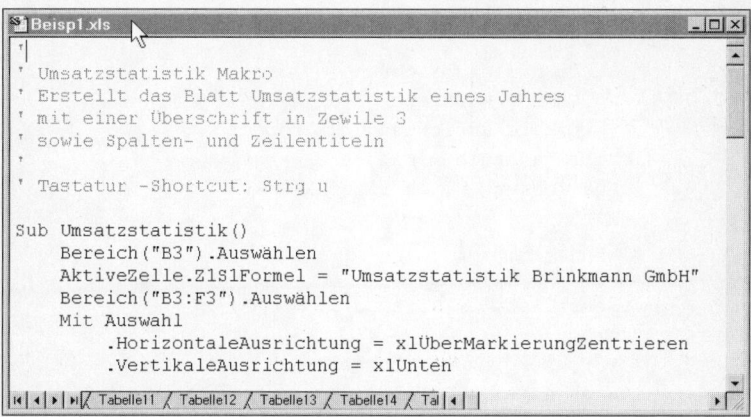

```
' Umsatzstatistik Makro
' Erstellt das Blatt Umsatzstatistik eines Jahres
' mit einer Überschrift in Zewile 3
' sowie Spalten- und Zeilentiteln

' Tastatur -Shortcut: Strg u

Sub Umsatzstatistik()
    Bereich("B3").Auswählen
    AktiveZelle.Z1S1Formel = "Umsatzstatistik Brinkmann GmbH"
    Bereich("B3:F3").Auswählen
    Mit Auswahl
        .HorizontaleAusrichtung = xlÜberMarkierungZentrieren
        .VertikaleAusrichtung = xlUnten
```

Aufgabe

Öffnen Sie die Arbeitsmappe BEISP1.XLS!
Wählen Sie im Menü **Extras** den Befehl **Makro**!
Wählen Sie im Feld *Name/Bezug* des Dialogfeldes *Makro* den Ma-
kronamen *Umsatzstatistik*!

Nachfolgend sehen Sie den Code des Makros *Umsatzstatistik* aus dem
Modulblatt *Modul1*. Ihr Ergebnis kann von der hier gezeigten Lösung

leicht abweichen, wenn Sie sich bei der Aufzeichnung nicht genau an die im Kapitel 2.1 vorgeschlagene Reihenfolge der Aktionen gehalten haben.

```
' Umsatzstatistik Makro
' Erstellt das Blatt Umsatzstatistik eines Jahres
' mit einer Überschrift in Zeile 3
' sowie Spalten- und Zeilentiteln
'
' Tastatur-Shortcut: Strg+u
'
Sub Umsatzstatistik()
    Bereich("B3").Auswählen
    AktiveZelle.Z1S1Formel = _
        "Umsatzstatistik Brinkmann GmbH"
    Bereich("B3:F3").Auswählen
    Mit Auswahl
        .HorizontaleAusrichtung = _
            xlÜberMarkierungZentrieren
        .VertikaleAusrichtung = xlUnten
        .Zeilenumbruch = Falsch
        .Ausrichtung = xlHorizontal
    Ende Mit
    Mit Auswahl.Schriftart
        .Name = "Arial"
        .Schriftstil = "Standard"
        .Grösse = 12
        .Durchstreichen = Falsch
        .Hochgestellt = Falsch
        .Tiefgestellt = Falsch
        .Kontur = Falsch
        .Schatten = Falsch
        .Unterstreichen = xlKein
        .FarbIndex = xlAutomatisch
    Ende Mit
    Auswahl.Schriftart.Fett = Wahr
    Mit Auswahl.Innenbereich
        .FarbIndex = 1
        .Muster = xlAusgefüllte
    Ende Mit
```

```
        Auswahl.Schriftart.FarbIndex = 2
        Bereich("C5").Auswählen
        AktiveZelle.Z1S1Formel = "1. Quartal"
        Auswahl.AutoAusfüllen Zielbereich _
            :=Bereich("C5:F5"); Typ:= xlVorzugAusfüllen
        Bereich("C5:F5").Auswählen
        Bereich("C6").Auswählen
        AktiveZelle.Z1S1Formel = "Berlin"
        Bereich("C7").Auswählen
        AktiveZelle.Z1S1Formel = "Düsseldorf"
        Bereich("C8").Auswählen
        AktiveZelle.Z1S1Formel = "München"
        Bereich("B5:F8").Auswählen
        Mit Auswahl.RahmenListe(xlLinks)
            .Stärke = xlMittel
            .FarbIndex = xlAutomatisch
        Ende Mit
        Auswahl.RahmenListe(xlRechts).Linienart _
            = xlKein
        Auswahl.RahmenListe(xlOben).Linienart = xlKein
        Mit Auswahl.RahmenListe(xlUnten)
            .Stärke = xlHaarlinie
            .FarbIndex = xlAutomatisch
        Ende Mit
        Auswahl.Gesamtrahmen Stärke:=xlDick; _
            FarbIndex:=xlAutomatisch
            AktivesFenster.GitternetzlinienAnzeigen _
                = Falsch
        Anwendung.GanzenBildschirmAnzeigen = Wahr
    Ende Sub
```

2.5.2 Das Modulblatt als VBA-Entwicklungsumgebung

Bevor Sie sich mit dem Code des vorstehenden Beispiels auseinandersetzen, soll zunächst die Arbeitsumgebung für VBA-Entwicklungen, das Modulblatt, beschrieben werden.

Grundsätzlich gilt: Die von dem Makro-Recorder aufgezeichneten Aktionen werden in Visual-Basic-Code umgeformt und in einem **Visual-Basic-Modul** gespeichert. Ein Visual-Basic-Modul ist ein besonderes Blatt in einer Arbeitsmappe.

Modulblätter benennen

Ein Modulblatt trägt standardmäßig den Namen *Moduln*, wobei «n» eine Ziffer ist, die bei jedem neuen Modulblatt weitergezählt wird (Modul1, Modul2 usw.). Modulblätter können ebenso wie Tabellen- und Diagrammblätter umbenannt werden. Hierzu klicken Sie in der Registerleiste mit der rechte Maustaste auf den zu ändernden Modulnamen und wählen in dem dann erscheinenden Kontextmenü den Befehl **Umbenennen.**

Modulblätter einfügen

Später werden Sie erfahren, daß in VBA die Bezeichnung Makro besser durch Prozedur ersetzt wird. Bei komplexen Aufgaben kann es sinnvoll sein, logisch zusammengehörende Prozeduren in einem eigenen Modulblatt zu sammeln. Eine Arbeitsmappe kann daher mehrere Modulblätter enthalten. Um ein neues Modulblatt in eine Arbeitsmappe einzufügen, wählen Sie im Menü **Einfügen** den Befehl **Makro** und dann **Visual-Basic-Modul.** Das neue Modulblatt wird unmittelbar vor dem gerade aktiven Blatt in die Arbeitsmappe eingefügt. Es erhält automatisch den Namen *Moduln* zugewiesen.

Modulaufgaben

Das Modulfenster enthält im Gegensatz zu einem Tabellenblatt keine Gitternetzlinien. Es hat die Funktionalität eines Texteditors und bietet verschiedene Möglichkeiten zum Testen des Codes (Debugger). Der aufgezeichnete oder über die Tastatur eingegebene VBA-Code kann hier wie in einem Textverarbeitungsprogramm bearbeitet werden. Dabei werden Programmzeilen sofort auf ihre syntaktische Richtigkeit überprüft. Die Groß- und Kleinschreibung der Befehle und Schlüsselwörter wird automatisch geregelt.

Geänderte Menüleiste

In der Menüleiste wurden die Menüpunkte **Format** und **Daten** entfernt. Dafür erscheint der Menüpunkt **Ausführen** neu. Den einzelnen Menüs wurden teilweise andere Befehle unterlegt, die den Erfordernissen dieser Entwicklungsumgebung besser entsprechen.

Visual-Basic-Symbolleiste

In diesem Zusammenhang sei auch nochmals auf die Symbolleiste *Visual Basic* hingewiesen. Sollte sie nicht automatisch eingeblendet werden, öffnen Sie über das Menü **Ansicht** das Dialogfeld *Symbolleisten* und schalten dort das Kontrollkästchen *Visual Basic* ein.

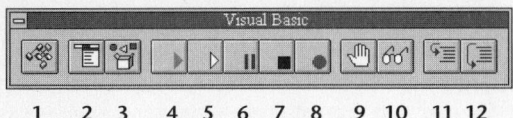

Die einzelnen Schaltflächen haben von links nach rechts fortschreitend folgende Bedeutung:

1. Einrichten eines neuen Visual-Basic-Moduls
2. Aufruf des Menü-Editors
3. Das Dialogfeld *Objektkatalog* öffnen
4. Makro ausführen
5. Makroeinzelschritt
6. Makro fortsetzen
7. Aufzeichnung beenden
8. Aufzeichnung beginnen
9. Haltepunkt ein-/ausschalten
10. Aktuellen Wert anzeigen
11. Einzelschritt
12. Prozedurschritt

Modulfenster teilen

Um weiter auseinanderliegende Stellen in einem Modul gleichzeitig zu zeigen oder um Programmzeilen leichter zu kopieren oder zu verschieben, kann es hilfreich sein, das Modulblatt horizontal in zwei Hälften zu teilen. Die Teilung erfolgt im Menü **Fenster** mit dem Befehl **Teilen**. Beide Hälften haben eigene Bildlaufleisten und können durch senkrechte Verschiebung des Bildschirmteilers unterschiedlich groß dargestellt werden. Zur Aufhebung der Teilung gibt es drei Möglichkeiten:

 Doppelklick auf den Bildschirmteiler,

 Verschieben des Bildschirmteilers nach ganz oben bzw. unten,

 im Menü **Fenster** den Befehl **Teilung aufheben** wählen.

```
' Erstellt das Blatt Umsatzstatistik eines Jahres
' mit einer Überschrift in Zewile 3
' sowie Spalten- und Zeilentiteln
'
' Tastatur -Shortcut: Strg u

Sub Umsatzstatistik()
    Bereich("B3").Auswählen
    AktiveZelle.Z1S1Formel = "Umsatzstatistik Brinkmann GmbH"
```

```
    Ende Mit
    Auswahl.Gesamtrahmen Stärke:=xlMittel; FarbIndex:=xlAutomat.
    AktivesFenster.GitternetzlinienAnzeigen = Falsch
    Anwendung.GanzenBildschirmAnzeigen = Wahr
Ende Sub
```

| Tabelle11 / Tabelle12 / Tabelle13 / Tabelle14 / Tal |

Programm-Code bearbeiten

Bei der Bearbeitung von Programm-Code können Sie mit den Befehlen **Ausschneiden, Kopieren, Einfügen** des Menüs **Bearbeiten** Daten über die Zwischenablage austauschen. Ferner können Sie bestimmte Textstellen suchen oder auch durch anderen Text ersetzen. Dazu öffnen Sie im Menü **Bearbeiten** mit dem Befehl **Ersetzen** das Dialogfeld *Ersetzen*. Geben Sie dort im Textfeld *Suchen nach* den Suchbegriff und im Textfeld *Ersetzen durch* den neuen Text ein. Die Suchreihenfolge erlaubt Vor- und Rückwärtssuchen. Im Listenfeld *Suchen in* wird festgelegt, wo gesucht wird. Dies kann im Modul, in der aktuellen Prozedur, im markierten Text oder in der gesamten Arbeitsmappe sein. Wurde das Kontrollkästchen *Mit Mustervergleich* aktiviert, so können auch die bekannten Stellvertreterzeichen Sternchen (*) oder Fragezeichen (?) am Anfang, am Ende oder innerhalb eines Suchwortes vorkommen.

Schnelltasten nutzen

Die Arbeit im Modulblatt läßt sich, besonders wenn Sie ohne Maus arbeiten, durch eine Anzahl von Schnelltasten beschleunigen:

Schnelltaste	Menü	Beschreibung
F2	Ansicht/Objektkatalog	ruft den Objektkatalog auf
⇧ + F2	Ansicht/Prozedur-definition	positioniert zu der Prozedur, deren Name durch den Cursor markiert ist

Schnelltaste	Menü	Beschreibung
Strg + G	Ansicht/Testfenster	ruft das Testfenster auf
Strg + C	Bearbeiten/Kopieren	kopiert markierten Text in die Zwischenablage
Strg + V	Bearbeiten/Einfügen	fügt Text aus der Zwischenablage ein
Strg + Z	Bearbeiten/Rückgängig	macht den letzten Befehl rückgängig
F5	Ausführen/Starten	startet eine Prozedur
F8	Ausführen/Einzelschritt	führt einen Programmschritt aus
F9	Ausführen/Haltepunkt ein-/ausschalten	setzt oder löscht eine Programmunterbrechung
⇧ + F9	Extras/Aktuellen Wert anzeigen	zeigt den Inhalt markierter Variablen an
Strg + Pos		zum Anfang des Moduls
Strg + Ende		zum Ende des Moduls
Strg + Bild ↓		springt zum nächsten Blatt
Strg + Bild ↑		springt zum vorherigen Blatt
Strg + ↑		springt zur vorherigen Prozedur
Strg + ↓		springt zur nächsten Prozedur

Code drucken

Sie können den Inhalt von Modulblättern mit dem Druckbefehl im Menü **Datei** ausdrucken oder als Text in ein Word-Dokument übernehmen.

Code-Elemente farblich gestalten

Bei Vorhandensein eines Farbbildschirms läßt sich die Lesbarkeit des Programm-Codes durch den Einsatz von Farbe erhöhen. Voreingestellt ist, daß Kommentare grün, Schlüsselwörter blau, Programm-Code schwarz und Fehlermeldungen rot angezeigt werden. Der Fensterhintergrund ist weiß. Die Schrift wird in einer nichtproportionalen Schriftart, also mit gleicher Buchstabenbreite, in der Schriftgröße 10 angezeigt.

Diese Einstellungen können Sie im Register *Modul Format* ändern, das Sie im Menü **Extras** mit dem Befehl **Optionen** erreichen. Im Feld *Code-Farben* werden die Code-Elemente aufgeführt, denen Sie eine bestimmte Schriftart, Schriftgröße, Vordergrund- oder Hintergrundfarbe zuordnen können. Ein Vorschaufenster zeigt die gewählte Einstellung an.

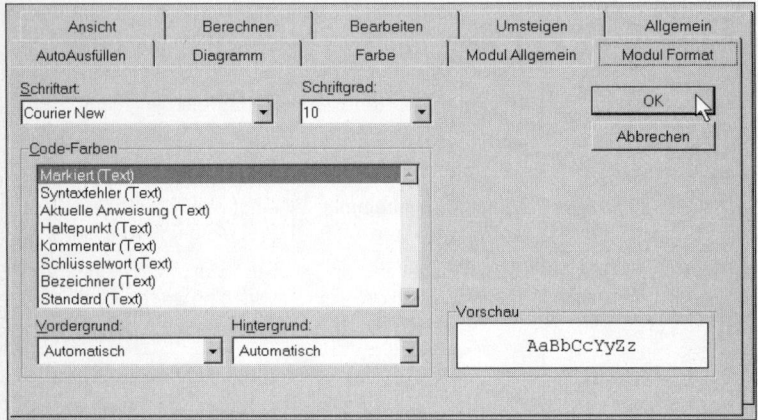

2.5.3 Einen aufgezeichneten Makro bearbeiten

2.5.3.1 Einen Makro lesen

Nun sollen Sie an dem Code des Eingangsbeispiels *Umsatzstatistik* einige Manipulationen ausführen. Zuvor müssen Sie aber erfahren, wie in VBA ein Makro oder eine Prozedur (Sie sollten sich jetzt allmählich an diesen Ausdruck gewöhnen) aufgebaut ist. Dabei kommt es nicht darauf an, daß Sie sofort alle Einzelheiten verstehen. Diese werden Sie zunehmend im Laufe der folgenden Kapitel erfahren.

Eine **Prozedur** besteht aus einer Folge von Anweisungen. Diese veranlassen Excel, bestimmte Aktionen auszuführen. Die Anweisung

```
Bereich("B3").Auswählen
```

besagt, daß Excel die Zelle B3 zur aktiven Zelle machen soll. Diese Anweisung entspricht einem Mausklick auf die Zelle B3.

Anweisungen können sich aus Schlüsselwörtern, Operatoren, Variablen und Prozeduraufrufen zusammensetzen.

Schlüsselwörter sind Ausdrücke, die von Excel als Teile der Programmiersprache VBA erkannt werden. So beginnt beispielsweise jede Prozedur mit dem Schlüsselwort **Sub**.

Wenn Sie etwas über die Bedeutung und Funktionsweise eines Schlüsselwortes in Erfahrung bringen möchten, markieren Sie das Schlüsselwort und betätigen die Funktionstaste F1 . Daraufhin gibt Ihnen das in der Online-Hilfe enthaltene Visual-Basic-Sprachverzeichnis am Bildschirm entsprechende Erläuterungen.

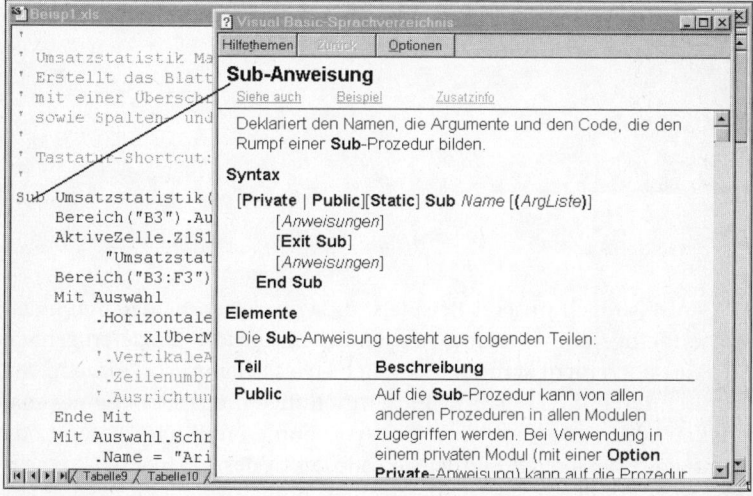

Jede Prozedur wird in VBA durch die beiden Schlüsselwörter **Sub** und **Ende Sub** begrenzt. Hinter dem Wort **Sub** folgt der Prozedurname. Dieser darf keine Schlüsselwörter enthalten und muß sich von allen übrigen Prozedurnamen dieser Arbeitsmappe eindeutig unterscheiden. Er muß mit einem Buchstaben beginnen und darf keine Punkte oder Leerstellen enthalten. Seine maximale Länge beträgt 255 Zeichen.

Bei der Eingabe einer Prozedur über die Tastatur setzen Sie die Einfügemarke an den Anfang der ersten freien Zeile des Modulblattes. Tasten Sie dann das Schlüsselwort *sub* und danach den Prozedurnamen ein. Dabei kann die Eingabe des Schlüsselwortes auch mit kleinem Anfangsbuchstaben erfolgen. Nach Betätigung der ⏎-Taste wird der Anfangsbuchstabe des Schlüsselwortes automatisch in einen Großbuchstaben umgewandelt. Außerdem fügt VBA an den Prozedurnamen ein Klammerpaar an () und färbt das Schlüsselwort blau. Sie sollten dann nach einer Leerzeile gleich auch die Ende-Anweisung eingeben. Alte Pascal-Programmierer kennen das schon von der Klammerung mit *Begin* und *End*.

Beispiel
Aus Ihren Eingaben:

```
sub Umsatzstatistik ⏎
⏎
ende sub ⏎
```

macht VBA dann

```
Sub Umsatzstatistik()

Ende Sub
```

Die Anweisungen unseres Beispiels, die von diesen beiden Schlüsselwörtern eingerahmt werden, werden Ihnen, obwohl Sie deren genaue Struktur noch nicht kennen, sicherlich etwas bekannt vorkommen. Sie repräsentieren die Eingaben und Einstellungen, die Sie bei einer manuellen Lösung des Problems selbst vornehmen müßten. Diesen Code können Sie bearbeiten, indem Sie Teile des Codes wie in einer Textverarbeitung markieren, löschen, verschieben, überschreiben, an anderer Stelle einfügen oder neuen Code eingeben.

Schließlich können Sie den VBA-Code durch Einfügen von **Kommentarzeilen** übersichtlicher und verständlicher machen. Kommentare werden bei der Ausführung des Codes übergangen. Sie erkennen einen Kommentar an einem vorangestellten Hochkomma. Kommentare erstrecken sich immer bis an das Ende der Zeile. Das heißt, Sie können hinter eine Anweisung in der gleichen Zeile auch noch einen Kommentar anfügen. Ein Kommentar mit nachfolgender Anweisung hingegen würde die gesamte Zeile zum Kommentar machen.

Beispiel

```
Bereich("B3").Auswählen 'B3 wird aktiviert
```

Bei der Aufzeichnung mit dem Makro-Recorder wird die bei den Makro-Optionen erfaßte Beschreibung sowie der vereinbarte Shortcut der Prozedur automatisch als Kommentar vorangestellt.

2.5.3.2 Kommentare hinzufügen

Um das Eingangsbeispiel auch für Dritte verständlich zu machen, sollen nun die verschiedenen Teile des Beispiels durch Kommentarzeilen erläutert werden.
Öffnen Sie die Arbeitsmappe BEISP1.XLS, wechseln Sie in das Blatt *Modul1*. Setzen Sie die Einfügemarke an das Ende der Anweisung *Sub Umsatzstatistik()*. Fügen Sie durch zweimaliges Betätigen der ⏎-Taste eine Leerzeile ein. Drücken Sie dann die 🔁-Taste, und geben Sie als Kommentar ein:

```
' Tabellenüberschrift erstellen
```

Sobald Sie mit der Taste ↓ die Zeile verlassen, wird deren Text grün gefärbt. Damit haben Sie den ersten Kommentar eingegeben.

Aufgabe
Geben Sie nun auf die gleiche Weise weitere Kommentare ein!
Speichern Sie Ihr Arbeitsergebnis!

Nachfolgend finden Sie die Lösung. Damit Sie die Kommentarzeilen leichter finden, wurden sie fett ausgezeichnet.

```
' Umsatzstatistik Makro
' Erstellt das Blatt Umsatzstatistik eines Jahres
' mit einer Überschrift in Zeile 3
' sowie Spalten- und Zeilentiteln
'
```

```
' Tastatur-Shortcut: Strg+u
'
Sub Umsatzstatistik()
    ' Tabellenüberschrift einfügen
    Bereich("B3").Auswählen
    AktiveZelle.Z1S1Formel = _
        "Umsatzstatistik Brinkmann GmbH"
    ' Tabellenüberschrift zentrieren
    Bereich("B3:F3").Auswählen
    Mit Auswahl
        .HorizontaleAusrichtung = _
            xlÜberMarkierungZentrieren
➜       .VertikaleAusrichtung = xlUnten
➜       .Zeilenumbruch = Falsch
➜       .Ausrichtung = xlHorizontal
    Ende Mit
    ' Textauszeichnung Fett mit Größe 12
    Mit Auswahl.Schriftart
        .Name = "Arial"
        .Schriftstil = "Standard"
        .Grösse = 12
➜       .Durchstreichen = Falsch
➜       .Hochgestellt = Falsch
➜       .Tiefgestellt = Falsch
➜       .Kontur = Falsch
➜       .Schatten = Falsch
➜       .Unterstreichen = xlKein
➜       .FarbIndex = xlAutomatisch
    Ende Mit
    Auswahl.Schriftart.Fett = Wahr
    ' Texthintergrund schwarz färben
    Mit Auswahl.Innenbereich
        .FarbIndex = 1
        .Muster = xlAusgefüllte
    Ende Mit
    ' Textfarbe Weiß wählen
    Auswahl.Schriftart.FarbIndex = 2
```

```
    ' Spaltentitel einfügen
Bereich("C5").Auswählen
AktiveZelle.Z1S1Formel = "1. Quartal"
Auswahl.AutoAusfüllen Zielbereich _
    :=Bereich("C5:F5"); Typ:= xlVorzugAusfüllen
Bereich("C5:F5").Auswählen
    ' Zeilentitel einfügen
Bereich("C6").Auswählen
AktiveZelle.Z1S1Formel = "Berlin"
Bereich("C7").Auswählen
AktiveZelle.Z1S1Formel = "Düsseldorf"
Bereich("C8").Auswählen
AktiveZelle.Z1S1Formel = "München"
    ' Rahmen einfügen
Bereich("B5:F8").Auswählen
Mit Auswahl.RahmenListe(xlLinks)
    .Stärke = xlMittel
    .FarbIndex = xlAutomatisch
Ende Mit
Auswahl.RahmenListe(xlRechts).Linienart _
    = xlKein
Auswahl.RahmenListe(xlOben).Linienart = xlKein
Mit Auswahl.RahmenListe(xlUnten)
    .Stärke = xlHaarlinie
    .FarbIndex = xlAutomatisch
Ende Mit
Auswahl.Gesamtrahmen Stärke:=xlDick; _
    FarbIndex:=xlAutomatisch
    ' Gitternetzlinien ausblenden
AktivesFenster.GitternetzlinienAnzeigen _
    = Falsch
    ' Option Ganzer Bildschirm einschalten
Anwendung.GanzenBildschirmAnzeigen = Wahr
Ende Sub
```

2.5.3.3 Code bearbeiten

An zwei Beispielen sollen Sie nun den Code des Eingangsbeispiels bearbeiten.

Überflüssigen Code löschen
Der Makro-Recorder erstellt nicht immer einen optimalen Code. Eine Überarbeitung ist daher häufig sinnvoll. In dem oben dargestellten Ausdruck unseres Beispiels wurden 10 Zeilen mit dem Zeichen ➜ gekennzeichnet. Diese Zeilen sind überflüssig, denn sie beschreiben die bei der Textzentrierung und Textauszeichnung von Excel bereits vorgegebenen Standardeinstellungen. Es ist aber völlig ausreichend, wenn die Prozedur nur die von den Standardeinstellungen abweichenden Einstellungen enthält. Werden diese Zeilen gelöscht, so führt der Makro nur noch die für die Lösung der Aufgabe wichtigen Aktionen aus.

Aufgabe
Löschen Sie diese Zeilen!
Überprüfen Sie, ob der Makro noch einwandfrei funktioniert!
Speichern Sie Ihr Ergebnis!

Markieren Sie die zu löschenden Zeilen, indem Sie den Mauszeiger über die zu löschenden Zeilen ziehen. Drücken Sie anschließend die Entf -Taste.

Code verschieben
Sie sollten darauf achten, daß die von Ihnen erstellten Makros keine Aktionen enthalten, die Sie wiederholt auch an anderen Stellen benötigen. In diesem Fall ist es sinnvoll, diese Aktionen in eigene Prozeduren auszulagern und so zu verallgemeinern, daß sie auf eine ganze Klasse ähnlicher Fälle anwendbar sind.
In dem Eingangsbeispiel trifft diese Situation auf die Anweisungsfolge zu, die mit dem Kommentar *Rahmen einfügen* überschrieben ist. Dieses Problem, einen Rahmen um eine Tabelle zu ziehen und deren Spalten und Zeilen durch Linien unterschiedlicher Stärke voneinander zu trennen, ist sicherlich auf viele Fälle anwendbar. Es lohnt also, diese Anweisungsfolge in eine eigene Prozedur umzuwandeln. Damit diese Prozedur beliebig einsetzbar wird, brauchen Sie nur die erste Zeile hin-

ter der Kommentarzeile, durch die ein bestimmter Bereich definiert
wird, wegzulassen. Gehen Sie nun wie folgt vor:

1. Fügen Sie in das Modulblatt unter dem Eingangsbeispiel einen
   neuen Prozedurrahmen ein, etwa:

```
' Eine Tabelle umrahmen
' Tastatur-Shortcut = Strg+r
Sub Rahmen()


Ende Sub
```

2. Markieren Sie im Eingangsbeispiel die hinter der Kommentarzeile
   Rahmen einfügen folgenden Zeilen bis zur nächsten Kommentarzeile, jedoch ohne die Zeile, welche die Anweisung zur Festlegung
   des Markierungsbereichs enthält. Wählen Sie im Menü **Bearbeiten**
   den Befehl **Kopieren.**
3. Setzen Sie dann die Einfügemarke in die freie Zeile der Prozedur
   Rahmen, und wählen Sie im Menü **Bearbeiten** den Befehl **Einfügen**.
4. Öffnen Sie dann mit dem Befehl **Makro** im Menü **Extras** das Dialogfeld. Wählen Sie die Schaltfläche $\boxed{\text{Optionen}}$, und geben Sie als Shortcut den Buchstaben «r» ein.

Damit kommen Sie zu folgendem Ergebnis:

```
Sub Rahmen()
    Mit Auswahl.RahmenListe(xlLinks)
        .Stärke = xlMittel
        .FarbIndex = xlAutomatisch
    Ende Mit
➜   Auswahl.RahmenListe(xlRechts).Linienart _
➜       = xlKein
➜   Auswahl.RahmenListe(xlOben).Linienart _
➜       = xlKein
    Mit Auswahl.RahmenListe(xlUnten)
        .Stärke = xlHaarlinie
```

```
        .FarbIndex = xlAutomatisch
    Ende Mit
    Auswahl.Gesamtrahmen Stärke:=xlDick; _
        FarbIndex:=xlAutomatisch
Ende Sub
```

Auch hier kann der Code noch effizienter gestaltet werden, wenn Sie die mit ➜ gekennzeichneten Zeilen löschen.

Testen Sie nun diesen Makro, indem Sie in ein Tabellenblatt wechseln, dort einen beliebigen Bereich markieren und den Makro mit `Strg`+`r` starten.

Um das Eingangsbeispiel auszuführen, müssen Sie nun allerdings mit `Strg`+`u` und `Strg`+`r` die beiden Makros nacheinander einzeln aufrufen. Dieser Nachteil gegenüber der ursprünglichen Lösung läßt sich jedoch dadurch beheben, daß Sie die beiden Prozeduren in eine neu zu schreibende Prozedur einbetten. Die Aufgabe dieser neuen Prozedur besteht ausschließlich darin, die beiden Prozeduren aufzurufen. Dazu müssen nur die Namen der beiden Prozeduren in der neuen Prozedur aufgeführt werden. Wenn Sie der neuen Prozedur den Namen *Blatt Umsatzstatistik* und den Shortcut *b* geben, sollten Sie zu folgender Lösung kommen:

```
' ****************************************************
' Einrichten und Formatierung des Blattes
' Umsatzstatistik
' Tastatur-Shortcut: Strg + b
' ****************************************************
Sub BlattUmsatzstatistik()
    Umsatzstatistik
    Rahmen
Ende Sub
```

Nun können Sie diese Prozedur mit `Strg`+`b` starten. Zusätzlich haben Sie die Möglichkeit, die Prozeduren *Umsatzstatistik* und *Rahmen* bei Bedarf auch einzeln aufzurufen.

Weitere Einzelheiten über das Aufrufen von Prozeduren aus anderen Prozeduren heraus erfahren Sie später im 4. Kapitel dieses Buches.

2.5.3.4 Zusätzlichen Code aufzeichnen

Auch in einen bereits aufgezeichneten Makro können Sie nachträglich zusätzliche Anweisungsfolgen einbringen, indem Sie neuen Code aufzeichnen oder manuell einfügen.

Um neuen Code aufzuzeichnen und in einen bestehenden Makro einzufügen, sind folgende Schritte auszuführen:

1. Setzen Sie den Mauszeiger an die Stelle, wo der Code eingefügt werden soll.
2. Wählen Sie im Menü **Extras** den Befehl **Makro aufzeichnen** und dann **Position festlegen**.
3. Wechseln Sie nun in das Tabellenblatt, in dem die Aktionen aufgezeichnet werden sollen.
4. Wählen Sie im Menü **Extras** den Befehl **Makro aufzeichnen** und dann **Ab Position aufzeichnen**.
5. Führen Sie die Aktionen aus.
6. Beenden Sie die Aufzeichnung durch Anklicken der Ende-Schaltfläche.

Zum Abschluß dieses Kapitels soll das Eingangsbeispiel durch zwei Anweisungen optimiert werden, die Sie manuell eingeben können. Beim Ablauf des Makros ist Ihnen sicherlich aufgefallen, daß durch den schnellen Ablauf der einzelnen Aktionen der Bildschirm sehr unruhig wird. Dies können Sie dadurch abstellen, daß Sie die Bildschirmanzeige der Aktionen so lange unterbinden, bis der Makro ausgeführt ist. Dann erst erscheint mit einem Schlag das fertige Bild.

Fügen Sie dazu unmittelbar hinter der *Sub-Anweisung* folgende Anweisung ein:

```
Anwendung.BildschirmAktualisierung = Falsch
```

Dadurch wird die Anzeige der Aktionen am Bildschirm ausgeschaltet. Zum Wiederanschalten der Anzeige fügen Sie vor der Anweisung *Ende Sub* die folgende Zeile ein:

```
Anwendung.BildschirmAktualisierung = Wahr
```

Sie erhalten nun folgende Lösung:

```
' *************************************************
' Einrichten und Formatierung des Blattes
' Umsatzstatistik
' Tastatur-Shortcut: Strg + b
**************************************************
Sub BlattUmsatzstatistik()
      Anwendung.BildschirmAktualisierung = Falsch
      Umsatzstatistik           ' Makroaufruf
      Rahmen                    ' Makroaufruf
      Anwendung.BildschirmAktualisierung = Wahr
Ende Sub
```

3 Benutzerdefinierte Funktionen erzeugen und anwenden

Um komplexe Anwendungen mit Excel einfach realisieren zu können, empfiehlt sich häufig das Erstellen eigener Funktionen. So gibt es zahlreiche Anwendungsfälle, in denen Sie bestimmte Berechnungswege in gleicher Weise vornehmen müssen. Dann bietet sich mit der in Excel vorhandenen Möglichkeit, benutzerdefinierte Funktionen zu erzeugen, beispielsweise die Chance, umfangreiche und verschachtelte Formeln beim Aufbau von Tabellen zu vermeiden. Unter Aufruf der einmal definierten Funktion ist die jeweils gültige Formel schnell erstellt. Letztlich tragen benutzerdefinierte Funktionen dazu bei, das Entwickeln anspruchsvoller Lösungen zu beschleunigen und zu vereinfachen.

Lernen Sie im folgenden zunächst anhand einführender Beispiele das Arbeiten mit benutzerdefinierten Funktionen kennen! Sie werden verschiedene Funktionen erstellen und diese in unterschiedlicher Weise anwenden. Abschließend sollen Sie in einer umfassenden Kalkulationsanwendung die vielfältigen Möglichkeiten nutzen und damit die Vorteile benutzerdefinierter Funktionen erkennen.

3.1 Der Funktionsbegriff

Beim Erstellen von Tabellen haben Sie sicherlich bereits das Arbeiten mit Funktionen kennen- und schätzengelernt. Um beispielsweise aus einem Tabellenbereich die Summe zu ermitteln, werden Sie die Funktion SUMME verwenden, für das Ermitteln des Maximal- bzw. Minimalwertes stehen die Funktionen MAX und MIN zur Verfügung. In den genannten Fällen handelt es sich um standardmäßig in Excel vorhandene Funktionen. Durch ihre Verwendung können Sie relativ einfach aus Bereichen einer Tabelle Berechnungen vornehmen. Mehr als 200 solcher Funktionen sind in Excel vorhanden.

Neben der Nutzung der bereits im Lieferumfang von Excel integrierten Funktionen kann es auch sinnvoll sein, **eigene Funktionen zu definieren**. In diesem Fall können Sie selbst festlegen, welche Aufgaben die Funktionen im Detail erfüllen sollen. Grundsätzlich werden benutzerdefinierte Funktionen in einem Visual-Basic-Modul der aktiven Arbeitsmappe erstellt. Wichtig ist dazu die Kenntnis der Syntaxregeln für die Eingabe sowie der logischen Problemlösung.

Um die Merkmale einer **benutzerdefinierten Funktion** zu erkennen, bietet sich eine Abgrenzung zu den in Excel eingebauten Standardfunktionen an. In beiden Fällen können Sie eine Funktion dazu verwenden, in einer Tabelle eine komplexe Formel einzugeben. Die Eingabe einer Funktion wird in beiden Fällen in gleicher Weise vorgenommen: Nach dem Gleichheitszeichen ist der Funktionsname zu erfassen; dann sind die Argumente der Funktion in Klammern einzugeben.

Mit der **Eingabe der Funktion** müssen Werte zur Berechnung bereitgestellt werden. Daraufhin führt die Funktion auf der Basis dieser Werte Berechnungen durch und liefert einen sogenannten Rückgabewert. Dieser Rückgabewert ergibt sich also aufgrund der zuvor angegebenen Anweisungen (Formeln). **Wichtig ist:** Mit dem Funktionsaufruf erhält die Funktion verschiedene Werte, die unter Berücksichtigung der in der Funktion enthaltenen Formeln zu einem einzigen Wert verarbeitet werden. Dieser Ergebniswert wird an die aufrufende Position (Zelle) zurückgeliefert.

Eingebaute Standardfunktionen	Benutzerdefinierte Funktionen
werden in Excel mitgeliefert und sollen Standard-Anwendungen abdecken; Beispiele: Summenbildung, Mittelwert, Maximalwert, Barwert, Abschreibung.	werden vom Benutzer selbst festgelegt und sollen individuelle Anforderungen effizient lösen.
Funktionsname und aufzunehmende Argumente sind vom Programm vorgegeben.	Funktionsname, Argumente und Rückgabewert legt der Benutzer selbst fest.

Beachten Sie außerdem, daß benutzerdefinierte Funktionen mehrere Verwendungsmöglichkeiten bieten. Nicht nur für den direkten Formelaufbau in Verbindung mit mathematischen Ausdrücken ist eine

Verwendung möglich. Benutzerdefinierte Funktionen können vielmehr auch

▨ von einem Makro aus aufgerufen werden oder

▨ als Argument für eine andere Funktion dienen.

Hilfreich ist auch die Unterscheidung von benutzerdefinierten Funktionen und Makros. Gemeinsam ist beiden die Erleichterung von Standardanwendungen. Bei Funktionen geht es allerdings primär um Berechnungen, während mit Makros sich wiederholende Aktionsfolgen unter einem Namen abgelegt werden. Auch formal gibt es Unterschiede: Während ein Makro durch die Schlüsselwörter **Sub** und **Ende Sub** eingeschlossen wird, geben die Schlüsselwörter **Funktion** und **Ende Funktion** den Anfang und das Ende einer Funktion an.

Die Unterschiede im Vergleich verdeutlicht die folgende Tabelle:

Benutzerdefinierte Funktionen	Aufgezeichnete Makros
werden vom Benutzer selbst im sogenannten Modulfenster eingegeben.	werden vom Benutzer mit einem sogenannten Makrorecorder «aufgezeichnet».
liefern nach der Ausführung einen Wert (Aktionen werden in der Regel nicht ausgeführt).	führen eine Folge von Aktionen aus; beispielsweise die Realisierung einer bestimmten Druckausgabe (Druckmakro) oder von Änderungen in einer Tabelle.
setzen formal am Anfang das Schlüsselwort **Funktion** und am Ende die Schlüsselwörter **Ende Funktion** voraus (engl. Function bzw. End Function)	setzen formal am Anfang das Schlüsselwort **Sub** und am Ende die Schlüsselwörter **Ende Sub** voraus (engl. Sub bzw. End Sub).

Zusammenfassend können folgende **Vorteile der Verwendung benutzerdefinierter Funktionen** herausgestellt werden:

▨ Aufwendige Eingaben bei der Erstellung komplexer Formeln können Sie sich ersparen, wenn Sie eine Funktion schreiben, die einen bestimmten Ausdruck berechnet und diese Funktion dann einfach anstelle des Ausdrucks wiederholt verwenden.

▨ Bei komplexen Anwendungen können Sie anstelle einer großen Anzahl von Tabellenformeln eine benutzerdefinierte Funktion verwenden, die wesentlich einprägsamer und effizienter ist.

Die Fehlergefahr kann reduziert werden, wenn auf eine bereits definierte Funktion zugegriffen wird.

3.2 Aufbau und Wirkungsweise einer benutzerdefinierten Funktion

Bevor Sie eine komplexe Anwendung realisieren können, ist es unumgänglich, sich mit den Regeln zu befassen, die für den Aufbau einer benutzerdefinierten Funktion zu beachten sind. Gehen Sie von folgendem Anwendungsbeispiel aus:

> *Beispiel:*
> Es soll eine Funktion erzeugt werden, die nach Errechnung des Nettopreises unter Berücksichtigung des Mehrwertsteuersatzes (von 15 oder 7%) den Bruttopreis errechnet.

Zur Lösung der Aufgabe ist die Funktion in folgender Weise einzugeben:

```
Funktion Bruttobetrag(Nettobetrag;Mehrwertsteuersatz)
    Mehrwertsteuer = Nettobetrag/100 * Mehrwertsteuersatz
    Bruttobetrag = Nettobetrag + Mehrwertsteuer
Ende Funktion
```

Anhand der vorstehend wiedergegebenen einfachen Funktion werden die wesentlichen **Bestandteile** einer benutzerdefinierten Funktion deutlich:

Am Anfang ist das Visual-Basic-Schlüsselwort **Funktion** (bzw. Function) einzugeben.

Nach dem Schlüsselwort Funktion ist der gewünschte **Funktionsname** einzugeben. Dieser ist frei wählbar und sollte nach Möglichkeit auf den Funktionsinhalt hinweisen. Im Beispiel wurde als Funktionsname *Bruttobetrag* gewählt, um deutlich zu machen, daß mit der Funktion ein Bruttowert ermittelt werden soll. Somit handelt es sich um ein eindeutiges Kennungszeichen für die Funktion, was bei einem späteren Aufruf nützlich ist.

▓ Hinter dem Funktionsnamen sind in Klammern die **Argumente** einzugeben. Es handelt sich dabei um die Ausgangsdaten, auf die die Funktion bei der Berechnung zugreift und die beim Aufruf der Funktion eingegeben werden müssen. Kommen mehrere Argumente vor, sind diese durch Listentrennzeichen voneinander abzugrenzen (in der deutschen Version ist als Trennzeichen ein Semikolon zu verwenden). Im Beispielfall sind zwei Argumente vorhanden: Nettobetrag und Mehrwertsteuersatz.

▓ Nach der ersten Zeile können der Reihe nach beliebig viele **Anweisungen** eingegeben werden. Es handelt sich dabei um Ausdrücke, mit denen Sie der benutzerdefinierten Funktion mitteilen, welche Berechnungen durchzuführen sind. Grundsätzlich besteht ein solcher Ausdruck aus einer Kombination von Variablen, Zahlen und mathematischen Operatoren (+ − * / und andere), die letztlich einen neuen Wert ergeben.

▓ Nach abgeschlossener Berechnung weist die Funktion einen Wert auf, der zurückgeliefert wird; den sogenannten **Rückgabewert**. Er wird einer Variablen zugewiesen, wobei der Name dieser Variablen mit dem Namen der Funktion identisch sein muß (im Beispielfall also *Bruttobetrag*). Wichtig ist: Jede Funktion muß mindestens eine Anweisung enthalten, die einen Rückgabewert errechnet. Im Beispielfall ist dies die Anweisung: Bruttobetrag = Nettobetrag + Mehrwertsteuer. Diese Anweisung wird auch als Zuweisungsanweisung bezeichnet, da sie einer Variablen (hier der Variablen *Bruttobetrag*) das Ergebnis des mathematischen Ausdrucks auf der rechten Seite der Gleichung zuweist. Bei einem Nettowert von 500 und einem Mehrwertsteuersatz von 15 % ergibt sich beispielsweise ein Rückgabewert von 575.

▓ Eine Funktion wird durch Eingabe der Schlüsselwörter **Ende Funktion** (bzw. End Function) abgeschlossen.

Zusammenfassend ergibt sich also der Aufbau einer Funktion nach folgendem Schema:

```
Funktion Funktionsname (Argument1;Argument2;.....)
        Anweisung
        Anweisung
        Anweisung...
```

Funktionsname = Ausdruck
Ende Funktion

Beachten Sie, daß sich die zu verwendenden Listentrennzeichen durch Einstellungen bezüglich der Ländereigenschaften ergeben (änderbar bei der Systemsteuerung über das Icon «Ländereinstellungen»). Eine Umstellung innerhalb von Excel ist möglich, indem Sie in einer neuen Arbeitsmappe das Menü **Extras** wählen und hier nach Wahl des Befehls **Optionen** das Register *Modul Allgemein* aufrufen. Im Feld «Sprache/Land» kann dann die Umstellung erfolgen.

3.3 Benutzerdefinierte Funktionen erzeugen

Wie bereits bei der begrifflichen Einordnung erwähnt, werden Funktionen in einem Visual-Basic-Modulfenster erstellt. Um die vorstehend erläuterte Funktion einzugeben, aktivieren Sie zunächst eine neue Arbeitsmappe.

Für die Eingabe der Funktion ist dann das Modulfenster zu aktivieren, indem Sie folgende Teilschritte ausführen:

1. Rufen Sie das Menü **Einfügen** auf.
2. Wählen Sie den Befehl **Makro**.
3. Aktivieren Sie die Option *Visual Basic-Modul*.

Ergebnis müßte die folgende Bildschirmanzeige sein (siehe nächste Abbildung).

Die Abbildung zeigt, daß ein neues Tabellenblatt angelegt wird. Dieses Blatt, dessen Name *Modul1* im Blattregister am unteren Bildschirmrand angezeigt wird, ermöglicht die Eingabe einer Funktion. Es handelt sich jetzt quasi um einen Texteditor, wobei die bei Tabellen standardmäßig vorhandenen Gitternetzlinien ausgeschaltet sind. Gleichzeitig erscheint eine zusätzliche Symbolleiste mit der Bezeichnung «Visual Basic».

Für die Eingabe der Beispielfunktion «Bruttobetrag» sind folgende Regeln zu beachten:

▪ Geben Sie zunächst die erste Zeile gemäß der Vorgabe ein, und betätigen Sie am Zeilenende die Eingabetaste. Sie gelangen damit jeweils in die nächste Zeile.

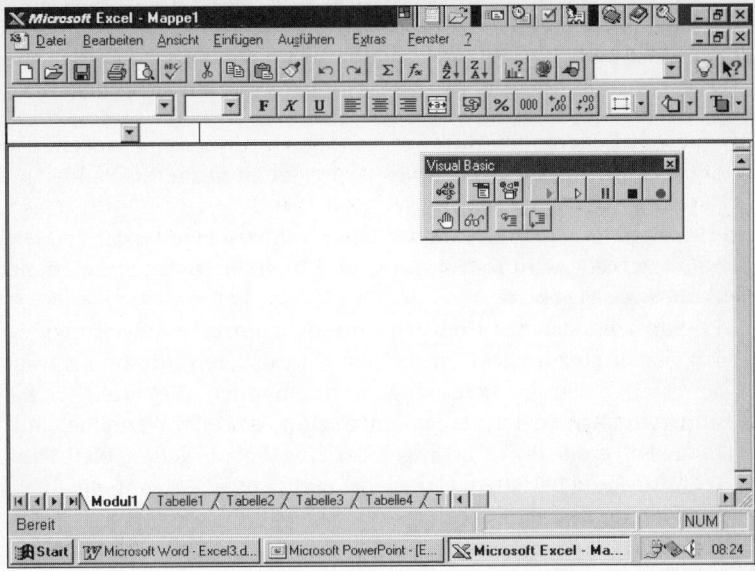

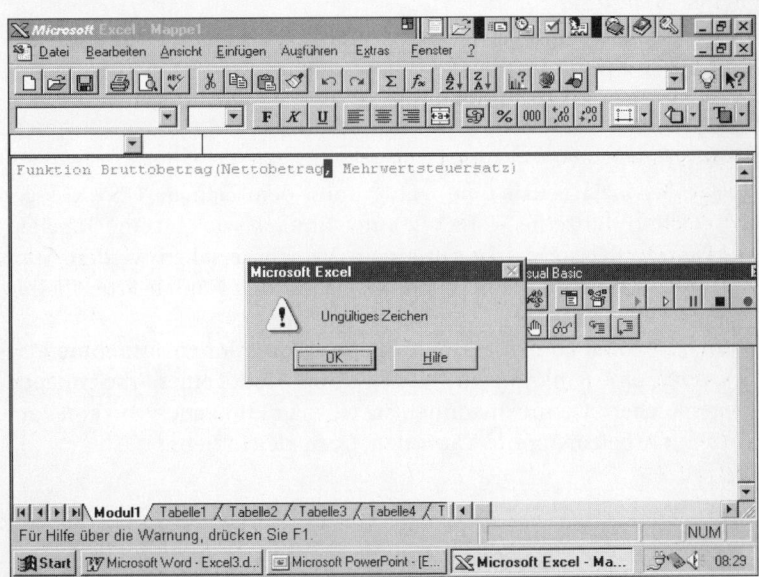

▓ Wird durch Betätigen der Eingabetaste ein Sprung in die nächste Zeile vorgenommen, prüft das Programm automatisch die Syntax der zuvor eingegebenen Zeile. Standardmäßig werden danach die erkannten Schlüsselwörter von Visual Basic in blauer Farbe angezeigt.

▓ Sofern bei der Syntaxprüfung Fehler erkannt werden, werden diese automatisch angezeigt. *Beispiel:* (siehe Abbildung Seite 59 unten).

Im Beispielfall wurde ein falsches Listentrennzeichen verwendet. Die betreffende Zeile wird rot markiert, und in einer Dialogbox wird ein Fehlerhinweis gegeben.

▓ Es empfiehlt sich aus Übersichtsgründen, einzelne Anweisungszeilen gezielt einzurücken. Im Beispielfall existieren nur zwei Anweisungszeilen, die aber beide eingerückt sein sollen. Dies erreichen Sie durch Betätigen der Taste ⇥ am Beginn der Zeile. Wenn Sie dann in die Folgezeile durch Betätigen der Eingabetaste gehen, bleibt diese Einrückung bestehen. Um wieder zurückzugehen, muß die Rücktaste betätigt werden.

▓ Drücken Sie nach Eingabe der Schlüsselwörter **Ende Funktion** abschließend die Eingabetaste. Damit ist die Erfassung der Funktion beendet.

Im Beispielfall müßte sich nach korrekter Eingabe der Funktion zur Bruttopreisermittlung folgende Bildschirmanzeige im Modulfenster ergeben: (siehe nächste Abbildung).

Hinweise:

▓ Die Beispielarbeitsmappe wurde unter dem Namen TEST.XLS gespeichert. Einzelne Module können ähnlich wie einzelne Tabellen über die Registermarke mit einem Namen versehen werden. Statt *Modul1* könnten Sie beispielsweise dafür den Namen *Bruttobetrag* eingeben.

▓ In ein Modul können Sie auch mehrere Funktionen aufnehmen.

▓ *Merke:* Eine Funktion wird also **in einem Modul einer Arbeitsmappe gespeichert**. Dennoch können Sie eine Funktion auch von einer anderen Arbeitsmappe aus aufrufen. Dazu gleich mehr.

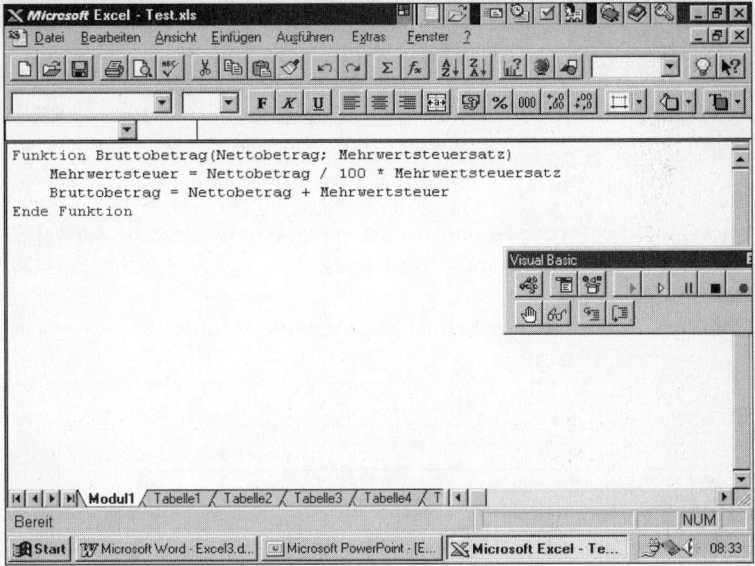

3.4 Benutzerdefinierte Funktionen verwenden

Um eine benutzerdefinierte Funktion in einer Tabelle einzugeben, gibt es zwei Möglichkeiten. Neben einer **Direkteingabe** können Sie den Weg einer **menü- und dialoggesteuerten Anwendung** wählen.

Bezüglich der Direkteingabe gilt: Grundsätzlich wird eine benutzerdefinierte Funktion in eine Tabelle genauso eingegeben wie eine standardmäßig integrierte Funktion. Dies bedeutet, daß nach Ansteuerung bzw. Markierung der Zelle

- zunächst das **Gleichheitszeichen** einzugeben ist,
- danach direkt der **Name der Funktion** und
- schließlich, in runden Klammern eingeschlossen, die zugehörigen **Argumente** (mehrere Argumente sind ohne Leerstellen durch ein Semikolon zu trennen).

Nach Bestätigung der Eingabe durch Drücken der Eingabetaste übernimmt das Programm die Ausführung.

Beachten Sie, daß Argumente sowohl konstante Werte, Feldnamen als auch Bezüge (Zelladressen) sein können.

Wenn Sie im Beispielfall etwa eine Tabelle der Arbeitsmappe aktivieren und mit dem Mauszeiger auf eine Zelle klicken, können Sie folgende Eingabe für den Aufruf der Funktion *Bruttobetrag* vornehmen:

=Bruttobetrag(500;15)

Nach Ausführung der Funktion wird in der aktivierten Zelle der Tabelle der Wert 575 als Ergebnis ausgewiesen.

Den Zusammenhang verdeutlich die folgende Abbildung:

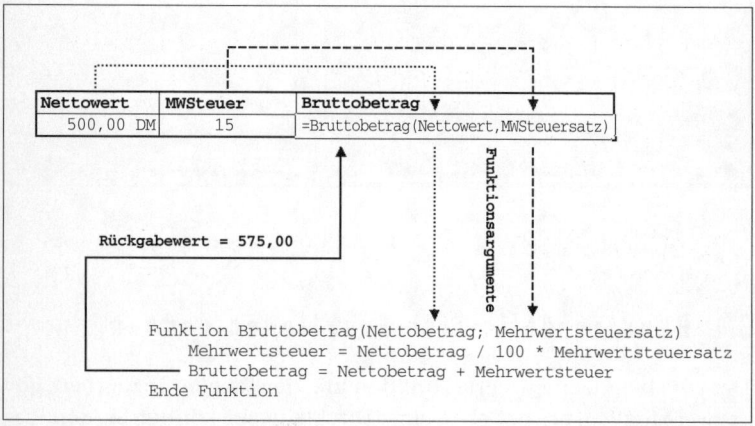

Alternativ können Sie die Ausführung einer benutzerdefinierten Funktion auch über das Menü **Einfügen** und hier über den Befehl **Funktion** bewirken. Nach Aktivierung des gewünschten Ergebnisfeldes ist in folgender Weise vorzugehen:

1. Wählen Sie das Menü **Einfügen** und dann den Befehl **Funktion**. Ergebnis müßte das Dialogfeld des Funktions-Assistenten sein. Wenn Sie unter «Kategorie» im unteren Bereich die Variante «Benutzerdefiniert» wählen, ist die folgende Bildschirmanzeige möglich:

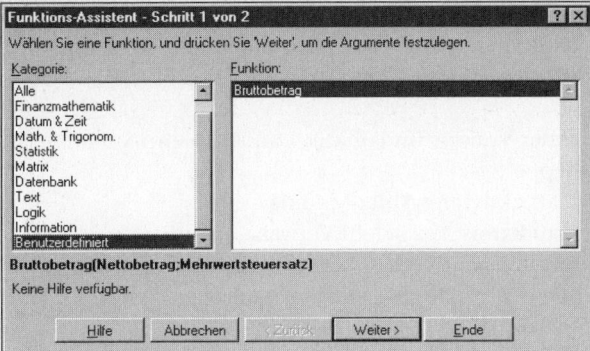

2. Nun können Sie aus der Funktionsliste im rechten Bereich des Dialogfeldes die gewünschte Funktion – im Beispielfall *Bruttobetrag* – markieren. Klicken Sie anschließend auf die Schaltfläche ⌈Weiter⌋.
3. In der nun angezeigten Dialogbox sind die gewünschten Werte einzutragen. *Beispiel:*

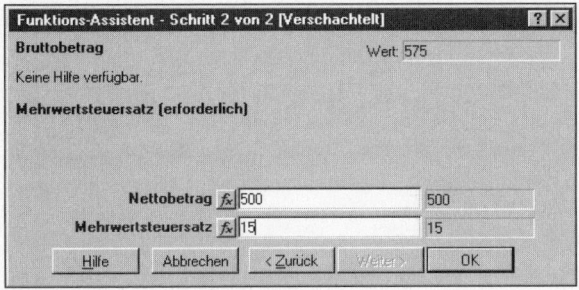

Sie erhalten also zwei Felder zur Eingabe: Nettobetrag und Mehrwertsteuersatz. Nehmen Sie hier die gewünschten Eingaben vor.
4. Klicken Sie abschließend auf die Schaltfläche ⌈Ende⌋. In die Tabelle müßte nun ebenfalls der aktuelle Wert von 575 übernommen worden sein.

Es ist für den Aufruf einer Funktion nicht notwendig, daß sich diese in der aktuellen Arbeitsmappe befindet. In diesem Fall müssen Sie beim Funktionsaufruf einen Verweis auf die betreffende Arbeitsmappe her-

stellen. Nach dem Dateinamen (mit Erweiterung) ist das Ausrufezeichen einzugeben und dann der Funktionsaufruf. *Beispiel:*
=Test.XLS!Bruttobetrag(500;15)

Entbehrlich ist der Verweis im Funktionsaufruf, wenn Sie in der aktuellen Arbeitsmappe
- das Modulblatt aktivieren (hier Modul1),
- aus dem Menü **Extras** den Befehl **Verweise** aufrufen und
- im Dialogfeld «Verweise» das Kontrollkästchen der Arbeitsmappe einschalten, die Sie verfügbar machen wollen.

Hinweis: Sie können eine Funktion auch einer bestimmten Kategorie zuordnen. Dazu ist nach Aktivierung des Modulblattes aus dem Menü **Ansicht** der Befehl **Objektkatalog** zu wählen. Ergebnis:

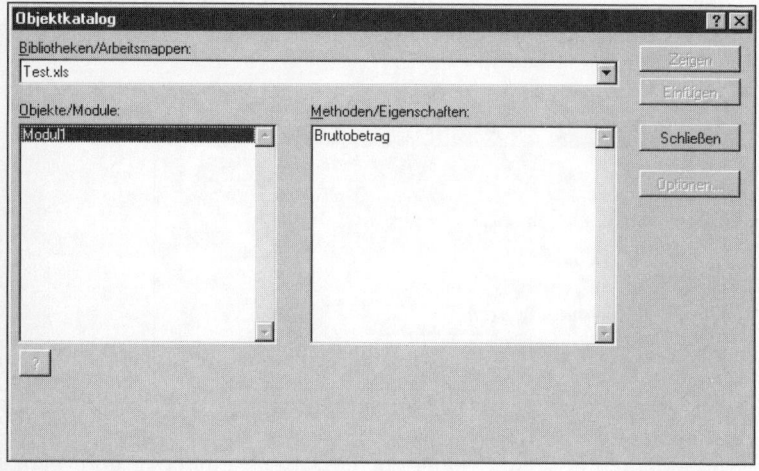

Hier ist dann
- im Feld «Bibliotheken/Arbeitsmappen» der Name der Arbeitsmappe, die das Modul enthält, einzugeben oder auszuwählen,
- im Feld «Objekte/Module» das Modul zu aktivieren, das die betreffende Funktion beinhaltet,
- im Feld «Methoden/Eigenschaften» der Name der Funktion auszuwählen,

▓ über die Schaltfläche $\boxed{\text{Optionen}}$ aus der Liste «Funktionskategorie» der Name der gewünschten Kategorie zu wählen.
Nach Klicken auf die Schaltfläche $\boxed{\text{OK}}$ kann dann die Option «Zeigen» aktiviert werden.

3.5 Besonderheiten beim Definieren von Funktionen

Bei dem Erzeugen benutzerdefinierter Funktionen müssen Sie meist wie dargelegt die Argumente festlegen, auf die die Funktion bei der Berechnung des Rückgabewertes zugreift. Es handelt sich dabei letztlich um Variablen mit einem Namen, die jeweils einen bestimmten Wert darstellen. VBA bietet eine Möglichkeit, den jeweiligen Variablentyp vorab genau festzulegen. Dies wird in einem ersten Beispiel im folgenden Kapitel veranschaulicht.

In einer benutzerdefinierten Funktion können Sie darüber hinaus auch Visual Basic-Anweisungen verwenden, die einen logischen Ablauf definieren. Damit ist es möglich, in einer Funktion nicht nur einen linearen Ablauf für die Berechnung vorzugeben, sondern auch eine Bedingungsabfrage oder einen wiederholten Durchlauf zu realisieren. Die dazu notwendigen Anweisungen **Wenn, Für** und **Durchlaufe** lernen Sie im folgenden anhand von Beispielen kennen.

Hinweis: Eine eingehende Behandlung der Kontrollstrukturen, die in VBA verfügbar sind, finden Sie noch ausführlicher in einem gesonderten Kapitel dieses Buches.

3.5.1 Datendeklaration in Funktionen

Bisher wurden als Argumente bei der Festlegung einer benutzerdefinierten Funktion nach dem Funktionsnamen lediglich die Variablen mit ihren Namen in Klammern angegeben. Auf eine genaue Bestimmung des Datentyps der jeweiligen Variablen wurde dabei verzichtet. Als Variablentyp nimmt Excel dann automatisch den Datentyp *Variant*. In einer Variablen dieses Datentyps können Sie Daten verschiedener Art speichern. Möglich sind Zahlen, Textzeichenfolgen sowie Datum und Uhrzeit. Dies gestattet eine flexible Anwendung, da alle Arten von elementaren Daten bearbeitet und automatisch untereinander konvertiert werden, birgt jedoch auch **Fehlergefahren** in sich. *Beispiel:* Sie wollen eine Variable vom Typ *Variant* in einer arithmetischen Funktion verwenden, der eingegebene Wert enthält jedoch keine gültige Zahl.

Es gibt noch einen weiteren Vorteil, wenn Sie die Datentypen ausdrücklich angeben. Sofern Sie beispielsweise in einer Variablen nur kleine, ganzzahlige Werte verwenden müssen (etwa bei der Personalnummer) und diese als Ganz-Variable (Integervariable) deklarieren, können Sie Speicherplatz sparen sowie die Ausführung arithmetischer Operationen mit dieser Variablen erheblich beschleunigen.

Alternativ zur Typenbezeichnung können auch bestimmte Typenkennzeichen eingegeben werden. Diese müssen bei der Eingabe ohne Leerzeichen direkt an den Variablennamen angehängt werden. Allgemein gilt:

VariablennameTypenkennzeichen

Mögliche Grunddatentypen, die ausdrücklich definiert und bei der Variablendeklaration verwendet werden können, sind:

Datentyp (englisch)	Bedeutung	Typenkennzeichen	Beispiel für die Deklaration
Boolesch (Boolean)	Ja oder Nein bzw. Wahr oder Falsch (Speicherbedarf 2 Bytes)	kein Zeichen	*DIM T Als Boolesch*
Ganz (Integer)	Ganzzahl im Bereich –32768 bis 32767 (Speicherbedarf 2 Bytes)	%	*DIM Kundennummer Als Ganz* oder *Kundennummer%*
Lang (Long)	größere Ganzzahl zwischen –2147483648 und 2147483647 (Speicherbedarf 4 Bytes)	&	*DIM X Als Lang* oder *X&*
Einfach (Single)	Gleitkommazahl mit einfacher Genauigkeit (Speicherbedarf 4 Bytes)	!	*DIM Menge Als Einfach* oder *Menge!*
Doppelt (Double)	Gleitkommazahl mit doppelter Genauigkeit (Speicherbedarf 8 Bytes)	#	*DIM Betrag Als Doppelt* oder *Betrag#*
Währung (Currency)	skalierte Ganzzahl (Speicherbedarf 8 Bytes)	@	*DIM BezahltRech Als Währung* oder *BezahltRech@*

Datentyp (englisch)	Bedeutung	Typenkennzeichen	Beispiel für die Deklaration
DatumZeit (Date)	01. Januar 100 bis 31. Dezember (Speicherbedarf 8 Bytes)	kein Zeichen	*DIM Fälligkeit Als DatumZeit*
Objekt (Object)	beliebiger Verweis auf ein Objekt (Speicherbedarf 4 Bytes)	kein Zeichen	*DIM Bild Als Objekt*
ZeichenF (String)	0 bis ca. 2 Mrd. Zeichen (1 Byte für jedes Zeichen)	$	*DIM Name Als ZeichenF* oder *Name$*
Variant	Datentyp Doppelt bzw. beliebiger Text (Speicherbedarf 16 Bytes und 1 Byte für jedes Zeichen)	kein Zeichen	gilt automatisch

Hinweis: Die Definition von Variablen muß nicht unbedingt zu Beginn erfolgen. Auch innerhalb einer Funktion bzw. Prozedur können weitere Variable deklariert werden.

Und so gehen Sie vor: Um einem Funktionsargument gezielt einen bestimmten Datentyp zuzuweisen, müssen Sie hinter dem Argument zunächst das Wort «Als» und dann die Typenbezeichnung angeben. Allgemein gilt:
DIM Variablenname **Als** Typ
Dazu später mehr.
Das folgende Beispiel soll nun zunächst die Anwendung der Variablendeklaration verdeutlichen.

Beispiel:
Es soll eine Funktion erzeugt werden, mit der ein Prozentwert (als von Hundert) ermittelt wird. Beide dazu erforderlichen Übergabewerte sind als Gleitkommazahlen zu erfassen. Dabei ist der Grundwert mit doppelter Genauigkeit und der Prozentsatz mit einfacher Genauigkeit zu verarbeiten.

Zur Lösung der Aufgabe ist die Funktion in folgender Weise einzugeben:

```
Funktion ProzentVonHundert (Grundwert Als Doppelt; _
Prozentsatz Als Einfach)
    ProzentVonHundert = Grundwert / 100 * Prozentsatz
Ende Funktion
```

(*Hinweis:* Leerstelle Unterstrich wegen Zeilenwechsel)

Würden Typenzeichen verwendet werden, müßte die Funktion das folgende Aussehen haben:

```
Funktion ProzentVonHundert (Grundwert#; Prozentsatz!)
    ProzentVonHundert = Grundwert / 100 * Prozentsatz
Ende Funktion
```

Testen Sie eine dieser Varianten, indem Sie den Text für die Funktion im Modulblatt eingeben. Dies kann auch unterhalb der Funktion *Bruttobetrag* erfolgen. Alternativ können Sie ein neues Modulblatt aktivieren.
Führen Sie die Funktion anschließend in einer Tabelle aus. Nehmen Sie beispielsweise folgende Eingabe vor:
ProzentVonHundert(500;4,5). Als Ergebnis müßte in der Zelle der Tabelle 22,5 ausgewiesen werden.

Hinweise:
Bei den Variablen, die als Argumente festgelegt werden, kann es sich auch um einen Bezug auf ein Objekt handeln; beispielsweise eine bestimmte Tabelle oder eine bestimmte Zellposition.
Auch dem Rückgabewert kann ein bestimmter Datentyp zugewiesen werden. Dies muß in jedem Fall in der ersten Zeile der Funktion erfolgen. *Beispiel:*

```
Funktion ProzentVonHundert# (Grundwert#; Prozentsatz!)
```

Auch wenn hier ausführlich auf die Definition von Variablentypen eingegangen wurde, kann es selbstverständlich Fälle für benutzerdefinierte Funktionen geben, die überhaupt keine Argumente benötigen. So kann eine Funktion beispielsweise den Wert in einer Zelle oder das Tagesdatum für Berechnungen verwenden.

3.5.2 Funktionen mit Wenn-Dann-Strukturen

Um die Steuerung des Ablaufs einer Funktion über eine Abfragebedingung kennenzulernen, können Sie das folgende Beispiel ausprobieren:

> *Beispiel:*
> Es soll eine Funktion erzeugt werden, mit der ein Provisionsbetrag berechnet wird. Der Betrag wird grundsätzlich mit einem vorgegebenen Promillesatz vom Umsatzwert ermittelt (hier die Variable WSumme). Allerdings wird auch eine Mindestprovision gewährt.

Zur Lösung der Aufgabe ist die Funktion in folgender Weise einzugeben:

```
Funktion Provision(WSumme; PSatz; MinProvision)
    Wenn WSumme / 1000 * PSatz < MinProvision Dann
        Provision = MinProvision
    Sonst
        Provision = WSumme / 1000 * PSatz
    Ende Wenn
Ende Funktion
```

Beachten Sie dazu folgende Regeln:

- In der Wenn-Zeile wird die Vergleichsanweisung formuliert. Im Beispielfall soll also ein Vergleich zwischen der errechneten Provision sowie der festgelegten Mindestprovision vorgenommen werden. Abhängig vom Ergebnis des Vergleichs wird eine unterschiedliche Wertzuweisung zur Variablen *Provision* vorgenommen.
- In der Folgezeile wird nach dem Schlüsselwort **Dann** die Anweisung eingegeben, die gilt, wenn die Bedingung zutrifft. Im Beispielfall also, wenn der errechnete Provisionsbetrag kleiner als die festgesetzte Mindestprovision ist. In diesem Fall gilt dann die Mindestprovi-

sion. Folglich wird der Variablen *Provision* die eingegebene Variable *MinProvision* zugewiesen.

▨ Nach dem Schlüsselwort **Sonst** wird die Anweisung für den Fall der nicht zutreffenden Bedingung eingegeben. Im Beispielfall wird also der Variablen *Provision* der errechnete Ausdruck zugewiesen.

▨ Die **Wenn...Dann...Sonst-Anweisung** wird durch die Anweisung **Ende Wenn** abgeschlossen.

Testen Sie nach Eingabe der Funktion die Ausführung in einer Tabelle. Nehmen Sie dazu beliebige Beispielwerte für zwei unterschiedliche Fälle, die zeigen, daß jeweils ein anderer Zweig durchlaufen wird.

Abschließend noch ein formaler Hinweis: Gerade bei der Eingabe einer Wenn-Dann-Auswahlstruktur ist das gezielte Einrücken von Codezeilen hilfreich. So wird der Code besser strukturiert und einfacher lesbar.

3.5.3 Funktionen mit Wiederholungsstrukturen

Um die Steuerung des Ablaufs einer Funktion als Wiederholungsstruktur zu veranschaulichen, soll das folgende Beispiel dienen:

> *Beispiel:*
> Es soll eine Funktion erzeugt werden, mit der eine Zeichenfolgenanzahl berechnet wird.

Zur Lösung der Aufgabe ist die Funktion in folgender Weise einzugeben:

```
Funktion ZeichenfolgenAnzahl(LangeZnF; SuchZnF)
    DIM Position; Anzahl Als Ganz
    Position = 1
    Durchlaufe Solange InZnF(Position; LangeZnF; SuchZnF)
        Position = InZnF(Position; LangeZnF; SuchZnF) + 1
        Anzahl = Anzahl + 1
    Schleife
    ZeichenfolgenAnzahl = Anzahl
Ende Funktion
```

3.6 Anwendungsfall «Handelskalkulation»

Im folgenden soll anhand einer Anwendung aus dem Bereich «Handelskalkulation» eine umfassendere Lösung zur Nutzung benutzerdefinierter Funktionen gezeigt werden. Speichern Sie das Arbeitsblatt unter dem Namen HKVBA.XLS.

Ausgehend von dem folgenden Hauptmenü sollen verschiedene Kalkulationen erzeugt und ausgedruckt werden können:

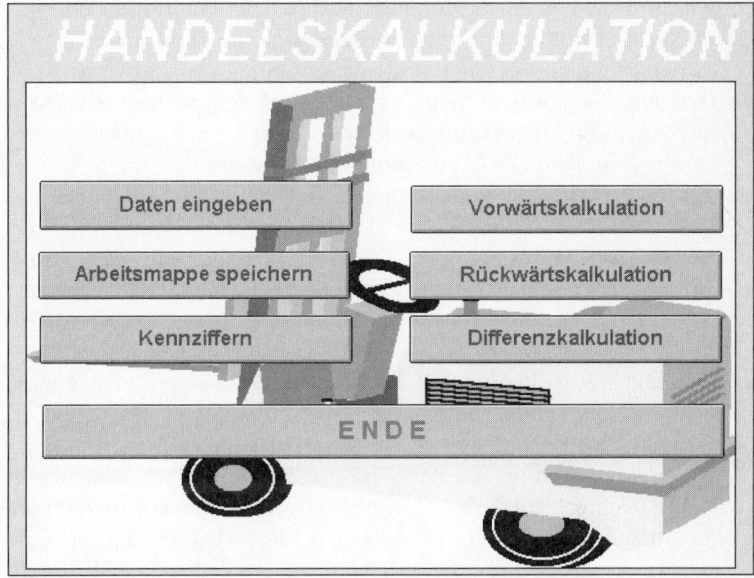

Erzeugen Sie zunächst dieses Hauptmenü in einem Tabellenblatt. Tragen Sie im Blattregister den Blattnamen **Menü** ein. Mit den Schaltflächen `Daten eingeben`, `Vorwärtskalkulation`, `Rückwärtskalkulation`, `Differenzkalkulation` und `Kennziffern` soll jeweils eine andere Tabelle der gleichen Arbeitsmappe aufgerufen werden. Die Schaltflächen `Arbeitsmappe speichern` und `Ende` können dagegen schon mit den entsprechenden Makroaktionen hinterlegt werden.

Benennen Sie zweckmäßigerweise zunächst die Tabellen mit den folgenden Namen:

▨ Menü

- Eingabe
- Vorkalk
- Rückkalk
- Diffkalk
- Kennziffern

Um das **Hauptmenü** in der vorliegenden Form zu gestalten, sind folgende Befehlsoptionen anzuwenden:

- Aktivieren Sie die Tabelle *Menü*, und wählen Sie in der aktiven Tabelle zunächst aus dem Menü **Extras** den Befehl **Optionen**. Aktivieren Sie das Register «Ansicht», und stellen Sie hier Optionsfelder wie «Gitternetzlinien», «Zeilen- und Spaltenköpfe» und andere aus.
- Aktivieren Sie aus dem Menü **Format** den Befehl **Blatt**, und wählen Sie die Option «Hintergrund». Jetzt können Sie ein ClipArt aus der ClipArt-Datei von Office auswählen und zuweisen.
- Die Überschrift «Handelskalkulation» können Sie beispielsweise über das Bezeichnungsfeld der Toolbox (= Dialog-Symbolleiste) erzeugen.
- Um die sieben Schaltflächen einzufügen und zu formatieren, nutzen Sie das Tool «Befehlsschaltfläche» in der Dialog-Symbolleiste.

Um beispielsweise die erste Schaltfläche `Daten eingeben` zu erzeugen, gehen Sie in folgender Weise vor:

1. Aktivieren Sie zunächst die Symbolleiste «Dialog öffnen».
2. Klicken Sie anschließend das Schaltflächensymbol an, und ziehen Sie ein Rechteck auf. Sobald Sie die Maustaste loslassen, entsteht die Schaltfläche mit grauem Hintergrund, dem Text «Schaltfläche 1» eingerahmt mit Anfassern. Gleichzeitig erscheint das Dialogfeld «Zuweisen», über das Sie der Schaltfläche einen Makro zuordnen können.
3. Klicken Sie im Dialogfeld «Zuweisen» auf `Abbrechen`, da zunächst nur die Schaltflächen eingerichtet werden sollen.

Dies können Sie in ähnlicher Weise für die übrigen Schaltflächen machen. Schaltflächen können allerdings auch kopiert werden, so daß etwa alle Schaltflächen eines Arbeitsblattes die gleiche Größe haben. Markieren Sie dazu zunächst die zu kopierende Schaltfläche. Wählen Sie danach aus dem Menü **Bearbeiten** den Befehl **Kopieren**, um die Schaltfläche in die Zwischenablage zu kopieren. Nach Aufheben der

Markierung kann über den Befehl **Einfügen** die Schaltfläche erneut im Tabellenblatt erzeugt werden.

Sind alle Schaltflächen erzeugt, können Sie diese gezielt beschriften. Markieren Sie zunächst die erste Schaltfläche, und ziehen Sie den Mauszeiger mit gedrückter linker Maustaste über den Texteintrag. Geben Sie dann den Text «Daten eingeben» ein. Gehen Sie in ähnlicher Weise bei den übrigen Schaltflächen vor.

Anschließend können Sie die zutreffenden Makros erzeugen, mit denen vom Hauptmenü aus die verschiedenen anderen Tabellen per Mausklick auf die Schaltfläche aufgerufen werden. Gehen Sie in folgender Weise für die Schaltfläche `Daten eingeben` vor:

1. Setzen Sie den Mauszeiger in die Schaltfläche, rufen Sie mit der rechten Maustaste das Kontextmenü auf, und öffnen Sie mit dem Befehl **Zuweisen** das gleichnamige Dialogfeld.
2. Klicken Sie hier auf die Schaltfläche `Aufzeichnen`, so daß ein weiteres Dialogfeld erscheint.
3. Geben Sie hier im Feld «Makroname» ein: DatenEingabe. Im Feld «Beschreibung» können Sie einen erläuternden Text eingeben.
4. In der Optionsgruppe «Speichern in» ist bereits eingestellt, daß der Makro in der aktuellen Arbeitsmappe gespeichert wird (in einem besonderen Blatt mit dem Namen Modul1). Achten Sie außerdem darauf, daß als Spracheinstellung die Option «Visual Basic für Excel» gewählt ist.
5. Bestätigen Sie die Schaltfläche mit `OK`. Nun werden alle Befehle, die Sie mit der Maus oder über die Tastatur aktivieren, als Makro aufgezeichnet. Gleichzeitig erscheint eine kleine Schaltfläche, über die Sie die Makroaufzeichnung per Mausklick abschalten können.

Führen Sie nun folgende Aktionen im Makro aus:

1. Setzen Sie den Mauszeiger in das Arbeitsblatt mit dem Registernamen «Eingabe».
2. Aktivieren Sie die Zelle D6.
3. Beenden Sie die Makroaufzeichnung durch Anklicken der Schaltfläche `Makro-Aufzeichnung beenden`.

In ähnlicher Weise können die übrigen Makros für das Hauptmenü erzeugt werden.

Nach Aktivierung der Schaltfläche `Daten eingeben` soll folgende Tabelle für die Dateneingabe bereitgestellt werden:

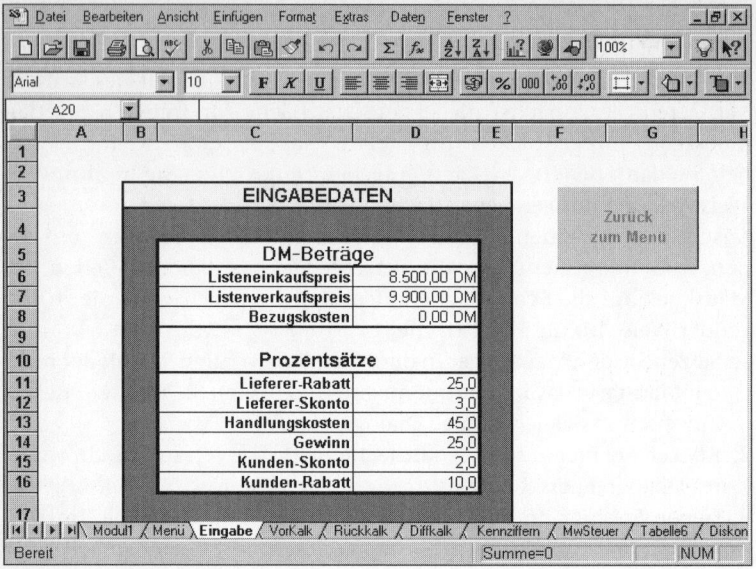

Erzeugen Sie zunächst diese Tabelle, und vergeben Sie dafür – falls noch nicht geschehen – den Registernamen **Eingabe**. Durch Klicken auf die Schaltfläche Zurück zum Menü soll wieder das Ausgangsmenü angezeigt werden; in diesem Fall die Tabelle «Menü». Hinterlegen Sie dafür den entsprechenden Makro.

Im Hauptmenü soll danach durch Klicken auf die Schaltfläche Vorwärtskalkulation eine Tabelle aktiviert werden, die automatisch eine Vorkalkulation ermöglicht. Ergebnis soll beispielsweise die folgende Bildschirmanzeige auf S. 75 sein. (*Hinweis:* Erzeugen Sie diese Tabelle, und speichern Sie diese in einem Tabellenblatt der gleichen Arbeitsmappe. Nennen Sie dieses Tabellenblatt **Vorkalk.**)

Im Rahmen der **Vorwärtskalkulation** soll der Anwender die Antwort auf folgende Frage erhalten:
Zu welchem Preis muß eine Ware dem Kunden angeboten werden, damit ein bestimmter Gewinn zu erzielen ist?
Im vorhergehenden Eingabefenster ist somit ein Listeneinkaufspreis einzugeben sowie eventuell anfallende Bezugskosten. Außerdem sind die Prozentsätze einzutragen.

A	B	C	D	E	F	G	H
1		**Vorwärtskalkulation**					
2							
3		Listeneinkaufspreis	8.500,00 DM				
4	25,0	abzgl. Lf.-Rabatt	2.125,00 DM				Zurück
5		Zieleinkaufspreis	6.375,00 DM				zum Menü
6	3,0	abzgl. Lf.-Skonti	191,25 DM				
7		Bareinkaufspreis	6.183,75 DM				
8		zzgl. Bezugskosten	0,00 DM				
9		Bezugspreis	6.183,75 DM				
10	45,0	zzgl. Handlungskosten	2.782,69 DM				Drucken
11		Selbstkostenpreis	8.966,44 DM				
12	25,0	zzgl. Gewinn	2.241,61 DM				
13		Barverkaufspreis	11.208,05 DM				
14	2,0	zzgl. Kd.-Skonto	228,74 DM				
15		Zielverkaufspreis	11.436,78 DM				
16	10,0	zzgl. Kd.-Rabatt	1.270,75 DM				
17		Listenverkaufspreis, netto	12.707,54 DM				

Bei der Berechnung des Verkaufspreises im Register «Vorkalk» gelten folgende Berechnungsregeln:

▪ Liefererrabatt, Liefererskonto, Handlungskosten sowie Gewinn sind aufgrund des eingegebenen Prozentsatzes **vom Hundert** zu berechnen.

▪ Kundenskonto und Kundenrabatt sind dagegen **im Hundert** zu rechnen.

Nach Klicken auf die Schaltfläche `Zurück zum Menü` erfolgt erneut der Rücksprung in das Hauptmenü. Realisiert wird dies durch ein Makro zum Aufruf des Tabellenblattes **Menü**. Durch Klicken auf `Drucken` soll die aktuelle Kalkulationstabelle direkt gedruckt werden. Erzeugen Sie das entsprechende Makro mit der Schaltfläche.

Durch Klicken auf die Schaltfläche `Rückwärtskalkulation` kann im Ausgangsmenü eine Tabelle aktiviert werden, die automatisch eine Rückwärtskalkulation bereitstellt. Ergebnis soll beispielsweise die folgende Bildschirmanzeige auf S. 76 sein. *Hinweis:* Erzeugen Sie diese Tabelle in der gleichen Arbeitsmappe, und nennen Sie dieses Blatt **Rückkalk**. Vergessen Sie nicht, Ihre Arbeitsmappe zu speichern!

Im Rahmen der **Rückwärtskalkulation** soll ein Anwender die Antwort auf folgende Frage erhalten:

Welcher Einkaufpreis darf höchstens bezahlt werden, wenn der Verkauf den geplanten Gewinn erbringen soll?

	A	B	C	D	E	F	G
1			**Rückwärtskalkulation**				
2							
3			Listeneinkaufspreis	6.622,05 DM			
4		25,0	abzgl. Lf-Rabatt	1.655,51 DM			Zurück zum Menü
5			Zieleinkaufspreis	4.966,54 DM			
6		3,0	abzgl. Lf-Skonti	149,00 DM			
7			**Bareinkaufspreis**	4.817,54 DM			
8			zzgl. Bezugskosten	0,00 DM			
9			Bezugspreis	4.817,54 DM			
10		45,0	zzgl. Handlungskosten	2.167,90 DM			Drucken
11			**Selbstkostenpreis**	6.985,44 DM			
12		25,0	zzgl. Gewinn	1.746,36 DM			
13			**Barverkaufspreis**	8.731,80 DM			
14		2,0	zzgl. Kd.-Skonto	178,20 DM			
15			Zielverkaufspreis	8.910,00 DM			
16		10,0	zzgl. Kd.-Rabatt	990,00 DM			
17			**Listenverkaufspreis, netto**	9.900,00 DM			

Im Eingabefenster sind ein Listenverkaufspreis einzugeben sowie eventuell anfallende Bezugskosten. Außerdem sind die Prozentsätze einzutragen.

Bei der Berechnung des Einkaufspreises im Tabellenblatt **Rückkalk** gelten folgende Berechnungsregeln:

▦ Bei der Berechnung beginnt die Kalkulation bei D17.

▦ Stufenweise Rückrechnung vom Listenverkaufspreis auf den Barverkaufspreis aufgrund der eingegebenen Prozentsätze **vom Hundert**.

▦ Stufenweise Rückrechnung auf den Bezugspreis: Prozentrechnung **auf Hundert**.

▦ Liefererskonto und Liefererrabatt sind dagegen **im Hundert** zu berechnen.

Nach Klicken auf die Schaltfläche ⌊Zurück zum Menü⌋ erfolgt erneut der Rücksprung in das Hauptmenü. Realisiert wird dies also durch ein Makro zum Aufruf der Tabelle mit dem Registernamen «Menü». Durch Klicken auf ⌊Drucken⌋ soll die aktuelle Kalkulationstabelle direkt gedruckt werden. Erzeugen Sie das entsprechende Makro mit der Schaltfläche.

Im Ausgangsmenü kann durch Klicken auf die Schaltfläche ⌊Differenzkalkulation⌋ eine Tabelle aktiviert werden, die automatisch eine Differenzkalkulation bereitstellt. Ergebnis soll beispielsweise die folgende Bildschirmanzeige sein. *Hinweis:* Erzeugen Sie diese Tabelle in der gleichen Arbeitsmappe, und nennen Sie dieses Blatt **Diffkalk**.

	A	B	C	D	E	F	G
1			**Differenzkalkulation**				
2							
3			Listeneinkaufspreis	8.500,00 DM			
4		25,0	abzgl. Lf.-Rabatt	2.125,00 DM			Zurück
5			Zieleinkaufspreis	6.375,00 DM			zum Menü
6		3,0	abzgl. Lf.-Skonti	191,25 DM			
7			Bareinkaufspreis	6.183,75 DM			
8			zzgl. Bezugskosten	0,00 DM			
9			Bezugspreis	6.183,75 DM			
10		45,0	zzgl. Handlungskosten	2.782,69 DM			
11			Selbstkostenpreis	8.966,44 DM			Drucken
12		-2,6	Gewinn	-234,64 DM			
13			Barverkaufspreis	8.731,80 DM			
14		2,0	zzgl. Kd.-Skonto	178,20 DM			
15			Zielverkaufspreis	8.910,00 DM			
16		10,0	zzgl. Kd.-Rabatt	990,00 DM			
17			Listenverkaufspreis, netto	9.900,00 DM			

Im Rahmen der **Differenzkalkulation** soll der Anwender die Antwort
auf folgende Frage erhalten:
Läßt sich bei festliegendem Einkaufs- und Verkaufspreis ein angemessener Gewinn erzielen?
Im Eingabefenster sind ein Listeneinkaufspreis und Listenverkaufspreis
einzugeben sowie eventuell anfallende Bezugskosten. Außerdem sind
die Prozentsätze einzutragen.
Bei der Berechnung des Einkaufspreises im Tabellenblatt **Diffkalk** gelten folgende Berechnungsregeln:

- In einer Vorwärtsrechnung wird stufenweise – vom Listeneinkaufspreis ausgehend in einer Prozentrechnung **vom Hundert** – der Selbstkostenpreis ermittelt.
- In einer Rückwärtsrechnung wird in einer Prozentrechnung **vom Hundert** vom Listenverkaufspreis auf den Barverkaufspreis geschlossen.
- Der Gewinn ergibt sich aus der Differenz von Barverkaufspreis und Selbstkostenpreis. Die Berechnung des Gewinnzuschlages erfolgt in B12 als Prozentsatz des Selbstkostenpreises.

Schließlich sollen in einer besonderen Tabelle drei ausgewählte Kennziffern ermittelt werden. Die Bildschirmanzeige gibt das Beispiel auf
der nächsten Seite wieder.
Erzeugen Sie diese Tabelle, und geben Sie ihr den Namen **Kennziffern**.
Aus der Aufgabenstellung wird deutlich, daß bei der Ermittlung der Kalkulationswerte in den drei verschiedenen Kalkulationsschemata des öf-

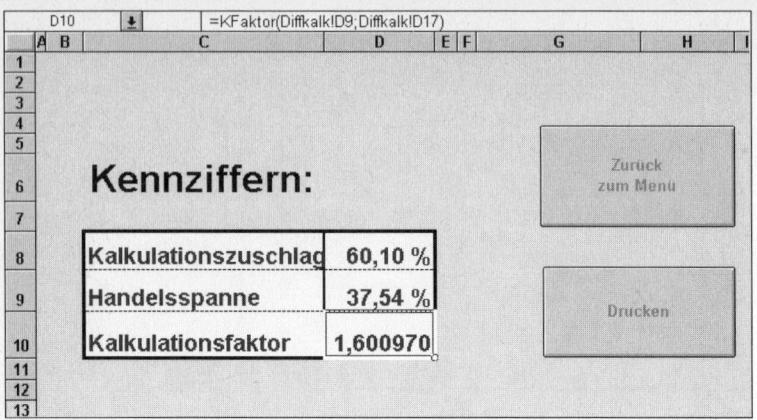

teren Prozentrechnungen vom Hundert, im Hundert und auf Hundert vorzunehmen sind. Die Arbeit beim Aufstellen von Formeln können Sie sich erleichtern, wenn Sie dafür zunächst die folgenden drei selbstdefinierten Funktionen erzeugen:

```
'Ermittlung unterschiedlicher Prozentwerte: von, auf, im
'Hundert
Funktion ProzentVonHundert(Grundwert Als Doppelt; _
Prozentsatz Als Einfach)
    ProzentVonHundert = Grundwert / 100 * Prozentsatz
Ende Funktion

Funktion ProzentAufHundert(ErhGrundwert Als Doppelt; _
Prozentsatz Als Einfach)
    ProzentAufHundert = ErhGrundwert / (100 + _
Prozentsatz) * Prozentsatz
Ende Funktion

Funktion ProzentImHundert(VermGrundwert Als Doppelt; _
Prozentsatz Als Einfach)
    ProzentImHundert = VermGrundwert / (100 - _
Prozentsatz) * Prozentsatz
Ende Funktion
```

Geben Sie diese Funktionen in einem gesonderten Modulblatt ein. Die eingegebenen Funktionen können Sie dann beim Aufbau der Formeln in den einzelnen Kalkulationsschemata verwenden. Um beispielsweise im Rahmen der Vorwärtskalkulation den Liefererrabatt zu ermitteln, müßten Sie jetzt folgende Formel in der Zelle D4 eingeben:

= ProzentVonHundert(D3;B4)

Der Grundwert wird also aus der Zelle D3 übernommen, während der zugehörige Prozentsatz in B4 steht.

Insgesamt hat die Tabelle in der Formeldarstellung folgendes Aussehen:

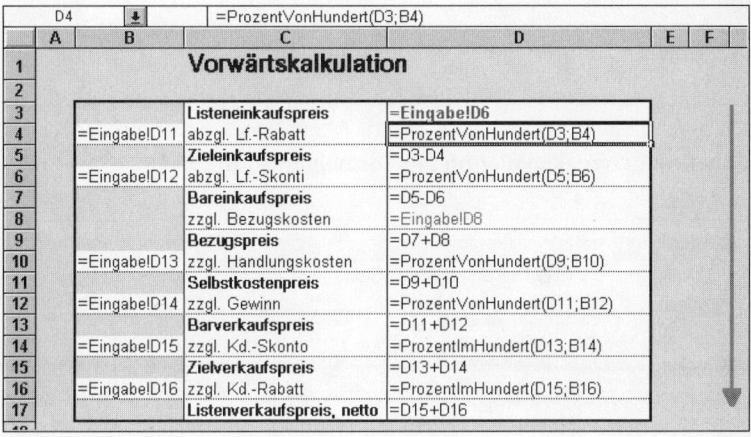

In ähnlicher Weise sind die Tabellen für die Rückwärtskalkulation und für die Differenzkalkulation aufzubauen.

Tabelle Rückwärtskalkulation (als Formeldarstellung):

D4	⬇	=ProzentImHundert(D5;B4)		
A	**B**	**C**	**D**	**E**
1		**Rückwärtskalkulation**		
2				
3		Listeneinkaufspreis	=D5+D4	
4	=Eingabe!D11	abzgl. Lf.-Rabatt	=ProzentImHundert(D5;B4)	
5		Zieleinkaufspreis	=D7+D6	
6	=Eingabe!D12	abzgl. Lf.-Skonto	=ProzentImHundert(D7;B6)	
7		Bareinkaufspreis	=D9-D8	
8		zzgl. Bezugskosten	=Eingabe!D8	
9		Bezugspreis	=D11-D10	
10	=Eingabe!D13	zzgl. Handlungskosten	=ProzentAufHundert(D11;B10)	
11		Selbstkostenpreis	=D13-D12	
12	=Eingabe!D14	zzgl. Gewinn	=ProzentAufHundert(D13;B12)	
13		Barverkaufspreis	=D15-D14	
14	=Eingabe!D15	zzgl. Kd.-Skonto	=ProzentVonHundert(D15;B14)	
15		Zielverkaufspreis	=D17-D16	
16	=Eingabe!D16	zzgl. Kd.-Rabatt	=ProzentVonHundert(D17;B16)	
17		Listenverkaufspreis, netto	=Eingabe!D7	

Tabelle Differenzkalkulation (als Formeldarstellung):

D16	⬇	=ProzentVonHundert(D17;B16)		
A	**B**	**C**	**D**	**E**
1		**Differenzkalkulation**		
2				
3		Listeneinkaufspreis	=Eingabe!D6	
4	=Eingabe!D11	abzgl. Lf.-Rabatt	=ProzentVonHundert(D3;B4)	
5		Zieleinkaufspreis	=D3-D4	
6	=Eingabe!D12	abzgl. Lf.-Skonto	=ProzentVonHundert(D5;B6)	
7		Bareinkaufspreis	=D5-D6	
8		zzgl. Bezugskosten	=Eingabe!D8	
9		Bezugspreis	=D7+D8	
10	=Eingabe!D13	zzgl. Handlungskosten	=ProzentVonHundert(D9;B10)	
11		Selbstkostenpreis	=D9+D10	
12	**=D12*100/D11**	Gewinn	**=D13-D11**	
13		Barverkaufspreis	=D15-D14	
14	=Eingabe!D15	zzgl. Kd.-Skonto	=ProzentVonHundert(D15;B14)	
15		Zielverkaufspreis	=D17-D16	
16	=Eingabe!D16	zzgl. Kd.-Rabatt	=ProzentVonHundert(D17;B16)	
17		Listenverkaufspreis, netto	=Eingabe!D7	

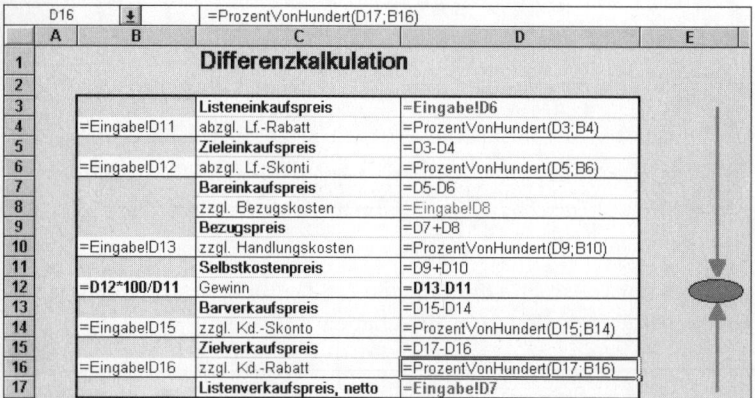

Schließlich kann sich auch für die Ermittlung der Kennzahlen das Arbeiten mit Funktionen anbieten. Die drei notwendigen Funktionen haben das folgende Aussehen:

```
'Kalkulationszuschlag berechnen'
Funktion KZuschlag(Bezugspreis Als Doppelt; _
Verkaufspreis Als Doppelt)
    KZuschlag = (Verkaufspreis - Bezugspreis) / _
    Bezugspreis * 100
Ende Funktion


'Handelsspanne berechnen'
Funktion HSpanne(Bezugspreis Als Doppelt; Verkaufspreis _
Als Doppelt)
    HSpanne = (Verkaufspreis - Bezugspreis) / _
    Verkaufspreis * 100
Ende Funktion


'Kalkulationsfaktor berechnen'
Funktion KFaktor(Bezugspreis Als Doppelt; Verkaufspreis _
Als Doppelt)
    KFaktor = Verkaufspreis / Bezugspreis
Ende Funktion
```

Die Tabelle «Kennziffern» muß in der Formeldarstellung das folgende
Aussehen haben:

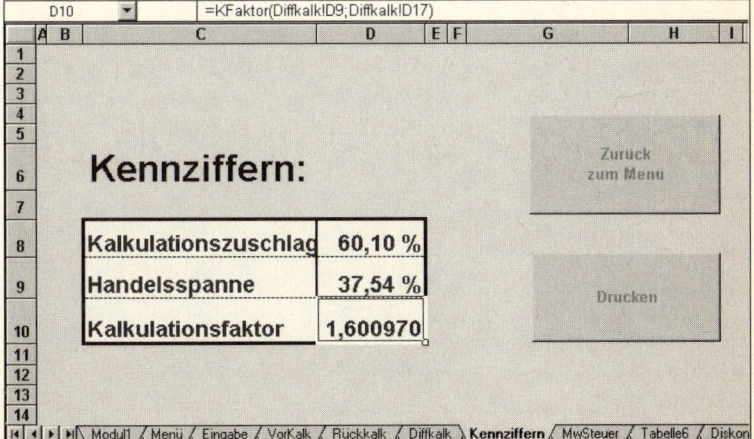

Mit diesen Tabellen müßten Sie nun in der Lage sein, die gesamte Anwendung aufzubauen. Als weitere Hilfe sind im folgenden die verschiedenen Makroaufzeichnungen wiedergegeben, die den Ablauf der Anwendung dokumentieren.

```
' Kalkulation im Handel
' DatenEingabe Makro
' Makro am 07.07.1996 von NN aufgezeichnet
'
Sub DatenEingabe()
    BlattListe("Eingabe").Auswählen
    Bereich("D6").Auswählen
Ende Sub
'
' MappeSpeichern Makro
' Die Arbeitsmappe wird gespeichert
Sub MappeSpeichern()
    AktiveArbeitsmappe.Speichern
Ende Sub
'
' ProgrammEnde Makro
' Die Arbeitsmappe wird geschlossen, nachdem zuvor
' der alte Bildschirmzustand wiederhergestellt wurde
Sub ProgEnde()
    ' Schließen    ' Prozedur Schließen starten
    schluß = MeldungsDlg("Wollen Sie Excel wirklich _
    beenden?"; _
    vbJaNein + vbFrage; "Beenden")
    Schließen    ' Prozedur Schließen starten
    Wenn schluß = vbJa Dann
        Anwendung.Beenden
    Ende Wenn
Ende Sub
'
'
*************************************************************
' KennziffernZeigen Makro
' Kennziffern werden berechnet
```

```
Sub KennziffernZeigen()
    BlattListe("Kennziffern").Auswählen
Ende Sub
'
' Vorkalk Makro
' Vorwärtskalkulation zeigen
Sub Vorkalk()
    BlattListe("VorKalk").Auswählen
Ende Sub
'
' Rückkalk Makro
' Rückwärtskalkulation zeigen
Sub Rückkalk()
    BlattListe("Rückkalk").Auswählen
Ende Sub
'
' Diffkalk Makro
' Differenzkalkulaton zeigen
Sub Diffkalk()
    BlattListe("Diffkalk").Auswählen
Ende Sub
'
' ZumMenü Makro
' Zum Menü zurückverzweigen
Sub ZumMenü()
    BlattListe("Menü").Auswählen
Ende Sub
'
'
'*************************************************************
' BlattDrucken Makro
' Das aktuelle Tabellenblatt wird gedruckt
'
Sub BlattDrucken()
    Anwendung.BildschirmAktualisierung = Wahr
    Mit AktivesBlatt.Seiteneinrichtung
        .Wiederholungszeilen = ""
```

```
        .Wiederholungsspalten = ""
Ende Mit
AktivesBlatt.Seiteneinrichtung.Druckbereich = ""
Mit AktivesBlatt.Seiteneinrichtung
        .LinkeKopfzeile = "&""Arial,Fett""&8 _
         Handelskalkulation"
        .MittlereKopfzeile = "&""Arial,Fett""&8&N&B"
        .RechteKopfzeile = "&""Arial,Fett""&8&D"
        .LinkeFusszeile = ""
        .MittlereFusszeile = ""
        .RechteFusszeile = ""
        .LinkerRand = Anwendung.ZollInPunkte(0,787401575)
        .RechterRand = Anwendung.ZollInPunkte _
         (0,787401575)
        .ObererRand = Anwendung.ZollInPunkte(0,984251969)
        .UntererRand = Anwendung.ZollInPunkte _
         (0,984251969)
        .Kopfzeilenrand = Anwendung.ZollInPunkte _
         (0,511811023)
        .Fusszeilenrand = Anwendung.ZollInPunkte _
         (0,511811023)
        .ZeilenSpaltenköpfeDrucken = Falsch
        .GitternetzlinienDrucken = Falsch
        .NotizenDrucken = Falsch
        .Druckqualität = 300
        .HorizontalZentriert = Falsch
        .VertikalZentriert = Falsch
        .Ausrichtung = xlHochformat
        .Entwurfsqualität = Falsch
        .Papiergrösse = xlPapierA4
        .ErsteSeitennummer = xlAutomatisch
        .Reihenfolge = xlUntenDannRechts
        .SchwarzWeiss = Falsch
        .Zoom = 100
Ende Mit
Mit AktivesBlatt.Seiteneinrichtung
        .Wiederholungszeilen = ""
```

```
      .Wiederholungsspalten = ""
Ende Mit
AktivesBlatt.Seiteneinrichtung.Druckbereich = _
"$A$1:$F$18"
Mit AktivesBlatt.Seiteneinrichtung
      .LinkeKopfzeile = "&""Arial,Fett""&8 _
      Handelskalkulation"
      .MittlereKopfzeile = "&""Arial,Fett""&8&N&B"
      .RechteKopfzeile = "&""Arial,Fett""&8&D"
      .LinkeFusszeile = ""
      .MittlereFusszeile = ""
      .RechteFusszeile = ""
      .LinkerRand = Anwendung.ZollInPunkte(0,787401575)
      .RechterRand = Anwendung.ZollInPunkte(0,787401575)
      .ObererRand = Anwendung.ZollInPunkte(0,984251969)
      .UntererRand = Anwendung.ZollInPunkte(0,984251969)
      .Kopfzeilenrand = Anwendung.ZollInPunkte _
      (0,511811023)
      .Fusszeilenrand = Anwendung.ZollInPunkte _
      (0,511811023)
      .ZeilenSpaltenköpfeDrucken = Falsch
      .GitternetzlinienDrucken = Falsch
      .NotizenDrucken = Falsch
      .Druckqualität = 300
      .HorizontalZentriert = Falsch
      .VertikalZentriert = Falsch
      .Ausrichtung = xlHochformat
      .Entwurfsqualität = Falsch
      .Papiergrösse = xlPapierA4
      .ErsteSeitennummer = xlAutomatisch
      .Reihenfolge = xlUntenDannRechts
      .SchwarzWeiss = Falsch
      .Zoom = 100
Ende Mit
Anwendung.BildschirmAktualisierung = Falsch
AktivesFenster.AusgewähltesBlattListe.Ausdrucken _
Kopien:=1
```

```
    BlattListe("Menü").Auswählen
Ende Sub
'
'
************************************************************
Sub Auto_Öffnen()
    Anwendung.BildschirmAktualisierung = Falsch
    'Setze hauptmenü = MenüleisteListe(xlTabellenblatt)
    ' Setze menüs = hauptmenü.Menüleiste
    'Für Alle menüpunkte In menüs
        'menüpunkte.Löschen
    'Nächste menüpunkte
    AktivesFenster.ArbeitsmappenregDurchlaufen _
    Position:=xlErstes
    BlattListe("Menü").Auswählen
    Anwendung.BearbeitungsleisteAnzeigen = Falsch
    Anwendung.StatusleisteAnzeigen = Falsch
    Anwendung.GanzenBildschirmAnzeigen = Wahr
    Mit AktivesFenster
        .KopfzeilenAnzeigen = Falsch
        .HorizontaleBildlaufleiste = Falsch
        .VertikaleBildlaufleiste = Falsch
        .ArbeitsmappenregAnzeigen = Falsch
    Ende Mit
    Anwendung.BildschirmAktualisierung = Wahr
Ende Sub
'
' Auto_Schließen Makro
' Regenerierung der Standardeinstellungen und Schließen _
  der Arbeitsmappe
'
Sub Schließen()
    AktiveArbeitsmappe.Speichern
    Anwendung.BildschirmAktualisierung = Falsch
    'MenüleisteListe(xlTabellenblatt).Zurücksetzen
    Mit AktivesFenster
        .KopfzeilenAnzeigen = Wahr
```

```
        .HorizontaleBildlaufleiste = Wahr
        .VertikaleBildlaufleiste = Wahr
        .ArbeitsmappenregAnzeigen = Wahr
    Ende Mit
    Anwendung.GanzenBildschirmAnzeigen = Falsch
    Anwendung.BearbeitungsleisteAnzeigen = Wahr
    Anwendung.StatusleisteAnzeigen = Wahr
    SymbolleisteListe(1).Sichtbar = Wahr
    SymbolleisteListe(2).Sichtbar = Wahr
    Mit Anwendung
        .QuickInfoZeigen = Wahr
        .GrosseSchaltflächen = Wahr
        .FarbigeSchaltflächen = Wahr
    Ende Mit
    Anwendung.Fensterzustand = xlNormal
    Anwendung.BildschirmAktualisierung = Wahr
Ende Sub
```

Noch einige *Hinweise:*

▨ Der Code wird fast ausschließlich mit dem Makro-Recorder aufgezeichnet. Deshalb ist das Verstehen einer jeden Programmzeile noch entbehrlich.

▨ In der SubProzedur **ProgEnde** sind ein Dialog und eine Kontrollstruktur eingebaut (vgl. hierzu ausführlich die Kapitel 5 und 7 des Buches). Diese werden erst später eingehend behandelt. Dies gilt ebenso für die Prozeduren **Auto_Öffnen** und **Auto_Schließen** (siehe hierzu Kapitel 4.3.2 des Buches).

3.7 Übung «Industriekalkulation»

Mit der folgenden Übung aus dem Bereich «Industriekalkulation» können Sie das zuvor Beschriebene noch einmal an einem ähnlichen Beispiel vertiefen. Die Lösung soll unter dem Namen IK2VBA.XLS gespeichert werden.

Ausgehend von dem folgenden Hauptmenü sollen verschiedene Kalkulationen erzeugt und ausgedruckt werden können:

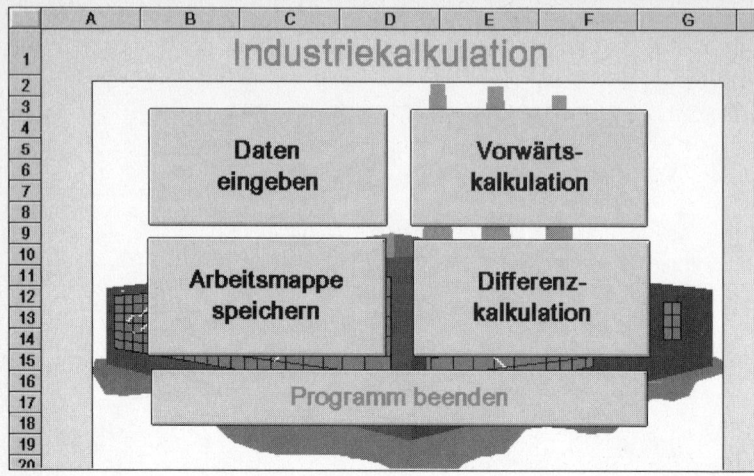

Erzeugen Sie zunächst dieses Hauptmenü in einem Tabellenblatt. Vergeben Sie dafür den Registernamen «Menü». Mit den Schaltflächen `Daten eingeben`, `Vorwärtskalkulation` und `Differenzkalkulation` soll jeweils eine andere Tabelle der gleichen Arbeitsmappe aufgerufen wer-

	A	B	C	D	E
1					
2					
3		**Dateneingabe**			
4			DM		
5		Fertigungsmaterial	4.000,00 DM		
6		Fertigungslöhne	2.000,00 DM		
7		Sondereinzelkosten der Fertigung	200,00 DM		
8		Sondereinzelkosten des Vertriebs	500,00 DM		
9		Angebotspreis	18.000,00 DM		
10		**Zuschlagssätze**	%		
11		Materialgemeinkosten	110,00		
12		Fertigungsgemeinkosten	150,00		
13		Verwaltungsgemeinkosten	6,00		
14		Vertriebsgemeinkosten	9,00		
15		Gewinn	30,00		
16		Kunden-Skonto	2,00		
17		Kunden-Rabatt	10,00		
18					
19		Zurück zum Menü			
20					
21					
22					
23					
24					
25					

Menü \ **Eingaben** / Vorwärtskalkulation / Differenzkalkulation

den. Die Schaltflächen [Arbeitsmappe speichern] und [Programm beenden]
können dagegen schon mit den entsprechenden Makroaktionen hinterlegt werden.
Nach Aktivierung der Schaltfläche [Daten eingeben] soll die Tabelle auf
S. 89 für die Dateneingabe bereitgestellt werden, für die der Register-
name «Eingaben» zu vergeben ist.

Legen Sie anschließend in einem Modulblatt die folgenden drei Funktionen an:

```
'Ermittlung unterschiedlicher Prozentwerte: von, auf, _
im Hundert'
Funktion ProzentVonHundert(Grundwert Als Doppelt; _
Prozentsatz Als Einfach)
    ProzentVonHundert = Grundwert / 100 * Prozentsatz
Ende Funktion

Funktion ProzentAufHundert(ErhGrundwert Als Doppelt; _
Prozentsatz Als Einfach)
    ProzentAufHundert = ErhGrundwert / (100 + _
Prozentsatz) * Prozentsatz
Ende Funktion

Funktion ProzentImHundert(VermGrundwert Als Doppelt; _
Prozentsatz Als Einfach)
    ProzentImHundert = VermGrundwert / (100 - _
Prozentsatz) * Prozentsatz
Ende Funktion
```

Diese Funktionen können Sie im folgenden beim Aufbau der Formeln
für die beiden gewünschten Kalkulationsschemata verwenden.
Legen Sie anschließend die auf S. 90 zuerst wiedergegebene Tabelle für
die Vorwärtskalkulation an.

Bei der Berechnung des Angebotspreises im Tabellenblatt «Vorwärtskalkulation» gelten folgende Berechnungsregeln:
▪ Materialgemeinkosten, Fertigungsgemeinkosten, Verwaltungsge-

meinkosten, Vertriebsgemeinkosten sowie Gewinn sind aufgrund des eingegebenen Prozentsatzes **vom Hundert** zu berechnen.

■ Kundenskonto und Kundenrabatt sind dagegen **im Hundert** zu rechnen.

Als Anregung für den Aufbau der Formeln ist im folgenden die Tabelle in Formeldarstellung wiedergegeben:

C	D	E	G
=[IK2VBA.XL	**Fertigungsmaterial**	=[IK2VBA.XLS]Eingabe!C5	
	% Materialgemeinkosten	=ProzentVonHundert(FMat;C3)	
	Stoffkosten		=SUMME(stoffkosten)
=[IK2VBA.XL	**Fertigungslöhne**	=[IK2VBA.XLS]Eingabe!C6	
	% Fertigungsgemeinkosten	=ProzentVonHundert(FLohn;C6)	
	Sondereinzelk. d. Fertigung	=[IK2VBA.XLS]Eingabe!C7	
	Fertigungskosten		=SUMME(Fertkosten)
	HERSTELLKOSTEN		=SUMME(stoffkosten;Fertkosten)
=[IK2VBA.XL	% Verwaltungsgemeinkosten	=ProzentVonHundert(HEK;C10)	
=[IK2VBA.XL	% Vertriebsgemeinkosten	=ProzentVonHundert(HEK;C11)	
	Sondereinzelk. d. Vertriebs	=[IK2VBA.XLS]Eingabe!C8	
	Verw.- u. Vertriebskosten		=SUMME(VVkosten)
	SELBSTKOSTEN		=SUMME(HEK;VVkosten)
=[IK2VBA.XL	% Gewinn		=ProzentVonHundert(SEK;C15)
	Barverkaufspreis		=SEK+Gewinn
=[IK2VBA.XL	% Kundenskonto		=ProzentImHundert(BarVP;C17)
	Zielverkaufspreis		=BarVP+KdSkto
=[IK2VBA.XL	% Kundenrabatt		=ProzentImHundert(ZielVP;C19)
	ANGEBOTSPREIS (netto)		=ZielVP+KdRab

Nach Klicken auf die Schaltfläche Zurück zum Menü erfolgt erneut der Rücksprung in das Hauptmenü. Realisiert wird dies also durch ein Makro zum Aufruf der Tabelle mit dem Registernamen «Menü». Durch Klicken auf [Drucken] soll die aktuelle Kalkulationstabelle direkt gedruckt werden. Erzeugen Sie den entsprechenden Makro mit der Schaltfläche.

Danach ist die Tabelle für die Differenzkalkulation aufzubauen. Im Rahmen der **Differenzkalkulation** soll der Anwender die Antwort auf folgende Frage erhalten: Läßt sich bei festliegenden Kosten und Angebotspreisen ein angemessener Gewinn erzielen? *Beispiel:*

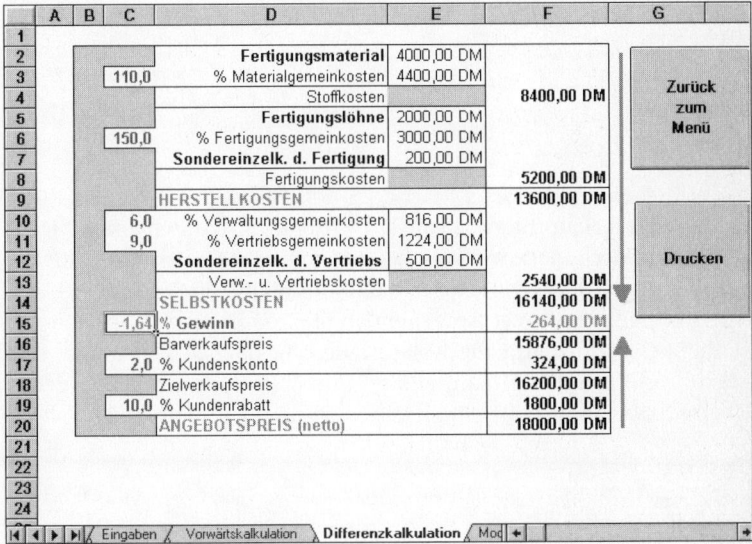

Bei der Berechnung des angemessenen Gewinns im Tabellenblatt **Differenzkalkulation** gelten folgende Berechnungsregeln:

▨ In einer Vorwärtsrechnung wird stufenweise – vom Fertigungsmaterial ausgehend in einer Prozentrechnung **vom Hundert** – der Selbstkostenpreis ermittelt.

▨ In einer Rückrechnung wird in einer Prozentrechnung **vom Hundert** vom Angebotspreis (netto) auf den Barverkaufspreis geschlossen.

▨ Der Gewinn ergibt sich aus der Differenz von Barverkaufspreis und Selbstkosten. Die Berechnung des Gewinnzuschlages erfolgt in C15 als Prozentsatz des Selbstkostenpreises.

Als Anregung für den Aufbau der Formeln ist im folgenden die Tabelle in Formeldarstellung wiedergegeben:

=[IK2VBA.XLS]Ei	**Fertigungsmaterial**	=[IK2VBA.XLS]Eingaben!C5	
	% Materialgemeinkosten	=ProzentVonHundert(FMat;C3)	
	Stoffkosten		=SUMME(stoffkosten)
=[IK2VBA.XLS]Ei	**Fertigungslöhne**	=[IK2VBA.XLS]Eingaben!C6	
	% Fertigungsgemeinkosten	=ProzentVonHundert(FLohn;C6)	
	Sondereinzelk. d. Fertigung	=[IK2VBA.XLS]Eingaben!C7	
	Fertigungskosten		=SUMME(Fertkosten)
	HERSTELLKOSTEN		=SUMME(stoffkosten;Fertkosten)
=[IK2VBA.XLS]Ei	% Verwaltungsgemeinkosten	=ProzentVonHundert(HEK;C10)	
=[IK2VBA.XLS]Ei	% Vertriebsgemeinkosten	=ProzentVonHundert(HEK;C11)	
	Sondereinzelk. d. Vertriebs	=[IK2VBA.XLS]Eingaben!C8	
	Verw.- u. Vertriebskosten		=SUMME(VVkosten)
	SELBSTKOSTEN		=SUMME(HEK;VVkosten)
=F15/F14*100	% Gewinn		=F16-F14
	Barverkaufspreis		=F18-F17
=[IK2VBA.XLS]Ei	% Kundenskonto		=ProzentVonHundert(F18;C17)
	Zielverkaufspreis		=NettoVP-F19
=[IK2VBA.XLS]Ei	% Kundenrabatt		=ProzentVonHundert(NettoVP;C1¦
	ANGEBOTSPREIS (netto)		=[IK2VBA.XLS]Eingaben!C9

Nach Klicken auf die Schaltfläche ⌈Zurück zum Menü⌋ erfolgt der Rücksprung in das Hauptmenü. Realisiert wird dies also durch einen Makro zum Aufruf der Tabelle mit dem Registernamen «Menü». Durch Klicken auf ⌈Drucken⌋ soll die aktuelle Kalkulationstabelle direkt gedruckt werden. Erzeugen Sie den entsprechenden Makro mit der Schaltfläche. Schließlich kann dann die Ablaufsteuerung über Schaltflächen und Makros erfolgen. Die Dokumentation im VBA-Code gibt die folgende Übersicht wieder:

```
'
' Dateneingabe Makro
' ruft das Blatt zur Dateneingabe auf
Sub DatenEingabe()
    Anwendung.BearbeitungsleisteAnzeigen = Falsch
    Anwendung.StatusleisteAnzeigen = Falsch
    ' Anwendung.GanzenBildschirmAnzeigen = Wahr
    BlattListe("Eingaben").Auswählen
    Bereich("C5").Auswählen
Ende Sub
'
' ZumMenue Makro
' verzweigt zurück zum Menü
```

```
Sub ZumMenue()
    BlattListe("Menü").Auswählen
Ende Sub
'
' MappeSpeichern Makro
' speichert die gesamte Arbeitsmappe
Sub MappeSpeichern()
    AktiveArbeitsmappe.Speichern
Ende Sub
'
' VorKalk Makro
' verzweigt zur Vorwärtskalkulation
Sub VorKalk()
    BlattListe("Vorwärtskalkulation").Auswählen
Ende Sub
'
' DiffKalk Makro
' verzweigt zur Differenzkalkulation
Sub DiffKalk()
    BlattListe("Differenzkalkulation").Auswählen
Ende Sub
'
'**************************************************************
' SchemaDrucken Makro
' Das Kalkulationsschema wird ausgedruckt
Sub SchemaDrucken()
    Anwendung.BildschirmAktualisierung = Falsch
    Mit AktivesBlatt.Seiteneinrichtung
        .Wiederholungszeilen = ""
        .Wiederholungsspalten = ""
    Ende Mit
    AktivesBlatt.Seiteneinrichtung.Druckbereich = _
"$B$2:$F$20"
    Mit AktivesBlatt.Seiteneinrichtung
        .LinkeKopfzeile = "&""Arial,Fett"" _
        Industriekalkulation"
        .MittlereKopfzeile = ""
```

```
        .RechteKopfzeile = "&""Arial,Standard""&8Stand: _
        &D &N&B"
        .LinkeFusszeile = ""
        .MittlereFusszeile = ""
        .RechteFusszeile = "&""Arial,Standard""&8Seite:&S"
        .LinkerRand = Anwendung.ZollInPunkte _
        (0,78740157480315)
        .RechterRand = Anwendung.ZollInPunkte(0)
        .ObererRand = Anwendung.ZollInPunkte _
        (0,984251968503937)
        .UntererRand = Anwendung.ZollInPunkte _
        (0,984251968503937)
        .Kopfzeilenrand = Anwendung.ZollInPunkte _
        (0,511811023622047)
        .Fusszeilenrand = Anwendung.ZollInPunkte _
        (0,511811023622047)
        .ZeilenSpaltenköpfeDrucken = Falsch
        .GitternetzlinienDrucken = Falsch
        .NotizenDrucken = Falsch
        .HorizontalZentriert = Falsch
        .VertikalZentriert = Falsch
        .Ausrichtung = xlHochformat
        .Entwurfsqualität = Falsch
        .Papiergrösse = xlPapierA4
        .ErsteSeitennummer = xlAutomatisch
        .Reihenfolge = xlUntenDannRechts
        .SchwarzWeiss = Falsch
        .Zoom = 100
    Ende Mit
    Anwendung.BildschirmAktualisierung = Wahr
    AktivesFenster.AusgewähltesBlattListe.Ausdrucken _
    Kopien:=1
Ende Sub
'
```

4 Die VBA-Programmierumgebung

Computergestützte Anwendungslösungen werden grundsätzlich mit **Programmiersprachen** realisiert. Mit ihrer Hilfe können Sie Anwendungen für kaufmännische, technische, semiprofessionelle oder private Bereiche schreiben. In der Praxis setzt sich allerdings zunehmend die Erkenntnis durch, daß es für zahlreiche Anwendungen wenig Sinn macht, dafür spezielle Programmiersprachen zu verwenden, da auch Tabellenkalkulationsprogramme wie Excel oder Datenbankprogramme wie Access bereits über enorme Programmierfähigkeiten verfügen. Dabei werden umfangreiche und immer einheitlichere Programmierumgebungen zum Erstellen von Ablaufstrukturen, Menüs und Dialogfeldern angeboten.

Durch die **Nutzung der Programmierfähigkeiten von Excel** wird nicht nur häufig das Beschaffen und Erlernen einer zusätzlichen Programmiersprache überflüssig. Weitere **Vorteile** sind:
- eine bequeme, benutzerfreundliche Programmierumgebung (weitgehend visuelle Programmierung durch die Nutzung von Zeichenwerkzeugen, Tabellen oder Dialogeditor),
- einfache Möglichkeit der Einbindung standardmäßig verfügbarer Bildschirmobjekte (wie Menüs, Dialogfelder und Schaltflächen) sowie
- direkte Nutzung arbeitssparender Besonderheiten von Excel (beispielsweise Druck- oder Diagrammfunktionen).

Mit **Visual Basic for Applications** (kurz **VBA**) verfügt Excel über eine vollständige Programmiersprache, deren «Umgebung» Sie im folgenden genauer kennenlernen sollen. Im Mittelpunkt steht dabei das **Prozedurkonzept**. An einem praktischen Beispiel wird erläutert, wie Sie ein Problem in Teilaufgaben zerlegen und dazu spezielle Prozeduren anfertigen. Mit dem Aufbau der kompletten Anwendung, die deutlich macht, wie verschiedene Prozeduren zusammenarbeiten, werden dann auch grundlegende Befehle in VBA deutlich.

Bevor wir starten, noch zwei wichtige *Hinweise:*

■ VBA gilt für Microsoft als die grundlegende und zukunftsweisende Programmierumgebung, um leistungsfähige Office-Anwendungen zu erzeugen. Programme wie Access und Project verfügen ebenfalls über dieses leistungsfähige Werkzeug. Word und PowerPoint erhalten mit Office 97 auch «VBA-Fähigkeit».

■ Sie haben die Wahl, ob Sie die deutsch- oder englischsprachige Syntax verwenden. Im folgenden werden wir zunächst die Lösung in der deutschsprachigen Version zeigen. Gleichzeitig wird auf die englischsprachige Syntax hingewiesen, um später eine Konvertierung auf die englische Version zu ermöglichen.

4.1 Das Prozedurkonzept von Excel

Bereits bei der Aufzeichnung von Makros sowie beim Erstellen von benutzerdefinierten Funktionen haben Sie Visual-Basic-Code erzeugt. Die Programmtexte selbst wurden auf einer eigenen Seite der Arbeitsmappe mit dem Namen «Modul?» gespeichert.

Genau in diesem Modulbereich werden Sie nun VBA-Code eingeben und bei Bedarf bearbeiten oder aufrufen. Anwendungen, die auf der Basis von VBA erzeugt werden, sind immer Bestandteil einer Arbeitsmappe. Wichtig: Eine Anwendung kann durchaus auf mehrere Module verteilt sein.

4.1.1 Grundaufbau einer VBA-Prozedur

Für die Eingabe von Programmcode in Excel steht im **Modulfenster** ein besonderer Editor zur Verfügung. Dieser wurde bereits im Kapitel 2 erläutert. Aufgerufen wird das Fenster, indem Sie aus dem Menü **Einfügen** den Befehl **Makro** wählen und hier die Option **Visual Basic-Modul** aktivieren. Ergebnis ist die folgende Bildschirmanzeige mit der Registerkarte «Modul1» am unteren Bildschirmrand:

Sie können jetzt unmittelbar mit der Eingabe der Anweisungen beginnen. Grundlage dafür sollte allerdings ein systematischer Programm-

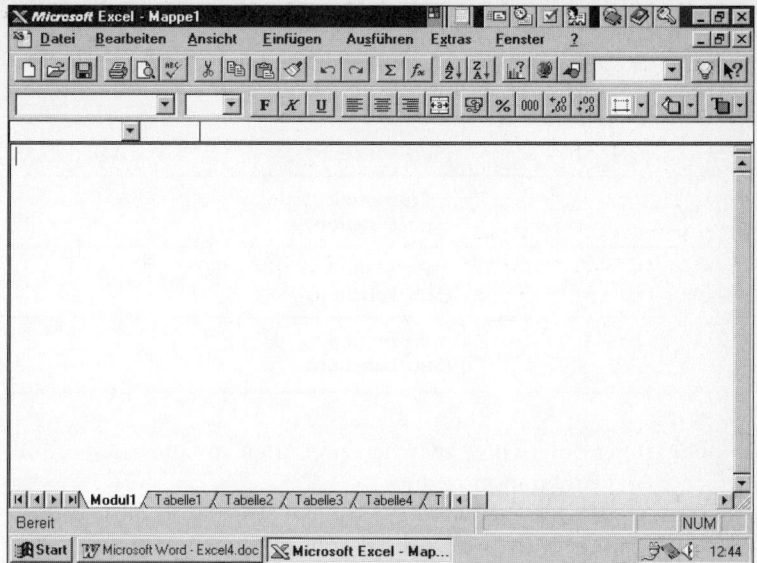

entwurf sein. Systematisch bedeutet in dem Fall, daß der Ablauf nicht nur logisch exakt festgelegt ist, sondern auch gleichzeitig für den Leser bzw. Entwickler eines Programms überschaubar bleibt.

Ein Modul setzt sich deshalb typischerweise aus mehreren Untereinheiten zusammen, die **Prozeduren** genannt werden. Eine Prozedur nimmt die verschiedenen Anweisungen auf, die während der Laufzeit eines Programms ausgeführt werden sollen. Sie kann eine Sub-Prozedur oder eine Funktion sein.

Am Anfang eines Moduls ist der **Deklarationsbereich** angesiedelt. Hier werden beispielsweise alle Konstanten bzw. Variablen vereinbart. Im Anschluß an den Deklarationsteil werden **alle** in einem Modul notwendigen **Prozeduren** erzeugt.

Den **Grundaufbau eines Moduls** veranschaulicht die folgende Abbildung auf S. 98.

Die Übersicht macht deutlich, daß eine VBA-Anwendung den Programm-Code in logisch zusammengehörige Einheiten zusammenfaßt. Eine solche Prozedur besteht aus mehr oder weniger vielen Anweisungen, die jeweils eine Aktion ausführen oder einen Wert berechnen.

Modul
Deklarationsbereich
Prozedur 1 (Sub/Function)
Prozedur 2 (Sub/Function)
Prozedur 3 (Sub/Function)
Prozedur 4 (Sub/Function)

Wichtig ist der Unterschied zwischen zwei Arten von Prozeduren: Sub-Prozedur und Funktionsprozedur:

■ Bei einer **Sub-Prozedur** werden Aktionen ausgeführt, ohne daß ein Wert zurückgegeben wird. Sie besteht aus einem Block von VBA-Code, der in einem Modul eingegeben und als Einheit ausgeführt wird.

■ Bei einer **Funktionsprozedur** wird immer ein Wert zurückgegeben; beispielsweise das Ergebnis einer Berechnung. Sie kann deshalb in Ausdrücke eingesetzt werden. Ein Beispiel ist etwa das Ermitteln eines bestimmten Prozentwertes (vgl. Kapitel 3).

Den Unterschied im Überblick zeigt die folgende Zusammenstellung:

Sub-Prozedur	Funktionsprozedur
es wird kein Wert übergeben	es wird ein Wert übergeben, sie kann in Ausdrücken verwendet werden
beginnt mit dem Schlüsselwort **Sub** und endet mit **Ende Sub** (engl. **End Sub**)	beginnt mit dem Schlüsselwort **Funktion** und endet mit **Ende Funktion** (engl. **Function** bzw. **End Function**)
Beispiel: **Sub** Prozedurname (Argumente) Anweisungen **Ende Sub**	*Beispiel:* **Funktion** Prozedurname (Argumente) Anweisungen Prozedurname (Rückgabewert) **Ende Funktion**

Hinweis: Beim Eingeben von Befehlen können Sie eine kontextsensitive Hilfe nutzen. Schreiben Sie den reservierten Namen – beispielsweise If –, und drücken Sie dann F1 . Ergebnis:

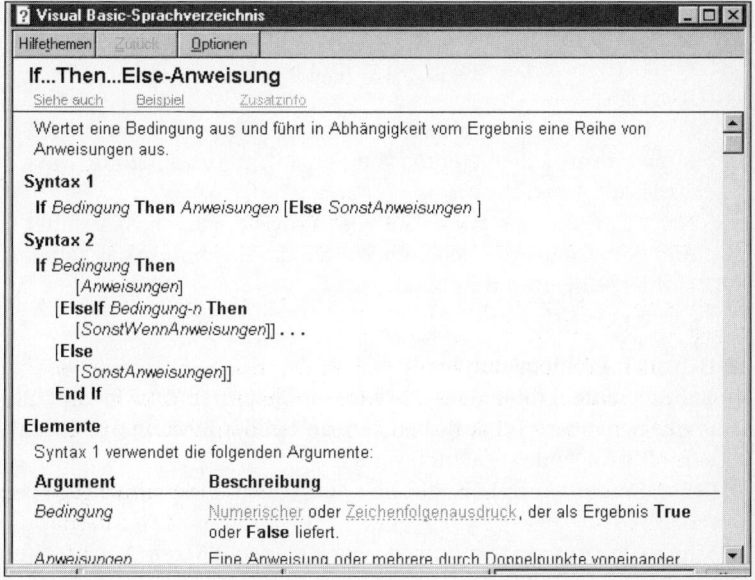

Beachten Sie jedoch: Ab der Version 7 ist in Excel ein kontextsensitiver Hilfetext nur für englischsprachige Schlüsselwörter und Objekte verfügbar.

4.1.2 Mehrere Prozeduren für eine Anwendung

Die Erfahrungen der Praxis zeigen: Im Laufe der Zeit werden Ihre Anforderungen, die Sie an die zu entwickelnden VBA-Lösungen stellen, steigen. Je komplexer eine Anwendung jedoch ist, um so unüberschaubarer wird das VBA-Modul. Um die Übersicht zu erhalten, bietet es sich an,

- das **Problem in überschaubare Teilaufgaben** zu **zerlegen** und
- für **jede Teilaufgabe eigene Prozeduren** zu **schreiben.**

Die Zusammenfassung erfolgt dann in einer sogenannten Hauptprozedur, von der aus die einzelnen Teilprozeduren aufgerufen werden.

Beispiel:

Ein Reisender, der Kopierer verkauft, möchte die Provisionen, die er für jeden Umsatz erzielt, genau berechnen und in eine Tabelle eintragen. Dabei gelten folgende Bedingungen:

▨ Grundsätzlich sind drei verschiedene Typen von Kopierern zu berücksichtigen: Modell X, Modell Y und Modell Z.

▨ Abhängig vom Umsatz gewährt ihm der Kopiererhersteller 3 % Provision.

▨ Die Erfassung der Typbezeichnung, der Anzahl der verkauften Kopierer sowie des vereinbarten Verkaufspreises sollen in einer Dialogmaske erfolgen.

▨ Nach Eingabe der Werte soll der Provisionsbetrag berechnet und neben den eingegebenen Werten das Ergebnis in das Tabellenblatt eingetragen werden.

Teilschritt 1: Problemanalyse

Im Rahmen einer Problemanalyse wird die Gesamtaufgabe in verschiedene überschaubare Teilaufgaben zerlegt. Bei der **Bildung der Teilaufgaben** sollte folgendes beachtet werden:

▨ Definieren Sie Aufgaben, die sich klar voneinander abgrenzen lassen.

▨ Mit der Definition von kurzen, wiederverwendbaren Teilaufgaben lassen sich später Prozeduren erzeugen, die einfach modifizierbar sind.

▨ Denken Sie daran, daß die Schnittstellen zwischen den verschiedenen Teilaufgaben eine problemlose Integration der Teilaufgaben zu einer Gesamtlösung ermöglichen.

Die Problemanalyse für den Beispielfall ergibt, daß drei Teilaufgaben zu lösen sind:

Teilaufgabe 1: Tabelle erstellen (neues Arbeitsblatt für die Aufnahme der Werte und Formeln bereitstellen, Formatierungen zuweisen)

Teilaufgabe 2: Dialogfeld für die Eingabeaufforderung an den Benutzer erstellen (Einlesen von Benutzereingaben für Typ, Anzahl und Verkaufspreis)

Teilaufgabe 3: Berechnung der jeweiligen Provision und Einfügen der Texte, Werte und Ergebnisse in das Tabellenblatt

Teilschritt 2: Problemlösung strukturieren

Auf der Basis der Problemanalyse kann die Problemlösung in Angriff genommen werden. Dabei werden für die einzelnen Teilaufgaben jeweils eigene Prozeduren angelegt, die dann in einer Hauptprozedur zusammengefaßt werden. Folgende Grafik zeigt den Zusammenhang:

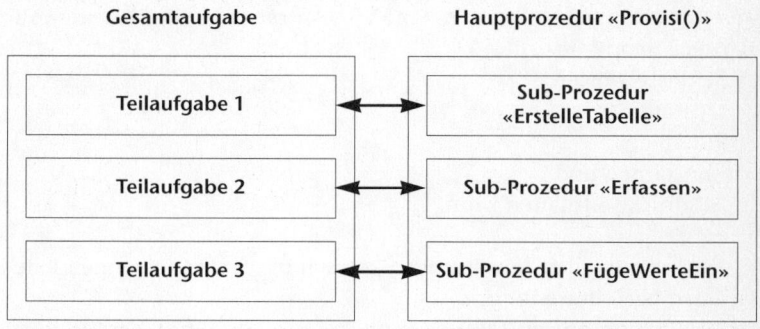

Für die Festlegung von Prozeduren ist es von Vorteil, wenn Sie überschaubare Teilprozeduren entwickeln. Diese können dann leichter codiert, getestet und aktualisiert werden. Hinzu kommt: Mit der Definition von Prozeduren können Sie bei umfassenden Anwendungen Mehrarbeit vermeiden, indem Sie den Code nur einmal schreiben und diesen dann im Bedarfsfall immer wieder aufrufen.

Um das Zusammenwirken von verschiedenen Prozeduren zu bewirken, können die Prozeduren in einer Gesamtanwendung gezielt zur Ausführung bereitgestellt werden. In der Fachsprache wird dies als «Aufrufen von Prozeduren» bezeichnet. Im Beispielfall ruft die Hauptprozedur mit dem Namen **Provisi()** drei weitere Prozeduren auf:

- Die erste aufgerufene Prozedur «ErstelleTabelle» erzeugt eine Tabelle mit Text und formatiert einige ausgewählte Zellen.
- Die zweite Prozedur «Erfassen» zeigt ein Dialogfeld an, das den Benutzer zur Eingabe von Informationen über seine Verkäufe an Kopierern auffordert.
- Die dritte Prozedur «FügeWerteEin» berechnet Provisionen auf der Basis der Benutzereingaben und fügt die Ergebnisse in das Tabellenblatt ein.

Hinweis: Im Beispielfall besteht die Anwendung aus drei Sub-Prozeduren. Natürlich wäre es möglich, noch weitere Sub-Prozeduren aufzunehmen. Alternativ oder ergänzend können darüber hinaus in gleicher Weise Funktionsprozeduren Bestandteile der Gesamtlösung sein.

Teilschritt 3: VBA-Anweisungen schreiben/eingeben

Eine Anwendung, die Sie mit VBA erstellen, setzt sich aus einer Folge von Anweisungen zusammen. Eine VBA-Anweisung selbst ist eine vollständige Instruktion, die

- Schlüsselwörter,
- Operatoren,
- Variablen,
- Konstanten und
- Ausdrücke enthalten kann.

Die vorkommenden Anweisungen können in die drei folgenden Kategorien eingeteilt werden:

- **Deklarationsanweisungen:** Damit können Sie eine Variable, eine Konstante oder eine Prozedur benennen und dabei außerdem einen Datentyp festlegen.
- **Zuweisungsanweisungen:** Sie werden verwendet, um einer Variablen oder Konstanten einen Wert oder Ausdruck zuzuweisen.
- **Ausführbare Anweisungen, die Aktionen auslösen.** Diese Anweisungen können eine Methode oder Funktion ausführen, und sie können Code-Blöcke in einer Schleife oder in Verzweigungen bearbeiten. Ausführbare Anweisungen enthalten häufig mathematische oder bedingte Operatoren.

Merke: Um ein korrektes VBA-Programm schreiben zu können, müssen Sie sowohl einen logisch einwandfreien Programmentwurf erarbeiten als auch die Syntax der VBA-Anweisungen kennen.

Das **Eingeben der Anweisungen** folgt den bereits erläuterten Regeln des Moduleditors. Besonders zu beachten sind:

- **Möglichkeit, eine Anweisung über mehrere Zeilen zu erzeugen:** Für die Eingabe von VBA-Anweisungen wird meist eine Zeile ausreichend sein. Dies bedeutet: Eine Anweisung paßt normalerweise in eine Zeile. Wenn Sie jedoch eine längere Anweisung verwenden wollen, ist dies möglich, indem die Eingabe in der folgenden Zeile fortgeführt wird. Dazu müssen Sie am Zeilenende ein Leerzeichen und anschließend einen Unterstrich eingeben.

▪ **Einfügen von Kommentaren:** Mit dem Hinzufügen von Kommentaren können Sie oder andere Personen, die den Code lesen, Erklärungen zu einer Prozedur oder einer bestimmten Instruktion erhalten. VBA ignoriert solche Kommentare beim Ausführen von Prozeduren. Kommentarzeilen beginnen mit einem Apostroph oder mit KMT (engl. REM) und einem Leerzeichen. Sie können an jeder Stelle einer Prozedur hinzugefügt werden. Möglich ist auch das Hinzufügen eines Kommentars in derselben Zeile, in der sich eine Anweisung befindet. Fügen Sie dazu nach der Anweisung einen Apostroph ein, und geben Sie anschließend den Kommentar ein. Nach Bestätigung der Eingabe gilt: Standardmäßig werden Kommentare automatisch in grüner Farbe angezeigt, so daß beim Lesen am Bildschirm eine übersichtliche Darstellung erzielt wird.

▪ **Syntaxfehler überprüfen:** Wenn Sie nach dem Eingeben einer Code-Zeile die ⏎-Taste drücken und die Zeile dann in Rot angezeigt wird (unter Umständen wird auch eine Fehlermeldung angezeigt), müssen Sie den Fehler in der Anweisung finden und korrigieren.

Sie können die soeben gemachten Ausführungen an einem kleinen Beispiel testen. Geben Sie in einem besonderen Modulfenster den folgenden Code ein (hier für die deutschsprachige VBA-Version):

```
Sub TestFeld() 'Diese Prozedur deklariert eine _
         Zeichenfolgenvariable,
    'weist dem Bereich A10 den Text Kopierertyp zu
    'und zeigt ein Dialogfeld an.
    Dim Kopierertyp$
    Bereich("A10").Formel = "Kopierertyp"
    Kopierertyp = EingabeDlg("Welches Kopierermodell _
         wurde verkauft?)
    Bereich("B10").Wert = Kopierertyp$
Ende Sub
```

Im Beispielfall

▪ findet sich zu Beginn ein Kommentar, der sich über drei bzw. vier Zeilen erstreckt und nach der Eingabe im Modulfenster grün dargestellt wird,

■ müßte die Zeile «Kopierertyp ...» rot dargestellt werden, da sich ein Syntaxfehler ergibt, weil nach dem Fragezeichen die Anführungszeichen vergessen wurden.

Wenden wir uns wieder dem Ausgangsbeispiel dieses Kapitels zu. Im folgenden finden Sie den gesamten Code (in deutscher Sprache) für alle Sub-Prozeduren, die von der Prozedur «Provisi()» aufgerufen werden. Dabei sollten Sie sich zunächst einmal auf den grundsätzlichen Aufbau der Lösung konzentrieren und nicht so sehr auf den VBA-Code.

```
'Anfang des Moduls

'Deklaration von Variablen auf Modulebene
Dim Kopierertyp
Dim Verkaufspreis
Dim Anzahl

'Deklaration von Konstanten
Konst Provsatz = 0,03

'Anfang der Prozeduren (Hauptprogramm)
Sub Provisi()
    ErstelleTabelle    'Aufruf der Prozedur ErstelleTabelle
    Erfassen           'Aufruf der Prozedur Erfasssen
    FügeWerteEin       'Aufruf der Prozedur FügeWerteEin
Ende Sub

'Bereitet ein neues Tabellenblatt vor, indem Formeln
'eingegeben und Spaltenbreiten angepaßt werden
Sub ErstelleTabelle()
    Bereich("A2").Formel = "Kopierertyp"
    Bereich("A3").Formel = "Verkaufspreis"
    Bereich("A4").Formel = "Anzahl"
    Bereich("A5").Formel = "Provision"
    Bereich("B3;B5").Zahlenformat = "#.##0.00 DM"
Ende Sub
```

```
'Fordert den Benutzer zur Eingabe von Informationen auf
Sub Erfassen()
    Kopierertyp = EingabeDlg("Welcher Kopierertyp?")
   Verkaufspreis = EingabeDlg("Höhe des Verkaufspreises?")
    Anzahl = EingabeDlg("Wieviel Kopierer wurden _
    verkauft?")
Ende Sub

'Prozedur fügt die vom Benutzer eingegebenen Werte
'in Zellen des Tabellenblattes ein
Sub FügeWerteEin()
    Bereich("B2").Wert = Kopierertyp
    Bereich("B3").Wert = Verkaufspreis
    Bereich("B4").Wert = Anzahl
    Provision = (Verkaufspreis * Anzahl)* Provsatz
Bereich("B5").Wert = Provision
Ende Sub
```

Das Beispiel zeigt, wie mehrere Sub-Prozeduren zusammenarbeiten. Struktur und Syntax des Programms werden im folgenden im Detail erläutert. Dabei wird die Lösung sowohl in deutscher als auch in englischer Sprache verdeutlicht.

Teilschritt 4: Programmtest und Programmpflege

Erstellte Anwendungen sind zunächst einem Programmtest zu unterziehen. Dazu werden Beispieldaten eingegeben und die daraufhin angezeigten Ergebnisse geprüft.

Ist eine spätere Änderung eines Programms notwendig (etwa aufgrund neuer Anforderungen), müssen Sie erneut das Modulfenster der zutreffenden Arbeitsmappe aktivieren. Dazu gibt es zwei Varianten nach Öffnen der Arbeitsmappe:

▨ Sie aktivieren das jeweilige Modul durch Klicken auf die Registerkarte für das Modul.

▨ Sie wählen aus dem Menü **Extras** den Befehl **Makro**. Nach Markieren des Namens der Sub-Prozedur ist auf die Schaltfläche [Bearbeiten] zu klicken. Der zugehörige VBA-Code wird dann zur Bearbeitung angezeigt.

In ähnlicher Weise können Sie auch vorgehen, wenn Sie eine Sub-Prozedur löschen wollen. Nach Wahl des Befehls **Makro** und Markieren des Prozedurnamens müssen Sie lediglich auf die Schaltfläche Löschen klicken.

4.2 Aufbau einer Anwendung mit mehreren Prozeduren (Module strukturieren)

Es wurde bereits deutlich, daß ein VBA-Modul im Normalfall mehrere Prozeduren enthält. Grundsätzlich spielt es dabei keine Rolle, in welcher Reihenfolge die Prozeduren erfaßt werden. Allerdings haben sich bestimmte Regeln bewährt, die beachtet werden sollten.

4.2.1 Deklarationsteil eines Programms

Am Anfang eines Programms befindet sich der sogenannte Deklarationsteil. Damit wird sowohl die Übersicht über die im Programm verwendeten Elemente verbessert als auch mehr Sicherheit in der Anwendung hergestellt.

Die **Inhalte des Deklarationsteils** können unterschiedlich sein. Meist wird damit die Vereinbarung von Variablen und Konstanten verbunden. Das heißt, diese erhalten einen Namen und ihnen werden unter Umständen bestimmte Datentypen zugewiesen. Darüber hinaus können auch Prozeduren deklariert und auf diese Weise der Gültigkeitsbereich einer Prozedur, Variablen oder Konstanten festgelegt werden, je nachdem, wo Sie die Deklaration einfügen und welche Schlüsselwörter Sie für die Deklaration verwenden. Schließlich können Sie im Deklarationsteil verschiedene VBA-Optionen bestimmen und andere weiterführende Informationen angeben.

Innerhalb des Deklarationsteils sind die Elemente in beliebiger Reihenfolge zu erfassen. Üblich ist in der Programmierpraxis folgende Reihenfolge:

1. Festlegung von Optionen
2. Deklaration von Variablen
3. Deklaration von Konstanten

4.2.1.1 Optionen festlegen

Für das Erfassen von VBA-Code sind zunächst einmal bestimmte Optionen einstellbar. Ein *Beispiel:* Sie können festlegen, ob Variablen unbedingt deklariert werden müssen oder nicht. Folgende Eingabe ist erforderlich, wenn dies verpflichtend gemacht werden soll:

```
Option Explizit (oder engl. Option Explicit)
```

Die Folge ist: Wird bei der Codeeingabe ein Variablenname falsch geschrieben, wird unmittelbar ein Syntaxfehler angezeigt. Andernfalls läuft die Prozedur unter Umständen fehlerfrei, hat jedoch nicht unbedingt den gewünschten Effekt.

Beachten Sie: Damit VBA die *Option-Explicit*-Anweisung automatisch in allen Modulen verwendet, klicken Sie im Menü **Extras** auf **Optionen** und dann auf die Registerkarte «Modul Allgemein». Aktivieren Sie das Kontrollkästchen «Variablendeklaration erforderlich».

4.2.1.2 Variablen deklarieren

Um überhaupt eine Programmierung «sauber» realisieren zu können, müssen Variablen genutzt werden. Sie werden beispielsweise in Programmen benötigt, um bei Berechnungen die ermittelten Werte vorübergehend zu speichern. Diese Werte, die für spätere Operationen (weitere Berechnungen, Vergleiche etc.) benötigt werden, werden nur so lange gespeichert, wie dies zur Code-Ausführung erforderlich ist.

Welche Variablen in Excel verwendet werden können, wurde bereits im vorhergehenden Abschnitt zu den Funktionsprozeduren deutlich. Wichtig ist: Variablen haben einen **Namen** sowie einen **Datentyp**, der bestimmt, welche Art von Daten die Variable speichern kann.

▓ **Namen für Variablen vergeben:**
Der Name einer Variablen kann grundsätzlich frei vergeben werden. Allerdings sind bestimmte **Regeln für die Variablenbenennung** zu beachten:

▓ Der Name muß mit einem Buchstaben beginnen und darf höchstens 40 Zeichen umfassen.

▓ Satz- und Leerzeichen sind in Variablennamen nicht erlaubt.

▓ Die genaue Unterscheidung zwischen Groß-/Kleinschreibung ist für

das richtige Erkennen und Verwenden von Variablennamen uner-
heblich.

▨ Es darf kein reserviertes Wort verwendet werden.

▨ **Schlüsselwort zur Namenvergabe**

Es empfiehlt sich, Variablen, die in einem Programm bzw. einer Proze-
dur verwendet werden sollen, zunächst explizit zu deklarieren. Dazu
dient in VBA die Anweisung DIM. Formal gilt: **DIM Variablenname**.
Beispiel:
DIM Verkaufspreis
(*Hinweis:* In der deutsch- und englischsprachigen Version ist hier das
Schlüsselwort identisch)

Wirkung: Es wird eine Variable mit dem Namen «Verkaufspreis» erstellt. Die Variable, die mit der Anweisung DIM erstellt wurde, existiert
grundsätzlich nur für die Ausführung der zugehörigen Prozedur. Sobald die Prozedur beendet ist, geht der Wert der Variablen verloren.

Im Beispielfall ist folgende Eingabe vorzunehmen:

```
'Deklaration von Variablen auf Modulebene
Dim Typ
Dim Verkaufspreis
Dim Anzahl
```

▨ **Einer Variablen einen Datentyp zuordnen**

Variablen können bei der Deklaration ergänzend einen bestimmten
Datentyp zugewiesen bekommen, der festlegt, welche Art der Daten
darin gespeichert werden kann. Die ausdrückliche Zuordnung von Datentypen zu einer Variablen hat vor allem zwei **Vorteile**:

▨ Die **Fehlergefahr** wird **verringert**. Sie können beispielsweise Tippfehler verhindern, denn es gilt: Wird ein Variablenname falsch geschrieben, verursacht die Anweisung, die den Tippfehler enthält, einen Syntaxfehler.

▨ Sofern Sie in einer Variablen nur kleine, ganzzahlige Werte verwenden müssen (etwa bei der Personalnummer) und diese als Integer-
Variable deklarieren, können Sie **Speicherplatz sparen** sowie die **Ausführung** arithmetischer Operationen mit dieser Variablen erheblich
beschleunigen.

Die Zuordnung von Datentypen erfolgt mit der Anweisung:

```
DIM Variablenname Als Datentyp
(engl. DIM Variablenname AS Datentyp)
```

Welche Grunddatentypen stellt Excel-VBA zur Verfügung? **Mögliche Grunddatentypen**, die ausdrücklich definiert und bei der Variablendeklaration verwendet werden können, zeigt folgende Übersicht:

Schlüsselwörter in Deutsch	Schlüsselwörter in Englisch	Typenkennzeichen
Boolesch	Boolean	kein Zeichen
Währung	Currency	@
Datum	Date	kein Zeichen
Doppelt	Double	#
Ganz	Integer	%
Lang	Long	&
Objekt	Object	kein Zeichen
Einfach	Single	!
ZeichenF bzw. Zeichenfolge	String	$
Variant	Variant	kein Zeichen

Hinweis: Eine ausführliche Erläuterung der Bedeutung der verschiedenen Datentypen finden Sie im vorhergehenden Kapitel dieses Buches.

Würden Sie im Beispielfall die Datentypen deklarieren, wäre folgende Modifikation sinnvoll:

```
'Deklaration von Variablen auf Modulebene
Dim Typ$
Dim Verkaufspreis&
Dim Anzahl#
```

Beachten Sie: Die Verwendung der Typenkennzeichen bzw. der Klausel *Als Datentyp* (engl. *AS Datentyp*) ist optional. Sie müssen also den Datentyp der Variablen, die Sie definieren, nicht unbedingt angeben. Statt dessen wird dann ein Standarddatentyp mit der Bezeichnung «Variant» verwendet. In einer Variablen des Datentyps Variant können Sie Daten verschiedener Art speichern. Möglich sind Zahlen, Textzeichenfolgen sowie Datum und Uhrzeit. Dies gestattet eine flexible Anwendung, da alle Arten von elementaren Daten bearbeitet und automatisch untereinander konvertiert werden, birgt jedoch auch Fehlergefahren in sich. *Beispiel:* Sie wollen eine Variable vom Typ Variant in einer arithmetischen Funktion verwenden, der eingegebene Wert enthält jedoch keine gültige Zahl.

Folgende *Hinweise* zur Deklaration von Variablen mögen darüber hinaus nützlich sein:

▨ Die Verwendung in einer Zuweisungsanweisung ist die einfachste Art, eine Variable zu deklarieren. Erscheint eine neue Variable in einer Zuweisungsanweisung, wird die Variable automatisch erzeugt und dabei der Datentyp Variant festgelegt. Im Anwendungsbeispiel erstellt die Sub-Prozedur «FügeWerteEin» die Variable «Provision» und weist ihr den Wert in einer Anweisung zu.

```
Provision = (Verkaufspreis * Anzahl)* Provisionssatz
Bereich("B5").Wert = Provision


Engl. Range("B5").Value = Provision
```

▨ Wenn Sie vermeiden möchten, daß VBA automatisch implizite Deklarationen vornimmt, geben Sie vor den Prozeduren in Ihrem Modul die Option-Explizit-Anweisung ein. Die Anweisung *Option Explizit* (engl. *Option Explicit*) erfordert, daß Sie alle Variablen innerhalb des Moduls explizit deklarieren. Das bedeutet, daß Sie den Variablennamen für jede Variable im Modul durch Schreiben einer oder mehrerer Deklarationsanweisungen festlegen müssen. Sie können auch den Datentyp einer Variablen in einer Deklarationsanweisung bestimmen. Wird keine explizite Anweisung verwendet, geht VBA davon aus, daß Sie eine neue Variable erstellen; die Prozedur läuft dann unter Umständen fehlerfrei, hat jedoch nicht unbedingt den gewünschten Effekt.

▨ Sie können eine Variable als jedes beliebige Microsoft-Excel-Objekt deklarieren.

▨ In jedem Fall müssen statische und dynamische Matrizen explizit deklariert werden.

Noch einige Ausführungen zum Aufbau der **DIM-Anweisung**, die typischerweise bei der Deklaration von Variablen verwendet wird. Diese Deklarationsanweisungen können entweder innerhalb einer Prozedur oder am Anfang eines Moduls eingesetzt werden. Die Anweisung im folgenden Beispiel erstellt die Variable Typ und legt den Datentyp String fest.

```
DIM Typ Als Zeichenfolge
(engl. DIM Typ As String)
```

Formal ist folgender Aufbau zu beachten:

```
Dim Variablenname[([Indizes])][Als
Typ][,Variablenname[([Indizes])][Als Typ]] . . .
oder engl.
Dim Variablenname[([Indizes])][As
Typ][,Variablenname[([Indizes])][As Typ]] . . .
```

Die DIM-Anweisung besteht aus folgenden Elementen:

Teil	Beschreibung
Variablenname	Name der Variablen, gemäß den Standardkonventionen für Namen von Variablen.
Indizes	Dimensionen einer Datenfeldvariablen. Bis zu 60 Dimensionen gleichzeitig sind zulässig. Die Syntax für das Argument Indizes ist: [Untergrenze To] Obergrenze [,[Untergrenze To] Obergrenze] . .
Typ	Datentyp der Variablen.

Wichtig ist auch die Stelle, an der die DIM-Anweisung eingegeben wird: Erscheint die DIM-Anweisung innerhalb einer Prozedur, kann die Variable nur in dieser Prozedur verwendet werden. Erscheint die DIM-Anweisung am Anfang eines Moduls, steht die Variable allen Prozeduren innerhalb des Moduls zur Verfügung, aber nicht anderen Prozeduren in derselben Arbeitsmappe.

Hinweis: Die DIM-Anweisung ist eine der Anweisungen, die zur Deklaration von Variablen verwendet werden. Andere in Deklarationen mögliche Schlüsselwörter, die später genauer erläutert werden, zeigt die folgende Übersicht:

Schlüsselwörter in Deutsch	Schlüsselwörter in Englisch
ReDim	Redim
Statisch	Static
Öffentlich	Public
Privat	Private

4.2.1.3 Konstanten deklarieren

Mit einer Konstanten können Sie einem Wert einen sinnvollen Namen zuweisen. Dies hat für die praktische Anwendung einen wichtigen Vorteil: Nachdem eine Konstante deklariert wurde, kann sie nicht geändert werden, und ihr kann kein neuer Wert zugewiesen werden.

Um eine Konstante zu deklarieren und den Wert festzulegen, können Sie die Anweisung **Konst** (engl: Const) verwenden. Im folgenden Anwendungsbeispiel wird die Konstante «Provsatz» deklariert, und zwar als Dezimalzahl, der der Wert 0,03 zugewiesen wird.

```
'Deklaration von Konstanten
Konst Provsatz = 0,03 (engl. Const Provsatz = 0,03)
```

Sie können mehrere Konstanten in einer Anweisung deklarieren. Wenn Sie einen Datentyp festlegen möchten, müssen Sie den Datentyp für jede Konstante aufführen. In der folgenden Anweisung werden die Konstanten Alter und Gehalt als Integer deklariert.

```
Konst Alter Als Ganz = 34, Gehalt Als Ganz = 35000
oder engl.
Const Alter As Integer = 34, Gehalt As Integer = 35000
```

Eine Konstante kann mit einem der beschriebenen Datentypen deklariert werden. Da der Wert einer Konstante bekannt ist, wird der Datentyp in einer Anweisung gewöhnlich angegeben. Formal ist folgender Aufbau zu beachten:

```
[Öffentlich| Privat] Konst KonstName [Als Typ] = Ausdruck
oder engl.
[Public | Private] Const KonstName [As Typ] = Ausdruck
```

Hinweise:

░ Konstanten werden standardmäßig als Privat deklariert, solange Öffentlich oder Privat nicht explizit angegeben wird.

░ Mehrere Konstantendeklarationen lassen sich in einer Zeile kombinieren, indem die Konstantenzuweisungen jeweils durch Kommata getrennt werden.

░ Konstanten können keine Ausdrücke mit Zeichenfolgenverkettungen, Variablen oder benutzerdefinierten bzw. integrierten Funktionen (wie Chr) zugewiesen werden.

░ Wenn Sie im Namen kein Typkennzeichen explizit angeben, wird der Datentyp der Konstanten basierend auf dem Ausdruck in der Const-Anweisung festgelegt.

░ Wenn Sie den Konstantentyp (mit Als Typ) nicht explizit deklarieren, wird jener Datentyp für die Konstante festgelegt, der am besten für den angegebenen Ausdruck geeignet ist.

░ In Sub- oder Funktionsprozeduren deklarierte Konstanten gelten als lokal innerhalb dieser Prozedur. Eine Konstante, die außerhalb einer Prozedur deklariert wurde, ist für das gesamte umgebende Modul definiert. Konstanten können an allen Stellen verwendet werden, an denen auch ein Ausdruck zulässig ist.

4.2.1.4 Prozeduren deklarieren

Die **Sub-Anweisung** (mit der zugehörigen **Ende-Sub-Anweisung**) deklariert die jeweiligen Prozeduren. Alle von den Anweisungen Sub und Ende Sub eingeschlossenen Anweisungen werden jedesmal ausgeführt, wenn die Sub-Prozedur aufgerufen oder ausgeführt wird.

Bei einer Sub-Prozedur handelt es sich um eine Reihe von VBA-Anweisungen, eingeschlossen von den Anweisungen **Sub** und **Ende Sub** (engl. **Sub** bzw. **End Sub**), die Aktionen durchführt, aber keinen Wert zurückgibt. Verwendet eine Sub-Prozedur keine Argumente, muß die zugehörige Sub-Anweisung leere Klammern enthalten.

4.2.2 Hauptprogramm eingeben

Nach dem Deklarationsteil wird das sogenannte Hauptprogramm eingefügt, mit dem die Verbindung zu den verschiedenen Unterprogrammen hergestellt wird. In diesem Hauptprogramm mit dem Namen «Provisi()» werden die drei Unterprogramme der Reihe nach aufgerufen.
Beachten Sie: Erst die Fähigkeit, in einer Prozedur eine andere Prozedur aufzurufen bzw. die gleiche Prozedur in mehreren Prozeduren aufzurufen, ermöglicht das Zusammenwirken mehrerer Prozeduren.
Im Beispielfall hat das Hauptprogramm das folgende Aussehen:

```
'Anfang der Prozeduren (Hauptprogramm)
Sub Provisi()
    ErstelleTabelle  'Aufruf der Prozedur ErstelleTabelle
    Erfassen         'Aufruf der Prozedur Eingabe
    FügeWerteEin     'Aufruf der Prozedur FügeWerteEin
Ende Sub
```

Auch für das Hauptprogramm findet sich die Eingrenzung durch die Schlüsselwörter Sub bzw. Ende Sub. Dazwischen stehen die jeweiligen Anweisungen, im Beispielfall die Anweisungen zum Aufruf der drei Prozeduren.
Die Wiedergabe des VBA-Codes zeigt, daß der Aufruf der Prozeduren recht einfach ist:

- Für den Prozeduraufruf ist lediglich der Name der Prozedur zu schreiben; beispielsweise «ErstelleTabelle». Sofern erforderlich (bei Prozeduren mit Argumenten), geben Sie den Prozedurnamen zusammen mit den Werten für die erforderlichen Argumente ein.
- Die runden Klammern, die ansonsten an den Prozedurnamen angefügt werden, werden für den Aufruf nicht mit angegeben.
- Es ergibt sich kein Unterschied zwischen der englischen und deutschen Lösungsvariante.

Aus dieser Darstellung erkennen Sie wahrscheinlich bereits den Vorteil, warum Sie eine **Anwendung in mehrere Unterprogramme (Prozeduren) gliedern:**

- Eine komplexe Anwendung wird übersichtlicher gestaltet.
- Mit der Aufteilung in Prozeduren kann das arbeitsteilige Entwickeln von Programmen erleichtert werden.

- Bestimmte Programmteile können in anderem Zusammenhang wiederverwendet werden.
- Programmteile können innerhalb eines Programms mehrfach verwendet werden.

4.2.3 Sub-Prozeduren erzeugen

Bei einer Sub-Prozedur handelt es sich – wie bereits grundsätzlich erläutert – um eine Reihe von VBA-Anweisungen, die von den Anweisungen Sub und Ende Sub eingeschlossen wird und Aktionen durchführt, aber dabei keinen Wert zurückgibt.

Grundsätzlich besteht eine Prozedur aus den gleichen Teilen wie ein Makro oder eine benutzerdefinierte Funktion. Im Detail lassen sich folgende Bestandteile unterscheiden:

- Der **Anfang und das Ende einer Sub-Prozedur** werden durch die VBA-Schlüsselwörter Sub und Ende Sub (engl. End Sub) gekennzeichnet.
- Jede Prozedur hat einen **Namen** und damit einen eindeutigen Bezeichner.
- Mitunter benötigt eine Prozedur noch Informationen (= **Argumente**), die der Prozedur mitteilen, was zu tun ist und wie dies erreicht wird. Festlegen können Sie die Argumente, indem diese nach dem Prozedurnamen in Klammern eingegeben werden (mehrere Argumente werden durch das entsprechende Listentrennzeichen getrennt). Verwendet eine Sub-Prozedur keine Argumente, muß die zugehörige Sub-Anweisung leere Klammern enthalten.
- Zwischen Anfang und Ende der Sub-Prozedur kann eine mehr oder weniger große Zahl von Anweisungen als VBA-Code vorhanden sein. Diese Anweisungen legen dann genau fest, was die Prozedur tun soll. Dies sind die Schritte oder Aktionen, die ausgeführt werden sollen.

In der Beispielanwendung gibt es nach dem Hauptprogramm die folgenden drei Sub-Prozeduren:

```
Sub ErstelleTabelle()
......
Ende Sub
```

```
Sub Erfassen()
.......
Ende Sub

Sub FügeWerteEin()
......
Ende Sub
```

In allen drei Prozeduren werden keine Argumente verwandt. Dies ergibt sich daraus, daß die runden Klammern nach dem Prozedurnamen alle keine Einträge enthalten.

Der **Rumpf einer Sub-Prozedur** enthält Anweisungen. Die Varianten werden im folgenden erläutert:

▦ Zuweisungsanweisungen schreiben

Mit einer Zuweisungsanweisung können Sie einer Variablen oder Konstanten einen Wert oder Ausdruck zuweisen. Sie enthält immer ein Gleichheitszeichen (=).

1. Beispiel: Eingabeanweisungen

In dem folgenden Beispiel wird den jeweils links stehenden Variablen ein Wert aufgrund einer Eingabe in einem Eingabe-Dialogfeld zugewiesen. Dazu dient in der deutschsprachigen VBA-Version das Schlüsselwort **EingabeDlg**.

```
Kopierertyp = EingabeDlg("Welcher Kopierertyp?")
Verkaufspreis = EingabeDlg("Höhe des Verkaufspreises?")
Anzahl = EingabeDlg("Wieviel Kopierer wurden verkauft?")
```

EingabeDlg zeigt ein Dialogfeld mit einer Meldung und einem Bearbeitungsfeld an. Klickt der Benutzer auf OK, so gibt die Funktion den zuvor eingegebenen Text zurück.

In der englischsprachigen VBA-Version verwenden Sie das Schlüsselwort **InputBox**. Der Programmteil hätte dann folgendes Aussehen:

```
Kopierertyp = InputBox("Welcher Kopierertyp?")
Verkaufspreis = InputBox("Höhe des Verkaufspreises?")
Anzahl = InputBox("Wieviel Kopierer wurden verkauft?")
```

2. Beispiel: Wertberechnung

```
Provision = (Verkaufspreis * Anzahl)* Provsatz
```

In diesem Beispiel wird der Variablen Provision ein Wert aufgrund einer Berechnung zugewiesen.

3. Beispiel: Bereichszuweisungen (Bereich-Methode)

Sie können für Zuweisungen auf eine Zelle oder einen Zellbereich verweisen, indem Sie die Bereich-Methode (engl. Range-Methode) verwenden. Die folgende Tabelle verdeutlicht, wie Bezüge in Bereich-Schreibweise verwendet werden können:

Deutsch	Englisch	Bedeutung
Bereich("A1")	Range("A1")	Zelle A1
Bereich("A1:B5")	Range("A1:B5")	Zellen A1 bis B5
Bereich("C5:D9;G9:H16")	Range("C5:D9,G9:H16")	Eine Mehrfachmarkierung eines Bereichs
Bereich("A:A")	Range("A:A")	Spalte A
Bereich("1:1")	Range("1:1")	Zeile eins
Bereich("A:C")	Range("A:C")	Spalten A bis C
Bereich("1:5")	Range("1:5")	Zeilen eins bis fünf
Bereich("1:1;3:3;8:8")	Range("1:1,3:3,8:8")	Zeilen eins, drei und acht
Bereich("A:A;C:C;F:F")	Range("A:A,C:C,F:F")	Spalten A, C und F

Beachten Sie: Auch Anweisungen, die Werte von Eigenschaften festlegen, sind Zuweisungsanweisungen. Verwenden Sie die Bereich-Methode, um eine einzelne Zelle oder einen Zellbereich zurückzugeben. Varianten sind:

a) **Texte** zuweisen:
Verwenden Sie die Anweisung **Formel** (bzw. Text), um eine einzelne Zelle oder einen Zellbereich zurückzugeben. *Beispiel:*

```
Bereich("A2").Formel = "Kopierertyp"
engl.: Range("A2").Text = "Kopierertyp"
```

b) **Zahlenformate** zuweisen:
Bei Verwendung ohne Objektkennzeichner (links von dem Punkt kann ein bestimmter Objektname eingefügt werden) gibt die Range-Metho-

de einen Bereich im aktiven Blatt zurück. Rechts vom Schlüsselwort kann das Wort **Zahlenformat** (engl. NumberFormat) zur Formatierung verwendet werden. Der Formatierungscode hat dieselbe Zeichenfolge wie die Option *Formatierungscode* im Dialogfeld *Zellen formatieren*. *Beispiel*

```
Bereich("B3;B5").Zahlenformat = "#.##0.00 DM"
engl.: Range("B3,B5").NumberFormat = "#.##0.00 DM"
```

Im vorstehenden Beispiel wird die Eigenschaft des Objekts Zahlenformat für die Zellen B3 und B5 festgelegt. Achten Sie auf das andere Listentrennzeichen in der englischen Variante.

c) **Werte** zuweisen:

Für die Zuweisung von Werten dient die Anweisung **Wert** (engl. Value). *Beispiel:*

```
Bereich("B3").Wert = Verkaufspreis
engl. Range("B3").Value = Verkaufspreis
```

Mit dieser Anweisung wird erreicht, daß der Wert der Variablen «Verkaufspreis» in die Zelle B3 eingefügt wird.

▦ **Besondere Zuweisungsanweisungen:**

Optional für die Wertberechnung ist die Anweisung **Bestimme** (engl. **Let**). Sie wird gewöhnlich nicht angegeben. Im vorangegangenen 2. Beispiel könnte diese Zuweisungsanweisung wie folgt geschrieben werden:

```
Bestimme Provision = (Verkaufspreis * Anzahl)* Provsatz
engl.: Let Provision = (Verkaufspreis * Anzahl)* Provsatz
```

Um einer Variablen, die als Objekt deklariert wurde, ein Objekt zuzuweisen, ist die Anweisung **Setze** (engl. **Set**) erforderlich. Im folgenden Beispiel weist die Anweisung der Objektvariablen *MeineZelle* einen Bereich in *Tabelle1* zu.

```
Sub FormatZuweisen()
Dim MeineZelle As Bereich
Setze MeineZelle = TabellenblattListe ("Tabelle1"). _
Bereich("A1")
```

```
    Mit MeineZelle.Schriftart
        .Bold = Wahr
        .Italic = Wahr
    Ende Mit
```

Englisch

```
Sub FormatZuweisen()
Dim MeineZelle As Range
Set MeineZelle = Worksheets ("Tabelle1").Range("A1")
    With MeineZelle.Font
        .Bold = True
        .Italic = True
    End With
```

Ausführbare Anweisungen schreiben

Ausführbare Anweisungen lösen Aktionen aus. Sie können eine Methode oder Funktion ausführen, und sie können Code-Blöcke in einer Schleife oder in Verzweigungen bearbeiten. Ausführbare Anweisungen enthalten oftmals mathematische oder bedingte Operatoren. Dazu später mehr im Kapitel «Kontrollstrukturen».

Objekte, Eigenschaften und Methoden

Anweisungen und Prozedurtechnik sind heute in allen modernen Programmiersprachen üblich. VBA ist darüber hinaus aber auch noch «objektorientiert». So gibt es spezielle Objekte und dazu entsprechende Sprachelemente, die den Umgang mit Objekten vereinfachen. Grundlage ist der Gedanke, daß ein Objekt (etwa ein Tabellenblatt) bestimmte Eigenschaften besitzt und mit bestimmten Methoden manipuliert werden kann.

Zur Illustration ein erstes Beispiel, das zeigt, wie mit einer entsprechenden VBA-Anweisung auf das Objekt Tabelle1 der aktuellen Arbeitsmappe zugegriffen werden kann:

```
TabellenblattListe("Tabelle1").Aktivieren
engl. Worksheets("Tabelle1").Aktivate
```

Ausführliche Informationen zu diesem Thema finden Sie im nachfolgenden Kapitel 5 des Buches.

▪ Argumente in Sub-Prozeduren

Es wurde bereits darauf hingewiesen, daß auch Sub-Prozeduren bestimmte Argumente enthalten können. Was ist damit gemeint? Grundsätzlich wird bei der Programmierung ein Argument als ein Platzhalter für einen Wert bezeichnet, der von der Sub-Prozedur benötigt wird, um die entsprechende Aufgabe auszuführen. Es wird in der eigentlichen Sub-Anweisung definiert. Dazu ist zu beachten:

▪ Für jedes Argument müssen Sie einen **Namen** angeben.

▪ Falls gewünscht, können Sie für ein Argument einen **Datentyp** festlegen.

Dies soll an einem kleinen Beispiel erläutert werden. Im folgenden Beispiel übergibt die Sub-Prozedur **Haupt** zwei Argumente an die Sub-Prozedur **MeinName**. Der Typ der übergebenen Argumente muß dem in der aufgerufenen Sub-Prozedur angegebenen entsprechen. In diesem Fall handelt es sich bei den Argumenten um Zeichenfolgen.

```
Sub Haupt()
    MeinName "Ernst"; "Tiemeyer"
Ende Sub

Sub MeinName(Vorname$; Nachname$)
    MeldungsDlg "Mein Name ist " & Nachname & " , " & _
    Vorname
Ende Sub
```

Englisch

```
Sub Haupt()
    MeinName "Ernst", "Tiemeyer"
End Sub

Sub MeinName(Vorname$, Nachname$)
    MsgBox "Mein Name lautet " & Nachname & " , " & _
    Vorname
End Sub
```

Standardmäßig übergeben alle Visual-Basic-Prozeduren Argumente als Referenzen. Das bedeutet, daß der Wert eines Arguments von der aufgerufenen Prozedur geändert werden kann. Soll die aufgerufene Prozedur das Argument verwenden, ohne seinen Wert zu ändern, wird das Argument als Wert übergeben. Die Syntax hat folgendes Aussehen:

```
Sub MeinName(AlsWert Vorname$)
engl.: Sub MeinName(ByVal Vorname As String)
```

Abschließend als Übersicht das **Gesamtprogramm** für den Fall, daß Sie sich für die **englische Sprachvariante** entschieden haben:

```
'Anfang des Moduls

'Deklaration von Variablen auf Modulebene
Dim Kopierertyp
Dim Verkaufspreis
Dim Anzahl

'Deklaration von Konstanten
Const Provsatz = 0,03

'Anfang der Prozeduren (Hauptprogramm)
Sub Provisi()
    ErstelleTabelle    'Aufruf der Prozedur ErstelleTabelle
    Erfassen           'Aufruf der Prozedur Erfassen
    FügeWerteEin       'Aufruf der Prozedur FügeWerteEin
End Sub

'Bereitet ein neues Tabellenblatt vor, indem Formeln
'eingegeben und Spaltenbreiten angepaßt werden
Sub ErstelleTabelle()
    Range("A2").Text = "Kopierertyp"
    Range("A3").Text = "Verkaufspreis"
    Range("A4").Text = "Anzahl"
    Range("A5").Text = "Provision"
    Range("B3,B5").NumberFormat = "#.##0.00 DM"
End Sub
```

```
'Fordert den Benutzer zur Eingabe von Informationen auf
Sub Erfassen()
    Kopierertyp = InputBox("Welcher Kopierertyp?")
    Verkaufspreis = InputBox("Höhe des Verkaufspreises?")
    Anzahl = InputBox("Wieviel Kopierer wurden
verkauft?")
End Sub


'Prozedur fügt die vom Benutzer eingegebenen Werte
'in Zellen des Tabellenblattes ein
Sub FügeWerteEin()
    Range("B2").Value = Kopierertyp
    Range("B3").Value = Verkaufspreis
    Range("B4").Value = Anzahl
    Provision = (Verkaufspreis * Anzahl)* Provsatz
    Range("B5").Value = Provision
End Sub
```

4.3   VBA-Prozeduren ausführen

4.3.1   Prozeduren aktivieren

Grundsätzlich können Sie eine Sub-Prozedur an verschiedenen Stellen einer Arbeitsmappe ausführen. Typische Varianten sind:

▪ Direktausführung im Modulfenster (für Testzwecke).

▪ Menügesteuerte Ausführung im Tabellenfenster oder Diagrammblatt (über das Menü **Extras** durch Wahl des Befehls **Makro**).

▪ Ausführung über besondere Festlegungen, die ähnlich wie bei einem Makro erfolgen können; beispielsweise über eine Schaltfläche, eine Tastenkombination oder einen zusätzlichen Menüpunkt im Menü **Extras**.

Die einfachste Form, eine Sub-Prozedur auszuführen, besteht darin, die Einfügemarke innerhalb des Modulfensters auf irgendein Zeichen einer beliebigen Zeile dieser Prozedur zu setzen. Danach ist aus dem Menü **Ausführen** der Befehl **Starten** zu wählen (oder die Funktionstaste F5 zu betätigen). Testen Sie dies im Anwendungsfall etwa für die Prozedur *Erfassen()*. Nach der Ausführung müßten sich die jeweiligen Eingabe-Dialogfelder zur Abfrage der Daten *Kopierertyp, Verkaufspreis* und *Anzahl* ergeben.

Eine weitere Möglichkeit besteht darin, eine Prozedur ähnlich einem Makro auszuführen. Ausgangspunkt muß in diesem Fall nicht mehr das Modulfenster sein. Sie können vielmehr vom aktiven Blatt der Arbeitsmappe direkt die Ausführung vornehmen, indem Sie aus dem Menü **Extras** den Befehl **Makro** wählen. Da für Excel eine Sub-Prozedur gleichbedeutend mit einem Makro ist, erscheinen in dem auf diese Weise aufgerufenen Dialogfeld in einer Liste die vorhandenen Sub-Prozeduren. *Beispiel:*

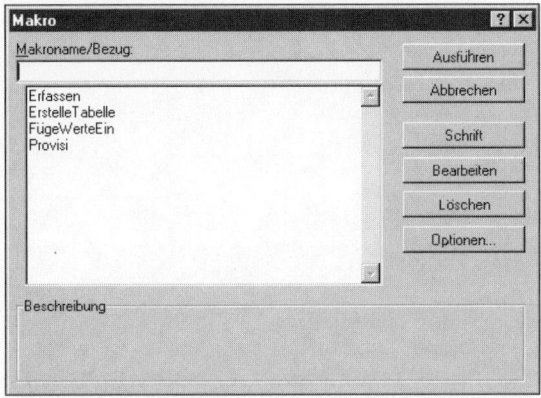

In der angezeigten Liste ist die zu testende Sub-Prozedur zunächst zu selektieren. Danach kann sie durch einen einfachen Mausklick auf Ausführen oder per Doppelklick zur Ausführung gebracht werden. Dies sollten Sie einmal ausprobieren.

Um die vorliegende Gesamtanwendung zu testen, gehen Sie in folgender Weise vor:

1. Aktivieren Sie ein Tabellenblatt.
2. Wählen Sie aus dem Menü **Extras** den Befehl **Makro**.
3. Markieren Sie den Namen *Provisi*, und klicken Sie auf die Schaltfläche Ausführen. Ergebnis:

4. Nach der Eingabe von «Modell Z» und Klicken auf OK erscheint das nächste Dialogfeld, mit dem der Verkaufspreis abgefragt wird. Geben Sie 15 000 ein, und klicken Sie auf OK.

5. Geben Sie anschließend als Anzahl der verkauften Kopierer den Wert 6 ein, so daß sich nach Klicken auf OK das folgende Ergebnis einstellt:

	A	B	C
1			
2	Kopierertyp	Modell Z	
3	Verkaufspreis	15.000 DM	
4	Anzahl	6	
5	Provision	2.700 DM	
6			
7			
8			

Zusätzlich können Sie für das Ausführen von Sub-Prozeduren auch noch Tastenschlüssel festlegen oder einen zusätzlichen Befehl im Menü **Extras** verankern. Analog zum Arbeiten mit Makros müssen Sie dazu aus dem Menü **Extras** den Befehl **Makro** aktivieren, dann die Sub-Prozedur markieren und schließlich die Schaltfläche Optionen anklicken. Ergebnis: siehe nächste Abbildung.

Es öffnet sich also das Dialogfeld «Makro-Optionen». Hier können Sie
▨ eine Menüzuweisung im Menü **Extras** vornehmen, indem Sie zunächst das Optionsfeld anklicken und dann ein Befehlswort im nächsten Feld eintragen. Dieses erscheint dann beim späteren Befehlsaufruf.
▨ einen Tastenschlüssel für den Aufruf festlegen, indem Sie auf das Optionsfeld «Shortcut» klicken und dann die Tastenkombination bestimmen.

Aus dem Dialogfeld wird außerdem deutlich, daß Sie eine Prozedur einer Funktionskategorie zuordnen können. Sie kann in einer Tabelle durch Einfügen einer eigendefinierten Funktion mittels des Funktions-Assistenten aktiviert werden. Darüber hinaus läßt sich unter «Statusleistenmeldung» ein Text eintragen. Dieser erscheint in der Statuszeile, wenn dem betreffenden Makro ein zusätzlicher Befehl im Menü **Extras** zugeordnet ist und dieser Befehl selektiert wird.

4.3.2 Prozeduren automatisch ausführen

Eine Besonderheit stellt das automatische Ausführen von Prozeduren dar. Einer Prozedur wird in diesem Fall ein bestimmtes Ereignis zugeordnet. Beim Eintreten dieses Ereignisses wird die Prozedur dann automatisch ausgeführt.

Zunächst zu dem Begriff **Ereignis**. Hierunter ist eine bestimmte Aktion zu verstehen. **Beispiele für Ereignisse** sind:

- das Öffnen einer Arbeitsmappe,
- das Wechseln zu einem anderen Blatt oder
- das Neuberechnen einer Tabelle.

Folgende Varianten zur Realisierung automatisch ausführbarer Prozeduren gibt es:

▨ Weisen Sie einem Menübefehl, einer Symbolleisten-Schaltfläche, einer Tastenkombination oder einem Grafikobjekt einen entsprechenden Makro zu.

▨ Sie können einer Prozedur einen Namen geben, der VBA anweist, die Prozedur automatisch auszuführen (Autoexec-Prozedur). Beispiele sind Prozeduren beim Öffnen bzw. Schließen einer Arbeitsmappe.

▨ Sie können Eigenschaften, die bestimmten Ereignissen entsprechen, Prozeduren zuweisen: Ausführen von Prozeduren beim Aktivieren bzw. Deaktivieren eines Blatts oder Ausführen von Prozeduren beim Auftreten eines Ereignisses.

▨ Auto-Prozeduren erstellen

Um Auto-Prozeduren auszuführen, müssen Sie die Sub-Prozedur mit einem entsprechenden Namen speichern. Zwei Varianten gibt es:

▨ Eine mit **Auto_öffnen** benannte Sub-Prozedur wird automatisch beim Öffnen einer Arbeitsmappe ausgeführt.

▨ Eine Sub-Prozedur mit dem Namen **Auto_schließen** führt Excel automatisch beim Schließen der Arbeitsmappe aus.

Wie werden entsprechende Prozeduren erstellt? Eigentlich sind zunächst keine Besonderheiten beim Erstellen zu beachten. Denn eine Auto_öffnen- oder Auto_schließen-Prozedur wird wie jede andere Sub-Prozedur erstellt und getestet. Zu beachten ist jedoch, daß **jede Arbeitsmappe nur eine Auto_öffnen- und eine Auto_schließen-Prozedur** enthalten kann. Beide Prozeduren können auch andere Sub- oder Funktionsprozeduren aufrufen.

Beispiel: Es soll eine Prozedur erzeugt werden, die bei jedem Öffnen der Arbeitsmappe automatisch ein neues Tabellenblatt mit dem vom Benutzer eingegebenen Namen hinzufügt.

```
Sub Auto_Öffnen()
    TabellenblattListe.Hinzufügen.Name = EingabeDlg
(Eingabeaufforderung:="Geben Sie einen Namen für Ihr _
Tabellenblatt ein!")
Ende Sub
```

Englisch

```
Sub Auto_Öffnen()
    Worksheets.Add.Name = InputBox(Prompt:="Geben Sie _
einen Namen für Ihr Tabellenblatt ein!")
End Sub
```

Um diese Variante zu testen, speichern Sie zunächst die Arbeitsmappe mit dieser Sub-Prozedur und schließen daraufhin die Arbeitsmappe. Beim anschließenden Öffnen der Arbeitsmappe erscheint zunächst das folgende Dialogfeld:

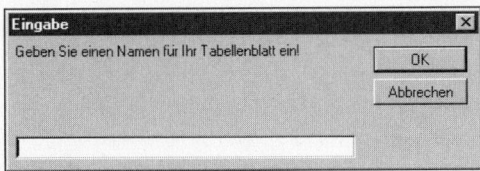

Mit der Eingabe eines Namens für das Tabellenblatt und Befehlsausführung durch Klicken auf OK wird der Tabellenname am unteren Bildschirmrand in der Registerleiste eingetragen und der Zellzeiger in diese Tabelle plaziert.

Hinweis: Sie können Microsoft Excel anweisen, bei jedem Start eine bestimmte Arbeitsmappe zu öffnen. Voraussetzung dafür ist, daß Sie die Arbeitsmappe im Startordner mit der Bezeichnung XLSTART speichern.

4.4 Gültigkeitsbereiche festlegen

Für das Zusammenspiel von Prozeduren und VBA-Anwendungen ist es unter Umständen von Bedeutung, den jeweiligen Gültigkeitsbereich von Prozeduren, Variablen und Konstanten genau festzulegen. Mit Gültigkeitsbereich wird dabei die Verfügbarkeit einer Variablen, Konstanten oder Prozedur bezeichnet, d. h. die Fähigkeit, von anderen Prozeduren «gesehen» zu werden.

4.4.1 Gültigkeitsbereiche für Prozeduren

Standardmäßig sind Prozeduren öffentlich und damit für alle Module in der Arbeitsmappe verfügbar. Falls Sie eine Prozedur als privat deklarieren, kann sie von jeder Prozedur innerhalb desselben Moduls aufgerufen werden, nicht jedoch aus einem anderen Modul. Außerdem kann eine Private-Prozedur weder als Stand-alone-Makro verwendet werden noch einem Menüelement, einem Shortcut, einer Symbolleistenschaltfläche oder einem Kontrollelement zugewiesen werden.

Im folgenden Beispiel kann die Sub-Prozedur EGO nicht von einem anderen Modul aus aufgerufen werden, während es von ALLE aufgerufen werden kann.

```
Privat Sub EGO()
     MeldungDlg "Hallo!"
Ende Sub

Sub  ALLE()
     EGO
Ende Sub
```

Englisch

```
Private Sub EGO()
     MsgBox "Hallo!"
End Sub

Sub  ALLE()
     EGO
End Sub
```

Hinweis: Fügen Sie den Deklarationen die Option Private Module hinzu, um den Gültigkeitsbereich einer Prozedur auf die Arbeitsmappe, in der sie deklariert ist, einzuschränken.

4.4.2 Gültigkeitsbereiche für Variablen und Konstanten

Sie können Variablen oder Konstante innerhalb oder außerhalb einer Sub-Prozedur deklarieren. Deklarationen innerhalb einer Sub-Prozedur befinden sich auf der Prozedurebene. *Beachten Sie:* Eine Variable, die innerhalb einer Prozedur deklariert wird, steht beispielsweise nicht für andere Prozeduren desselben Moduls oder derselben Arbeitsmappe zur Verfügung.

Es gibt drei **Gültigkeitsebenen:**

Privater Gültigkeitsbereich: Grundsätzlich sind die mit der Dim-Anweisung im Deklarationsabschnitt deklarierten Variablen dem privaten Gültigkeitsbereich zugewiesen. Sie sind damit nur für die Prozeduren dieses Moduls verfügbar. Falls Sie den Gültigkeitsbereich im Code deutlich hervorheben möchten, sollten Sie anstelle von Dim die Anweisung **Privat** (engl. **Private**) verwenden.

Prozedurübergreifender Gültigkeitsbereich: Sie haben die Möglichkeit, Variablen und Konstanten außerhalb einer Prozedur zu definieren. Diese werden im Deklarationsabschnitt im obersten Teil des Moduls deklariert und gelten damit für alle Prozeduren eines Moduls.

Öffentlicher Gültigkeitsbereich: Mit der Anweisung **Öffentlich** (engl. **Public**) können Sie eine Variable als öffentliche Variable deklarieren. Diese Variable kann dann in allen Prozeduren und in allen Modulen der Arbeitsmappe verwendet werden. Die Anweisung erscheint nur außerhalb von Prozeduren, und zwar am Anfang des Moduls. Auf diese Art kann eine Variable auch in denjenigen Arbeitsmappen verwendet werden, die auf die Arbeitsmappe verweisen, in der die öffentliche Variable deklariert wurde.

Hinweis: Eine Konstante kann ebenfalls entweder auf Prozedur- oder auf Modulebene deklariert werden. Für Konstanten gelten dieselben Gültigkeitsebenen wie für Variablen.

4.5 Besonderheiten beim Aufrufen von Prozeduren

Prozeduren in anderen Arbeitsmappen aufrufen

Bevor Sie Prozeduren in einer anderen Arbeitsmappe aufrufen können, müssen Sie einen Verweis auf diese Arbeitsmappe einrichten. Auf diese Weise kann eine Verbindung zwischen der aktuellen Arbeitsmappe und der Arbeitsmappe mit der Prozedur, die aufgerufen werden soll, hergestellt werden.

Wie können Sie einen Verweis auf eine andere Arbeitsmappe einrichten? Gehen Sie folgendermaßen vor:

1. Aktivieren Sie ein Visual-Basic-Modul, und klicken Sie im Menü **Extras** auf **Verweise**. Ergebnis:

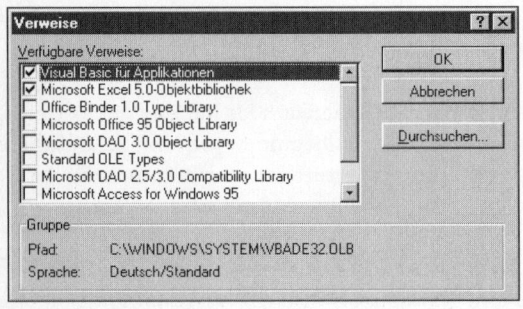

2. Klicken Sie im Feld «Verfügbare Verweise» auf den Namen der Arbeitsmappe mit der Prozedur, die aufgerufen werden soll. Wird der Name der Arbeitsmappe nicht in der Liste aufgeführt, klicken Sie auf die Schaltfläche ⌈Durchsuchen⌉, um den Namen in die Liste aufzunehmen.

3. Aktivieren Sie das Kontrollkästchen neben dem Namen der Arbeitsmappe, und führen Sie die Anweisung aus.

Nachdem ein Verweis eingerichtet worden ist, kann jede öffentliche Prozedur in der Arbeitsmappe, auf die verwiesen wird, aufgerufen werden. Wenn die Arbeitsmappe mit dem Verweis aktiv ist, erscheint die Arbeitsmappe, auf die verwiesen wird, auch in der Liste der Bibliotheken im Objektkatalog.

Hinweise:

▨ Auch indirekte Verweise sind möglich. Wenn beispielsweise Arbeitsmappe A auf Arbeitsmappe B verweist, die wiederum auf Arbeitsmappe C verweist, kann Arbeitsmappe A durch Angabe des Arbeitsmappennamens in der aufrufenden Anweisung Prozeduren in Arbeitsmappe C aufrufen.

▨ Zyklische Verweise sind nicht möglich. Wenn beispielsweise Arbeitsmappe A auf Arbeitsmappe B verweist, kann Arbeitsmappe B nicht auf Arbeitsmappe A verweisen.

▨ Kombination von Sub- und Funktionsprozeduren

Sie haben in diesem Kapitel an einem Beispiel kennengelernt, wie mehrere Sub-Prozeduren zusammenarbeiten. Auch eine Integration mit Funktionsprozeduren ist möglich. Bezüglich des Zusammenspiels gilt:

▨ Von einer Sub-Prozedur aus können eine oder mehrere Funktionsprozeduren aufgerufen werden.

▨ Eine Funktionsprozedur kann auch eine Sub-Prozedur aufrufen.

▨ Übersicht über Module und zugehörige Prozeduren

Es wurde bereits darauf hingewiesen, daß die Anzahl der Prozeduren und Module, die in einer Arbeitsmappe gespeichert sind, recht hoch sein kann. In diesem Fall ist es hilfreich, die Möglichkeiten zu nutzen, die Excel bietet, um dennoch die Übersicht zu bewahren.

Aktivieren Sie einmal das aktuelle Modulfenster, in dem Sie das Hauptprogramm *Provisi* erstellt haben. Aktivieren Sie dann im Menü **Ansicht** den Befehl **Objektkatalog**. Mögliches Ergebnis: siehe Abbildung auf der nächsten Seite.

In dem angezeigten Listenfeld werden nun auf der linken Seite alle Objekte und Module der aktivierten Arbeitsmappe angezeigt. Im Beispielfall sind vier Module angelegt, wobei Modul1 – wie aus der Abbildung deutlich wird – vier verschiedene Prozeduren umfaßt.

Selektieren Sie einmal ein anderes Modul, dann wird deutlich, daß nun im rechten Bereich andere Einträge in der Methoden-/Eigenschaftsliste enthalten sind.

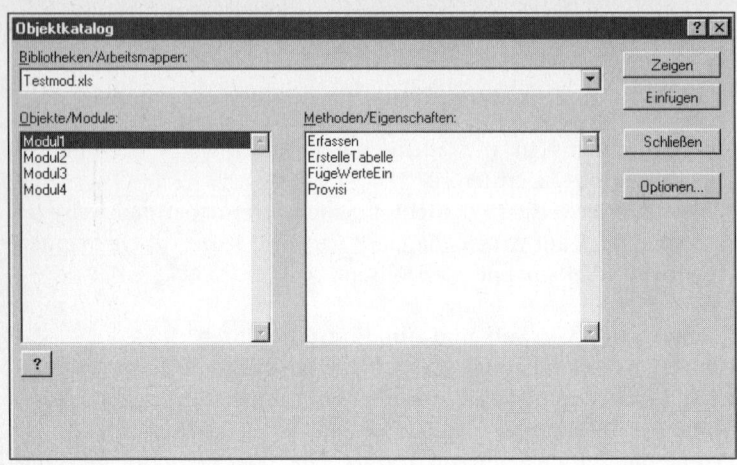

4.6 Hinweise zur Verwendung der Sprache im VBA-Code

In diesem Kapitel haben wir Sie darauf hingewiesen, daß VBA-Code sowohl in deutscher als auch in englischer Sprache erzeugt werden kann. Durch die Gegenüberstellungen in beiden Sprachen wurden die Unterschiede deutlich. Sie haben grundsätzlich die Wahl. Es stellt sich deshalb die Frage nach einer für Sie geeigneten Entscheidung.

Wie ist der Ausgangspunkt des Arbeitens mit Excel? Unabhängig von der verwendeten Sprachversion werden während der Programminstallation automatisch die englischen Objektbibliotheken als Standardbibliotheken registriert. Sie haben die Möglichkeit, dies zu ändern, indem Sie die geeignete Visual-Basic-Objektbibliothek im Windows-Systemordner und die entsprechende Microsoft-Excel-Objektbibliothek im Microsoft-Excel-Programmordner installieren. In diesem Fall können Sie den VBA-Code auch in deutscher Sprache schreiben.

Zur **Wahl der Codesprache** ist folgendes Vorgehen erforderlich:
1. Aktivieren Sie ein Visual-Basic-Modul, und klicken Sie dann im Menü **Extras** auf **Optionen**.
2. Klicken Sie auf die Registerkarte «Modul Allgemein». Ergebnis:

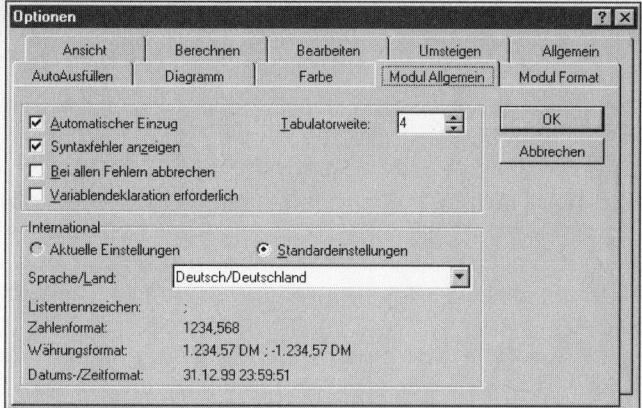

3. Klicken Sie – sofern erforderlich – auf das Optionsfeld «Standardeinstellungen».

4. Wählen Sie im Feld «Sprache/Land» die Sprache und das Land aus, die bzw. das Sie verwenden möchten. Diese Einstellung wird dann für neu anzulegende Modulblätter benutzt.

Beachten Sie: VBA verwendet die Gebietsschema-Einstellungen des Betriebssystems, um Zahlen, Daten und Währungssymbole zu interpretieren, die in Dialogfeldern und Tabellenzellen eingegeben werden. Die Gebietsschema-Einstellung des Betriebssystems kann sich von der Einstellung der Codesprache unterscheiden, die auf der Registerkarte «Modul Allgemein» in Excel angegeben wurde. So wählen Sie ein Gebietsschema für das Betriebssystem aus:

1. Klicken Sie im Startmenü von Windows 95 auf «Einstellungen», und klicken Sie anschließend auf «Systemsteuerung».

2. Doppelklicken Sie auf «Ländereinstellungen».

3. Wählen Sie auf der Registerkarte «Ländereinstellungen» die Ländereinstellung aus, die Sie verwenden möchten.

Beachten Sie die folgenden Anmerkungen zum Verfassen von Visual-Basic-Code, der in anderen Gebietsschemata effektiv ausgeführt werden kann. Es werden drei Bedingungen aufgeführt, beginnend bei der Bedingung, die die sichersten und am besten vorhersehbaren Ergebnis se hervorruft. Wenn Sie diese drei Bedingungen kennen, können Sie besser einschätzen, wie der verteilte Code arbeitet.

Folgende *Hinweise* mögen Ihnen bei der **Wahl des Codes** zum Verfassen von VBA-Lösungen helfen:

▓ Am sichersten ist es , wenn der Code in englischer Sprache geschrieben wird (unter Verwendung der Einstellung «Englisch/USA» auf der Registerkarte «Modul Allgemein»). Der Code kann dann auf jedem Computer ausgeführt werden, auf dem Excel läuft, da Excel ja die englischen Objektbibliotheken bei der Installation als Standard registriert.

▓ Wollen Sie den Code in deutscher Sprache erstellen, ist dies korrekt möglich, wenn das beigefügte Objekt installiert wird. Wird die Anwendung verteilt und auf anderen Rechnern eingesetzt, so sollte die korrekte Objektbibliothekdatei mit verteilt werden.

▓ Wird der Code in deutscher Sprache geschrieben und ohne die entsprechende Objektbibliothekdatei verteilt, kann die Ausführung nur auf den Computern korrekt erfolgen, auf denen die deutsche Objektbibliothekdatei bereits installiert ist.

Hinweise:

▓ Um die Übersetzung einer deutschsprachigen VBA-Lösung in die englischsprachige Version zu erleichtern, gibt es ein kostenfreies Shareware-Programm mit dem Namen VBATRANS.

▓ Eine weitere Unterstützung bietet die Excel-Datei VBALISTE.XLS, die sich im Ordner \MSOFFICE\EXCEL befindet. Wenn Sie diese aktivieren, haben Sie eine vergleichende Übersicht über die VBA-Schlüsselwörter in deutscher und englischer Sprache.

Aufgrund des mächtigen Sprachumfanges von VBA ist es natürlich nicht möglich, die gesamte Syntax im Kopf zu behalten. Für die Detailabfragen können Sie die Online-Hilfe von Excel nutzen, die allerdings nur auf englische Begriffe abstellt. Wählen Sie etwa nach Aufruf die Registerkarte «Inhalt» und hier die Variante «Visual-Basic-Sprachverzeichnis für Microsoft Excel». Sie können dann die Syntax für Anweisungen, Eigenschaften, Funktionen, Methoden und Objekte genau abfragen (die Ordnung ist alphabetisch).

5 Kontrollstrukturen

Grundsätzlich werden VBA-Anweisungen innerhalb einer Prozedur von links nach rechts und von oben nach unten ausgeführt. Mit VBA haben Sie aber auch die Möglichkeit, den Programmablauf gezielt zu steuern. So lassen sich bedingte Anweisungen (Verzweigungsstrukturen) sowie Schleifenanweisungen (auch als Steuerstrukturen bezeichnet) beim Schreiben von VBA-Codes verwenden, mit denen Entscheidungen getroffen oder Aktionen wiederholt werden.

Die Anweisungen, die **Entscheidungen** und **Schleifen** in VBA kontrollieren, werden **Kontrollstrukturen** genannt. In diesem Kapitel sollen Sie die Anwendung von Kontrollstrukturen anhand von kleinen Anwendungsbeispielen genauer kennenlernen. Richten Sie dazu entsprechende Module in einer gesonderten Arbeitsmappe mit dem Namen TESTMOD.XLS ein.

5.1 Auswahlstrukturen

Entscheidungen im Programmablauf können dadurch ermöglicht werden, daß bedingte Anweisungen verwendet werden. Bedingte Anweisungen ermitteln zunächst, ob eine Bedingung wahr (True) oder falsch (False) ist, und geben dann entsprechend dem Ergebnis eine oder mehrere Anweisungen zur Ausführung an. Die Folge von derartigen Verzweigungen im Programmablauf: Es wird nicht wie bisher üblich die jeweils folgende Anweisung, sondern erst die übernächste oder eine noch später folgende Anweisung ausgeführt.

Eine Bedingung ist ein Ausdruck, bei dem ein Vergleichsoperator verwendet wird, um einen Wert oder eine Variable mit einer anderen zu vergleichen. Folgende **Vergleichsoperatoren** stehen zur Verfügung: =, >, <, <>, <=, >=. Für den Vergleich von Zeichenketten dient der Operator *Wie* (Wie T*r), engl. *Like T*r*.

Weiterhin sind Und-, Oder- und Nicht-Verknüpfungen möglich. Ein Beispiel zur Einstimmung:

```
Wenn Nicht (IstLeer(a) Oder IstNull(a)) Dann ....
engl. IF Not (IsEmpty(a) Or IsNull(a)) Then ...
```

Die **Wenn...Dann-Anweisung** (engl. If...Then) ist die übliche Anweisung, um eine bedingte Ausführung von Codeabschnitten zu bewirken. Eine Erweiterung stellt die **Wenn...Dann...Sonst-Anweisung** (engl. If...Then...Else) dar, um eine bestimmte Anweisung oder eine Reihe von Anweisungen auszuführen, die vom Wahrheitswert einer Bedingung abhängen. Wenn...Dann...Sonst-Anweisungen können so stark verschachtelt werden wie nötig. Um die Lesbarkeit des Codes zu erhöhen, sollten Sie jedoch statt zu vieler Ebenen verschachtelter Wenn...Dann...Sonst-Anweisungen lieber eine **Prüfe-Fall-Anweisung** (engl. Select-Case-Anweisung) einsetzen.

Merke:
▨ Wenn eine Bedingung True oder False ist, verwenden Sie Wenn... Dann...Sonst-Anweisungen.
▨ Ist eine Möglichkeit aus einer Reihe von Bedingungen zu wählen, bietet sich die Prüfe-Fall-Anweisung an.

5.1.1 Einfachauswahl

Es gibt mehrere Ausprägungen bei der Anwendung von Wenn... Dann...Sonst-Anweisungen. Diese sollen Sie im folgenden kennenlernen.

Mitunter muß bei einer Auswahlentscheidung nur eine einzige Abfrage ausgeführt werden, wenn nämlich nur ein einziger Entscheidungsweg möglich ist. In diesem Fall können Sie die einzeilige Syntax der Wenn...Dann-Anweisung verwenden. Im folgenden Beispiel wird diese einzeilige Syntax dargestellt. Beachten Sie, daß in diesem Beispiel das Schlüsselwort **Sonst** (engl. **Else**) ausgelassen wird.

Beispiel «Einseitige Auswahl mit einzeiliger Syntax»: Es soll geprüft werden, ob eine eingegebene Postleitzahl <=9999 (also mindestens fünfstellig) ist. Ist dies nicht der Fall, soll die Meldung «Nicht OK» in einem Meldungsdialogfeld angezeigt werden. Lösung:

```
Sub PLZPruef1()
    Dim Werteing
    Werteing = EingabeDlg("Geben Sie die Postleitzahl _
    ein!")
    Wenn Werteing <= 9999 Dann MeldungsDlg "Nicht OK"
Ende Sub
```

Für Einfachverzweigungen steht in VBA also der **Wenn...Dann-Befehl**
zur Verfügung, bei dem als Argument eine Bedingung übergeben wird.
Führen Sie die Subprozedur nach der Eingabe im Modulfenster aus. Es
wird dann deutlich, daß zunächst der Eingabewert in einem Dialogfenster über die EingabeDlg-Funktion abgefragt wird. Anschließend sollte
für den Fall einer unzulässigen Postleitzahl eine Fehlermeldung in
einem Meldungsfenster erfolgen.

Englisch

```
Sub PLZPruef1()
    Dim Werteing
    Werteing = InputBox("Geben Sie die Postleitzahl _
    ein!")
    IF Werteing <= 9999 THEN MsgBox  "Nicht OK"
End Sub
```

Eine Erweiterung ergibt sich, wenn Sie mehr als eine Zeile Code für den
Fall ausführen wollen, daß die Bedingung wahr ist. Dann müssen Sie
die mehrzeilige Syntax verwenden (Blocksyntax). Ergänzend ist eine
Ende-Wenn-Anweisung (engl. **End-If-Anweisung**) einzufügen. In diesem Fall werden dann alle Anweisungen abgearbeitet, die sich in dem
Block zwischen **Wenn** und **Ende Wenn** befinden. Allgemein gilt folgender Aufbau für eine Wenn-Blockstruktur:

Deutschsprachige Wenn-Blockstruktur	Englischsprachige If-Blockstruktur

Wenn Ausdruck Dann
   [Block]
Ende Wenn
	If Ausdruck Then
	   [Block]
	End If

Beispiel «Einseitige Auswahl mit mehrzeiliger Syntax»: Ergänzend zu der vorherigen Anwendung soll in einem weiteren Meldungsfenster der Text «Bitte wiederholen Sie Ihre Eingabe!» ausgegeben werden. Lösung:

```
Sub PLZPruef2()
    Dim Werteing
    Werteing = EingabeDlg("Geben Sie die Postleitzahl _
    ein!")
    Wenn Werteing <= 9999 Dann
    MeldungsDlg "PLZ muß mindestens fünfstellig sein"
    MeldungsDlg "Bitte wiederholen Sie Ihre Eingabe!"
    Ende Wenn
Ende Sub
```

Englisch

```
Sub PLZPruef2()
    Dim Werteing
    Werteing = InputBox ("Geben Sie die Postleitzahl _
    ein!")
    If Werteing <= 9999 Then
    MsgBox  "PLZ muß mindestens fünfstellig sein"
    MsgBox  "Bitte wiederholen Sie Ihre Eingabe!"
    End If
End Sub
```

Testen Sie das Beispiel einmal, ohne die vorletzte Zeile einzugeben. Dann wird deutlich, daß VBA dies nicht akzeptiert.

Hinweis: Die Ausführung mehrerer Anweisungen als Ergebnis einer If…Then-Entscheidung ist erlaubt. Dazu müssen sich aber alle Anweisungen in einer Zeile befinden und durch Doppelpunkte voneinander getrennt sein, wie in der folgenden Zeile:
If A > 10 Then A = A + 1 : A = A + A : C = C + B

5.1.2 Mehrseitige Auswahl

Eine mehrseitige Auswahl liegt vor, wenn bestimmte Anweisungen auszuführen sind, von denen eine Bedingung wahr (True) ist, und zugleich auch andere Anweisungen für den Fall auszuführen sind, daß die Bedingung falsch (False) ist. Ein Block mit Anweisungen muß in jedem Fall ausgeführt werden.
Um zwei Blöcke ausführbarer Anweisungen festzulegen, können Sie eine Wenn…Dann…Sonst-Anweisung (If…Then…Else-Anweisung) verwenden. Der erste Block nach der Wenn…Dann-Anweisung wird ausgeführt, wenn die Bedingung Wahr (engl. True) ist, der andere Block wird ausgeführt, wenn sie Falsch (engl. False) ist. Das Einfügen einer Sonst-Anweisung bewirkt also das Ausführen einer anderen Anweisungsfolge für den Fall, daß die angegebene Bedingung nicht erfüllt ist.

Es gilt folgende grundsätzliche Syntax:

```
WENN Bedingung DANN
 Anweisungen
SONST Sonstanweisungen
bzw. (engl.):
IF Bedingung THEN
 Anweisungen
ELSE Sonstanweisungen
```

In der Syntax werden die folgenden Argumente verwendet:

Argument	Beschreibung
Bedingung:	Numerischer oder Zeichenfolgenausdruck, der als Ergebnis True oder False liefert.
Anweisungen:	Eine Anweisung oder mehrere (z. B. durch Doppelpunkte voneinander getrennte) Anweisungen, die ausgeführt werden, wenn sich aus der Bedingung der Wert True ergibt.
Sonstanweisungen:	Eine Anweisung oder mehrere (durch Doppelpunkte voneinander getrennte) Anweisungen, die ausgeführt werden, wenn Bedingung den Wert False liefert.

Sie können **SonstWenn**-Anweisungen (**ElseIf**-Anweisungen) zu einer Wenn...Dann...Sonst-Anweisung (If...Then...Else-Anweisung) hinzufügen, um eine zweite Bedingung zu prüfen, wenn die erste Bedingung False ist. Die Anweisung nach der Sonst-Anweisung (Else-Anweisung) wird ausgeführt, wenn die Bedingungen in allen Wenn- und Sonst-Wenn-Anweisungen (If- und ElseIf-Anweisungen) False sind. Der Vorteil: Durch das Hinzufügen einer SonstWenn-Anweisung können mehrere Bedingungen überprüft und damit mehrere verschachtelte Wenn...Dann...Anweisungen überflüssig werden. Der VBA-Code wird so kürzer und übersichtlicher.

Häufig tritt in Anwendungen die Notwendigkeit auf, nicht nur unter zwei, sondern unter drei, vier oder noch mehr Alternativen zu wählen. Dann benötigen Sie die erweiterte Form von **Wenn...Dann...Sonst**. Allgemein gilt folgender Aufbau für eine **Wenn...Dann...SonstWenn**-Blockstruktur:

Deutschsprachige Wenn-Blockstruktur	Englischsprachige If-Blockstruktur

Wenn Bedingung1 Dann
  [Block1]
SonstWenn Bedingung2 Dann
  [Block2]
SonstWenn Bedingung3 Dann
......
Sonst
  [BlockN]
Ende Wenn
	If Bedingung1 Then
	  [Block1]
	ElseIf Bedingung2 Then
	  [Block2]
	ElseIf Bedingung3 Then
	......
	Else
	  [BlockN]
	End If

Der Ablauf ist folgender: VBA prüft zunächst die 1. Bedingung. Ist das Ergebnis nicht zutreffend, wird Bedingung2 überprüft. Dieser Vorgang wird so lange fortgesetzt, bis eine der Bedingungen zutrifft. In diesem Fall wird direkt der Anweisungsblock ausgeführt, der nach der erfüllten Bedingung steht. Anschließend wird die Anwendung mit dem Code fortgesetzt, der im Anschluß an **Ende Wenn** steht.

Zu beachten ist, daß jeder Unterblock an eine eigene Bedingung geknüpft ist und nur dann ausgeführt wird, wenn diese erfüllt ist. Da gleichzeitig die vorhergehenden Bedingungen nicht erfüllt sind, kann keinesfalls mehr als ein Block ausgeführt werden. Wichtig ist außerdem, daß mit den Punkten in der Übersichtsdarstellung angedeutet wird, daß beliebig viele weitere SonstWenn-Blöcke folgen dürfen.

Beispiel «Mehrseitige Auswahl»: Es soll eine Zahl eingegeben werden, die zu prüfen ist. Bei der Auswertung wird in der ersten Abfrage überprüft, ob statt einer Zahl ein Text eingegeben wurde. Wenn dies zutrifft, erscheint die Meldung «Das ist keine Zahl!». Andernfalls wird weiter geprüft, ob die Zahl größer oder kleiner/gleich 100 ist. Davon abhängig erfolgt eine unterschiedliche Meldungsanzeige. Lösung:

```
Sub ZahlTest()
  DIM eing
  eing = EingabeDlg ("Geben Sie eine Zahl ein!")
  Wenn Nicht IstZahl(eing) Dann
      MeldungsDlg "Das ist keine Zahl!"
  SonstWenn eing > 100 Dann
      MeldungsDlg "Die Zahl ist größer als 100."
  Sonst
      MeldungsDlg "Die Zahl ist kleiner als 100."
   Ende Wenn
Ende Sub
```

Englisch

```
Sub ZahlTest()
  DIM eing
```

```
  eing = InputBox ("Geben Sie eine Zahl ein!")
  if IstZahl(eing) = false Then
      MsgBox "Das ist keine Zahl!"
  Elseif eing > 100 Then
      MsgBox "Die Zahl ist größer als 100."
  Else
      MsgBox "Die Zahl ist kleiner als 100."
    End If
End Sub
```

Sie sehen: Jeder Block nach Then oder Else kann wiederum weitere Verzweigungen enthalten.

Auch in einer Funktion sind mehrseitige Auswahlstrukturen denkbar. Dies zeigt das folgende Beispiel:

Beispiel «Mehrseitige Auswahl in einer Funktion»: Im folgenden Beispiel wird mit der Function-Prozedur ein Bonus entsprechend der Qualifikation berechnet.

```
Funktion Bonus(Leistung; Gehalt)
      Wenn Leistung = 1 Dann
            Bonus = Gehalt * 0,1
      SonstWenn Leistung = 2 Dann
            Bonus = Gehalt * 0,09
      SonstWenn Leistung = 3 Dann
            Bonus = Gehalt * 0,07
      Sonst
            Bonus = 0
      Ende Wenn
Ende Funktion
```

Englisch

```
Function Bonus(Leistung, Gehalt)
      If Leistung = 1 Then
            Bonus = Gehalt * 0.1
```

```
      ElseIf Leistung = 2 Then
          Bonus = Gehalt * 0.09
      ElseIf Leistung = 3 Then
          Bonus = Gehalt * 0.07
      Else
          Bonus = 0
      End If
End Function
```

5.1.3 Fallunterscheidung

Die **Prüfe-Fall**-Struktur (engl. **Select-Case**-Anweisung) stellt eine Alternative zur Verwendung von SonstWenn (ElseIf) in Wenn...Dann... Sonst-(If...Then...Else-)Anweisungen dar, um einen immer gleichen Ausdruck mit mehreren verschiedenen Werten zu vergleichen. Prüfe Fall (Select Case) ist in der Regel in Situationen sinnvoller, in denen abhängig von der Auswertung eines einzelnen Ausdrucks mehrere Entscheidungen getroffen werden sollen. Wohlgemerkt: Es sollte nur eine variable Größe vorhanden sein, die in mehreren Fällen zu prüfen ist.

Beachten Sie, daß jede Fall-Anweisung mehrere Werte, einen Wertebereich oder eine Kombination aus Werten und Vergleichsoperatoren enthalten kann. Die **Fall-Sonst**-Anweisung (engl. **Case Else**), die optional ist, wird ausgeführt, wenn die Prüfe-Fall-Anweisung (Select Case) keinem Wert in einer der Fall-Anweisungen entspricht.

Allgemein gilt folgender Aufbau für eine Fallunterscheidung:

Deutschsprachige Fall-Struktur	Englischsprachige Case-Struktur
Prüfe Fall Ausdruck	Select Case Ausdruck
Fall Ausdruck1	Case Ausdruck1
[Anweisungsblock 1]	[Anweisungsblock 1]
Fall Ausdruck2	Case Ausdruck2
[Anweisungsblock 2]	[Anweisungsblock 2]
Fall Ausdruck3	Case Ausdruck3
[Anweisungsblock 3]	[Anweisungsblock 3]
....	....
Fall Sonst	Case Else
[AnweisungsblockN]	[AnweisungsblockN]
Ende Prüfe	End Select

Der Ablauf ist folgender: Am Anfang wird zunächst der Bedingungsaus-druck geprüft. Anschließend wird das Ergebnis dieser Auswertung mit den Werten aller **Fall**-Abschnitte in dieser Struktur verglichen. Für den Fall, daß eine Übereinstimmung vorliegt, wird der Anweisungsblock ausgeführt, der unmittelbar nach der Fall-Anweisung steht.

Beispiel «Prüfe-Fall-Anweisung in einer Sub-Prozedur»: Es soll der Wer-tebereich einer Zahl geprüft werden. Falls keine Zahl eingegeben wird, meldet sich VBA mit einer Fehlermeldung.

```
Sub ZahlPrüf()
   DIM eing
   eing = EingabeDlg ("Geben Sie eine Zahl ein!")
   Prüfe Fall eing
   Fall 1; 2; 3
         MeldungsDlg "1, 2 oder 3"
   Fall 4 Bis 10
       MeldungsDlg "Zahl ist zwischen 4 und 10."
   Fall Ist > 10
     MeldungsDlg "Die Zahl ist größer als 10."
    Fall Sonst
      MeldungsDlg "Kleiner 1."
    Ende Prüfe
 Ende Sub
```

Das Listing zu dem Anwendungsbeispiel zeigt, daß hinter der Anwei-sung **Fall** ganze Wertelisten eingegeben werden können. Besonderhei-ten sind:

- Werden mehrere Werte geprüft, ist das jeweilige Listentrennzeichen zu verwenden. In der deutschsprachigen Version ist dies das Semi-kolon, in der englischsprachigen Version ein Komma.
- Für eine Bereichsprüfung verwenden Sie das Schlüsselwort **Bis** (engl. **To**). So kann etwa mit der Anweisung *Fall 4 Bis 10* getestet werden, ob sich das getestete Objekt im Bereich von 4 bis 10 befindet.
- Relationale Operationen können in Fallanweisungen mit dem Wort **Ist** (engl. **Is**) eingefügt werden. So testet die Anweisung *Fall Ist > 10*, ob die zu prüfende Variable größer als 10 ist.

▓ Im Beispielfall werden eingegebene numerische Größen für den Test verwendet. Grundsätzlich können Sie in Ausdruckslisten aber auch Variablen und Strings verwenden.

Englisch

```
Sub ZahlPrüf()
  DIM eing
  eing = InputBox ("Geben Sie eine Zahl ein!")
  Select Case eing
  Case 1, 2, 3
        MsgBox "1, 2 oder 3"
  Case 4 To 10
        MsgBox "Zahl ist zwischen 4 und 10."
  Case Is > 10
        MsgBox "Die Zahl ist größer als 10."
   Case Else
        MsgBox "Kleiner 1."
   End Select
End Sub
```

Beispiel «Prüfe-Fall-Anweisung in einer Funktion»: Im folgenden Beispiel wird von der Prüfe-Fall-Anweisung (Select-Case-Anweisung) das Argument Leistung, das an die Funktion übergeben wurde, einmal ausgewertet.

```
Funktion Bonus2(Leistung; Gehalt)
  Prüfe Fall Leistung
      Fall 1
         Bonus2 = Gehalt * 0,1
       Fall 2; 3
         Bonus2 = Gehalt * 0,09
       Fall 4 Bis 7
         Bonus2 = Gehalt * 0,07
       Fall Ist > 8
         Bonus2 = 100
```

```
         Fall Sonst
              Bonus2 = 0
     Ende Prüfe
Ende Funktion
```

Englisch

```
Function Bonus2(Leistung, Gehalt)
  Select Case Leistung
      Case 1
          Bonus2 = Gehalt * 0.1
       Case 2, 3
          Bonus2 = Gehalt * 0.09
       Case 4 To 7
          Bonus2 = Gehalt * 0.07
       Case Is > 8
          Bonus2 = 100
       Case Else
          Bonus2 = 0
     End Select
End Function
```

Beachten Sie: Bei Wenn…Dann…Sonst-Anweisungen kann in jeder SonstWenn- Anweisung ein unterschiedlicher Ausdruck berechnet werden. Dies ist bei Prüfe Fall nicht möglich. Bei der Prüfe-Fall-Anweisung wird ein Ausdruck nur ein einziges Mal am Beginn der Steuerstruktur ausgewertet. Dies kann bei ausgewählten Situationen aber auch vorteilhaft sein, da so der Code effizienter und leichter lesbar wird.

5.2 Schleifenstrukturen

Die bisherigen Anwendungen waren so konstruiert, daß eine vorhandene VBA-Anweisung maximal einmal während eines Programmlaufs ausgeführt wird. Dies reicht oft jedoch nicht aus, um den Anforderungen der Praxis zu genügen. So wird häufig auch die wiederholte Ausführung von Anweisungen benötigt.

Schleifen bieten die Möglichkeit, eine Folge von Anweisungen wiederholt auszuführen. Sie lassen dann quasi die Ausführung eines Anweisungsblocks «im Kreis» laufen. Wird das Ende eines solchen Anweisungsblocks erreicht, beginnt das Programm von vorn und führt den Block erneut aus. Dies geht so lange, bis die gewünschte Anzahl der Wiederholungen stattgefunden hat. Dann wird der Block verlassen, und das Programm wendet sich den folgenden Anweisungen zu.

Aus den Ausführungen wird deutlich, daß folgende Anforderungen an Anweisungen für das Bilden von Schleifen vorliegen:

▨ Bereitstellung von Schlüsselwörtern, die eine Eingrenzung des wiederholt auszuführenden Anweisungsblocks ermöglichen.

▨ Möglichkeiten zur korrekten Steuerung und Kontrolle der Wiederholungsanzahl.

Bei der Konstruktion von Schleifen sind verschiedene Varianten denkbar: Einige Schleifen wiederholen Anweisungen so lange, bis eine Bedingung **False** ist, andere hingegen so lange, bis eine Bedingung **True** ist. Es gibt auch Schleifen, die Anweisungen mehrfach wiederholen oder sie für jedes Objekt in einer Auflistung ausführen.

Noch ein *Hinweis:* Eine weitere nützliche Steuerstruktur, die **Mit**-Anweisung (engl. **With**), ermöglicht es, eine Reihe von Anweisungen mit einem Objekt auszuführen, ohne daß jedesmal Objekte erneut qualifiziert werden müssen.

5.2.1 Schleifen mit Bedingungsabfrage

Ist die Anzahl der Wiederholungsläufe unbekannt, muß in der Schleifenstruktur eine Bedingungsabfrage eingebaut sein, die für das Beenden der Schleife sorgt. Ansonsten kann eine Endlosschleife die Folge sein.

Für diesen Fall stellt VBA **Durchlaufe…Schleife** (engl. **Do…Loop**) zur Verfügung. Sie können diese Art von Anweisungen verwenden, um einen Block von Anweisungen für eine unbestimmte Anzahl von Ausführungen zu wiederholen. Die Anweisungen in der Schleife werden entweder so lange wiederholt, wie eine Bedingung **True** ist, oder so lange, bis eine Bedingung **True** wird.

Geprüft wird die Bedingung in Durchlaufe…Schleife mit dem Schlüsselwort **Solange** (engl. **While**). Dabei gibt es zwei Methoden, das Schlüsselwort zu verwenden:

■ Sie können die Bedingung überprüfen, bevor der Einstieg in die Schleife erfolgt, oder aber,

■ nachdem die Schleife mindestens einmal ausgeführt wurde (wie im zweiten Beispiel).

Variante 1: Prüfen vor Eintritt in die Schleife

Im Beispielfall soll eine Schleife so lange durchlaufen werden, wie der Wert der Variablen «MeineNum» größer als 10 ist. Er wird auf den Ausgangswert von 20 gesetzt. In der Schleife wird die Nummer immer um den Wert 1 vermindert und gleichzeitig gezählt, wie oft die Schleife durchlaufen wird. Ausgegeben wird die Anzahl der Schleifendurchläufe.

```
Sub ZuerstPrüfen()
   Zähler = 0
   meineNum = 20
   Durchlaufe Solange meineNum > 10
   meineNum = meineNum - 1
      Zähler = Zähler + 1
   Schleife
   MeldungsDlg "Schleife " & Zähler & " x ausgeführt."
Ende Sub
```

Englisch

```
Sub ZuerstPrüfen()
   Zähler = 0
   meineNum = 20
   Do While meineNum > 10
   meineNum = meineNum - 1
      Zähler = Zähler + 1
   Loop
   MsgBox "Schleife " & Zähler & " x ausgeführt."
End Sub
```

Testen Sie das Beispiel einmal aus. Als Ergebnis muß sich die Meldung ergeben, daß die Schleife 10 x durchlaufen wird.

Beachten Sie: Wenn in der 3. Zeile der ZuerstPrüfen-Prozedur der Wert für die Variable «meineNum» 9 statt 20 wäre, würden die Anweisungen innerhalb der Schleife niemals ausgeführt werden.

Variante 2: Prüfen am Ende der Schleife

```
Sub ZuletztPrüfen()
  Zähler = 0
  meineNum = 9
  Durchlaufe
      meineNum = meineNum - 1
      Zähler = Zähler + 1
  Schleife Solange  meineNum > 10
  MeldungsDlg "Schleife " & Zähler & " x ausgeführt."
Ende Sub
```

Englisch

```
Sub ZuletztPrüfen()
  Zähler = 0
  meineNum = 9
  Do
      meineNum = meineNum - 1
      Zähler = Zähler + 1
  Loop While meineNum > 10
  MsgBox "Schleife " & Zähler & " x ausgeführt."
End Sub
```

In der ZuletztPrüfen-Prozedur werden die Anweisungen innerhalb der Schleife nur ein einziges Mal ausgeführt, bevor die Bedingung **False** wird.

▓ Variante 3: Anweisungen wiederholen, bis eine Bedingung wahr wird

Um eine Bedingung in einer Durchlaufe-Anweisung zu überprüfen, können Sie auch das Schlüsselwort **BisWahr** (engl. **Until**) verwenden. Sie können die Bedingung überprüfen, bevor der Einstieg in die Schleife erfolgt, oder aber, nachdem die Schleife mindestens einmal ausgeführt wurde. Grundsätzlich gilt: Solange die Bedingung **False** bleibt, wird die Schleife ausgeführt.

Beispiel:

```
Sub ZuerstPrüf2()
  Zähler = 0
  meineNum = 20
  Durchlaufe BisWahr meineNum = 10
  meineNum = meineNum - 1
      Zähler = Zähler + 1
  Schleife
  MeldungsDlg "Schleife " & Zähler & " x ausgeführt."
Ende Sub
```

Englisch

```
Sub ZuerstPrüf2()
  Zähler = 0
  meineNum = 20
  Do Until meineNum = 10
  meineNum = meineNum - 1
      Zähler = Zähler + 1
  Loop
  MsgBox "Schleife " & Zähler & " x ausgeführt."
End Sub
```

Gegenüber der vorherigen Lösung wird lediglich die Abfrage anders formuliert und hier auf einen Gleichheitswert gesetzt.

In ähnlicher Form kann die Abfrage auch nach erstmaligem Durchlauf der Schleife erfolgen. Dann ergibt sich die folgende Lösung:

```
Sub ZuletztPrüf2()
  Zähler = 0
  meineNum = 1
  Durchlaufe
        meineNum = meineNum + 1
        Zähler = Zähler + 1
  Schleife BisWahr  meineNum = 10
  MeldungsDlg "Schleife " & Zähler & " x ausgeführt."
Ende Sub
```

Englisch

```
Sub ZuletztPrüf2()
  Zähler = 0
  meineNum = 1
  Do
        meineNum = meineNum + 1
        Zähler = Zähler + 1
  Loop Until meineNum = 10
  MsgBox "Schleife " & Zähler & " x ausgeführt."
End Sub
```

Ergebnis des Tests muß in diesem Fall sein, daß die Schleife 9 x ausgeführt wird.

5.2.2 Zählergesteuerte Schleife

Ist die Anzahl für das Wiederholen von Schleifendurchläufen bekannt, kann die zählergesteuerte Schleife **Für ... Nächste** (engl. **For ... Next**) zur Eingrenzung des zu wiederholenden Anweisungsblocks verwendet werden. In diesem Fall wird ein Zähler zum wiederholten Ausführen bestimmter Anweisungen genutzt. Dieser wird nach jedem Durchlaufen der Anweisungsfolge um die festgelegte Schrittweite verändert. Dabei ist zu beachten: Für-Schleifen verwenden eine Zählvariable, deren Wert mit jeder Ausführung der Schleife zu- oder abnehmen kann.

Zunächst zu den **Syntaxregeln:**

```
Für Zähler = Anfang Bis Ende [Schrittweite Schritt]
    [Anweisungen]
    [Verlasse Für]
    [Anweisungen]
Nächste [Zähler]
```

Englisch

```
For Zähler = Anfang To Ende [Step Schritt]
    [Anweisungen]
    [Exit For]
    [Anweisungen]
Next [Zähler]
```

Die **Für ... Nächste-Anweisung** verwendet die folgenden Argumente:

Argument	Beschreibung
Zähler	Als Schleifenzähler dient eine beliebige numerische Variable. Sie wird auch Zählvariable oder Schleifen-variable genannt. *Beachten Sie:* Ein Element eines Datenfelds oder eines benutzerdefinierten Typs ist an dieser Stelle unzulässig.
Anfang	Angegeben wird der Startwert von Zähler. Damit wird der Zählvariablen zu Beginn der Schleife ein numerischer Wert zugewiesen.
Ende	Angegeben wird der Endwert von Zähler. Damit wird letztlich die Anzahl der Wiederholungen bestimmt.
Schritt	Schrittweite, um die der Zähler bei jedem Schleifen-durchlauf verändert wird. Diese Angabe ist optional; die Voreinstellung für Schritt ist eins. Das Argument Schritt ist entweder positiv oder negativ.
Anweisungen	Eine oder mehrere Anweisungen zwischen Für und Nächste, die mehrmals ausgeführt werden.

Für das **Ausführen einer Für … Nächste-Schleife** ergibt sich der folgende **Ablauf**:

1. Zunächst wird der Zähler auf einen Ausgangswert gesetzt. Dies ist der Wert, der beim Argument *Anfang* der Für … Nächste-Schleife eingetragen wurde.

2. Anschließend wird geprüft, ob der Zähler größer ist, als der für *Ende* gesetzte Wert. Ansonsten wird bei einer positiven Schrittweite die Schleife beendet.

3. Nachdem im ersten Schleifendurchlauf alle Anweisungen ausgeführt wurden, addiert das Programm die Schrittweite zum Wert von Zähler hinzu und führt denselben Test durch wie zu Beginn des ersten Durchlaufs.

4. Wenn der Endwert noch nicht erreicht wurde, führt das Programm die Schleife erneut aus, ansonsten setzt es die Ausführung mit der Anweisung fort, die auf die Next-Anweisung folgt.

Beachten Sie: Mit dem Wert für die Schrittweite wird festgelegt, wann die Schleife ausgeführt wird. Ist die Schrittweite positiv oder 0, bedeutet dies Zähler <= Ende (Negativ bedeutet Zähler >= Ende).

Beispiel: **Zählergesteuerte Schleife**
Es soll eine VBA-Prozedur erstellt werden, die nach Eingabe der Anzahl der Jahre, des Anfangskapitals und des Zinssatzes das Endkapital berechnet.

Die **Lösung** (hier zunächst in der deutschsprachigen Variante) kann mit der folgenden zählergesteuerten Schleife erreicht werden:

```
Sub Zinszins()
    Dim Lauf Als Ganz
    Jahre = EingabeDlg("Geben Sie die Jahresanzahl _
    ein"; "Jahre")
    Anfangskapital = EingabeDlg("Anfangskapital _
    eingeben"; "Anfangskapital")
    Zinssatz = EingabeDlg("Geben Sie den Zinssatz ein"; _
    "Zinssatz")
    Kapital = Anfangskapital
     Für Lauf = 1 Bis Jahre
        Zinsen = Kapital * Zinssatz / 100
```

```
        Endkapital = Kapital + Zinsen
        Kapital = Endkapital
    Nächste
    Ausgabe = MeldungsDlg("Das Endkapital beträgt:" & _
    ZnF(Endkapital))
Ende Sub
```

Im Beispielfall ist die Variable *Lauf* die Zählervariable. Sie wird zu Beginn als Ganzzahl deklariert und in Abhängigkeit von der Anzahl der eingegebenen Jahre zur fortlaufenden Berechnung der Zinsen und damit des Endkapitals benötigt.

Nach dem Aufruf der Prozedur werden Sie zunächst der Reihe nach zur Eingabe von Jahre, Anfangskapital und Zinssatz in einem Dialogfeld aufgefordert. Danach wird die Variable *Kapital* so definiert, daß sie zur Kumulation von Werten (durch Addition der jeweiligen Zinsen) genutzt werden kann.

In der anschließenden Für...Nächste-Schleife wird die Variable *Lauf* zunächst auf den Wert 1 gesetzt und dann so lange schrittweise um den Wert 1 erhöht, bis die gesamte Laufzeit der Jahre erreicht ist. In der Schleife werden die Zinsen sowie das Endkapital berechnet. Um eine korrekte weitere Berechnung zu ermöglichen, wird außerdem die Variable *Kapital* entsprechend aktualisiert.

Den Abschluß des Programms bildet die Anzeige des Ergebnisses in einem Meldungsdialog. Nach Eingabe von 5 für Jahre, 1000 für Anfangskapital und 6 für Zinssatz müßte das folgende Ergebnisfeld angezeigt werden:

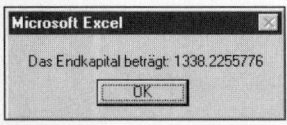

Zur Orientierung nachfolgend noch die Subprozedur für die Nutzung der englischen VBA-Version:

```
Sub Zinszins()
    Dim Lauf As Integer
    Jahre = InputBox("Geben Sie die Jahresanzahl ein", _
    "Jahre")
```

```
    Anfangskapital = InputBox("Anfangskapital _
    eingeben", "Anfangskapital")
    Zinssatz = InputBox("Geben Sie den Zinssatz ein", _
    "Zinssatz")
    Kapital = Anfangskapital
     For Lauf = 1 To Jahre
        Zinsen = Kapital * Zinssatz / 100
        Endkapital = Kapital + Zinsen
        Kapital = Endkapital
     Next
    Ausgabe = MsgBox("Das Endkapital beträgt:" _
    & Str(Endkapital))
End Sub
```

Beispiel: **Schrittweite gezielt festlegen**

Durch Verwenden des Schlüsselwortes **Schrittweite** (engl. **Step**) können Sie gezielt einen Wert festlegen, um den die Zählvariable jeweils erhöht oder vermindert wird. Im folgenden Beispiel wird die Zählvariable Zahl mit jeder Wiederholung der Schleife um 2 erhöht. Dies hat zur Folge, daß die Zählvariable der Reihe nach die Werte 2, 4, 6 usw. annimmt. Nach Beenden der Schleife wird die Summe aus 2, 4, 6, 8, 10 usw. (bis 100) ausgewiesen.

```
Sub ZweierSumme()
Für Zahl = 2 Bis 100 Schrittweite 2
    Summe = Summe + Zahl
Nächste Zahl
MeldungsDlg "Die Gesamtsumme ist " & Summe
Ende Sub
```

Englisch

```
Sub ZweierSumme()
For Zahl = 2 To 100 Step 2
    Summe = Summe + Zahl
Next Zahl
MsgBox "Die Gesamtsumme ist " & Summe
End Sub
```

Nach der Ausführung der Prozedur müßte als Ergebnis im Dialogfeld
der Wert 2550 ausgewiesen werden.

Auch eine Verminderung der Zählvariablen um einen bestimmten
Wert ist möglich. Dazu geben Sie einen negativen Wert für die Schrittweite an. Beachten Sie, daß Sie bei Verminderung der Zählvariablen einen Endwert verwenden müssen, der niedriger liegt als der Startwert.

Im folgenden Beispiel wird die Zählvariable *Zahl* mit jeder Wiederholung der Schleife um 2 vermindert.

```
Sub Negativ()
Für Zahl = 20 Bis 1 Schrittweite -2
        Summe = Summe + Zahl
Nächste Zahl
MeldungsDlg "Die Gesamtsumme ist " & Summe
Ende Sub
```

Englisch

```
Sub Negativ()
For Zahl = 20 To 1 Step -2
        Summe = Summe + Zahl
Next Zahl
MsgBox "Die Gesamtsumme ist " & Summe
End Sub
```

Nach der Ausführung muß sich im Beispielfall die Gesamtsumme 110
ergeben. Addiert werden die Zahlen 20, 18, 16, 14, 12, 10, 8, 6, 4 und 2.
Eventuell besteht bei Ihnen auch der Wunsch, derartige Werte, die in
einer Schleife erzeugt werden, auszulisten. Auch dies ist natürlich möglich. So können Sie etwa innerhalb der Schleife folgende Anweisung
eintragen:

```
Test.Drucke Zahl
engl. Debug.Print Zahl
```

Hinweis: Es ist nicht erforderlich, den Namen der Zählvariablen nach der Nächste-Anweisung anzugeben. In den letzten Beispielen wurde der Name jedoch angegeben. Damit kann unter Umständen die Lesbarkeit eines Programms verbessert werden.

5.3 Besonderheiten in Kontrollstrukturen

5.3.1 Unbedingte Verzweigung

VBA bietet auch die Möglichkeit, Verzweigungen zu erzeugen, die an keine Bedingung geknüpft sind, sondern in jedem Fall ausgeführt werden. Damit wird programmintern ein «Sprungbefehl» benötigt (es handelt sich also um keine «echte» Verzweigung).

Zur Realisierung stellt VBA den Befehl **Gehezu** (engl. **GoTo**) zur Verfügung. Aufgrund der Anweisung verzweigt das Programm ohne Bedingung zu einer angegebenen Zeile innerhalb einer Prozedur. Es gilt folgende Syntax:

```
Gehezu Zeile
engl.: GoTo Zeile
```

Mit Gehezu wird ein sequentieller Programmfluß unterbrochen und zur angegebenen Zeilenmarke gesprungen, um die Programmausführung dort fortzusetzen. Zu jedem Sprung gehört natürlich auch ein Sprungziel, in dem festgelegt wird, welcher Teil im Programm angesprungen werden soll. Dieses Ziel wird dem Gehezu-Befehl als Parameter übergeben.

Hinweis:

▨ Beim Argument **Zeile** kann es sich um eine beliebige **Zeilenmarke** oder **Zeilennummer** handeln. Eine Zeilenmarke kennzeichnet eine einzelne Codezeile und kann aus einer beliebigen Zeichenkombination bestehen. Wichtig ist, daß sie mit einem Buchstaben beginnt (Namensvergabe wie bei Variablen) und mit einem Doppelpunkt aufhört. Eine Zeilennummer werden Sie sinnvollerweise nicht verwenden. Dies wäre nämlich ziemlich «antiquiert» und unübersichtlich.

▨ **Gehezu** kann nur zu Zeilen innerhalb der umgebenden Prozedur verzweigen.

▨ Beachten Sie jedoch, daß zu viele Gehezu-Anweisungen sich nur schwer verstehen und testen lassen. Sie sollten daher nur ausnahmsweise genutzt werden. Übersichtlicher ist das Verwenden der bekannten Kontrollstrukturen.

Beispiel: **Unbedingte Verzweigung**
Es soll eine VBA-Prozedur erstellt werden, die mittels einer unbedingten Verzweigung den Wert einer Variablen in jedem Fall auf einen neuen Betrag setzt.

Die mögliche **Lösung** (hier zunächst in der deutschsprachigen Variante) kann mit der folgenden zählergesteuerten Schleife erreicht werden:

```
Sub UnbedingteVerzweigung()
    Gehezu NeuerWert
    MeinWert = 1000
    NeuerWert:
    MeinWert = 1
    IhreWahl = MeldungsDlg("Der Wert der Variablen _
    beträgt:" & ZnF(MeinWert))
Ende Sub
```

Im Beispielfall steht die Zeilenmarke in der vierten Zeile; es ist die Anweisung

```
NeuerWert:
```

Nach Ausführung der Prozedur muß sich die folgende Meldungsbox ergeben:

Zur Orientierung nachfolgend noch die Subprozedur für die Nutzung der englischen VBA-Version:

```
Sub UnbedingteVerzweigung()
    GoTo NeuerWert
```

```
      MeinWert = 1000
      NeuerWert:
      MeinWert = 1
      IhreWahl = MsgBox("Der Wert der Variablen beträgt:_
      " & Str(MeinWert))
End Sub
```

Neben dem unbedingten Sprung, der zuvor erläutert und an einem einfachen Beispiel demonstriert wurde, ist in VBA auch ein **bedingter Sprung** möglich. In diesem Fall verwenden Sie eine **Kombination von Gehezu- und Wenn-Anweisung**. Dabei wird mit Wenn eine Bedingung getestet und in Abhängigkeit davon mit Gehezu ein Sprung ausgeführt oder auch nicht. Die Syntax sieht allgemein wie folgt aus:

```
Wenn Bedingung Dann Gehezu Zeilenmarke
engl.: If Bedingung Then GoTo Zeilenmarke
```

5.3.2 Verschachtelte Kontrollstrukturen

Kontrollstrukturen müssen nicht nur nacheinander erzeugt werden. Es besteht auch die Möglichkeit, innerhalb einer Kontrollstruktur weitere Kontrollstrukturen aufzunehmen. Man spricht dann von verschachtelten Kontrollstrukturen.

Ein *Beispiel:* Innerhalb einer Für…Nächste-Schleife kann sich ein Wenn…Dann-Block befinden und innerhalb des Wenn…Dann-Blockes noch ein weiterer Wenn…Dann-Block.

Sie können Für…Nächste-Schleifen verschachteln, indem Sie eine Für…Nächste-Schleife innerhalb einer anderen verwenden. Der Zähler für die jeweilige Schleife muß dabei jedoch durch einen eindeutigen Variablennamen dargestellt werden, wie im folgenden *Beispiel:* Erzeugen Sie die folgenden Für…Nächste-Schleifen, und analysieren Sie das Problem.

```
Sub Verschachtel()
Für I = 1 Bis 10
    Für J = 1 Bis 20
```

```
            Für K = 1 Bis 15
            Nächste K
        Nächste J
    Nächste I
    MeldungsDlg "1. Schleife " & I & " x ausgeführt."
    MeldungsDlg "3. Schleife " & K & " x ausgeführt."
    MeldungsDlg "2. Schleife " & J & " x ausgeführt."
    Ende Sub
```

Englisch

```
Sub Verschachtel()
For I = 1 To 10
        For J = 1 To 20
                For K = 1 To 15
                Next K
        Next J
Next I
MsgBox "1. Schleife " & I & " x ausgeführt."
MsgBox "3. Schleife " & K & " x ausgeführt."
MsgBox "2. Schleife " & J & " x ausgeführt."
End Sub
```

Es gilt grundsätzlich: Bei **verschachtelten Für...Nächste-Anweisungen**
bezieht sich die innerste **Für**-Anweisung immer auf die innerste **Nächste**-Anweisung.

Beachten Sie: VBA-Kontrollstrukturen können beliebig oft ineinander
verschachtelt sein. Um die Lesbarkeit eines Programms dennoch zu ge-
währleisten, sollten Sie die jeweiligen Entscheidungs- und Schleifenstrukturen gezielt einrücken.

5.3.3 Kontrollstrukturen und Prozeduren verlassen

Im Normalfall werden Sie Kontrollstrukturen so entwerfen und auf-
bauen, daß sich das Beenden der Anweisungen innerhalb einer Kontrollstruktur aufgrund von Bedingungen ergibt und anschließend der

restliche Teil der Prozedur ausgeführt wird. Es gibt jedoch auch Situationen, in denen sich die Programmausführung für den Anwender beschleunigen läßt, indem er nicht auf die Erfüllung der vorgegebenen Bedingungen warten muß, sondern die Struktur bereits unter einer anderen Bedingung verlassen kann.

VBA stellt für diese Ausnahme eine besondere Anweisung zur Verfügung, die **Verlasse**-Anweisung (engl. **Exit**). Zwei Varianten sind zu unterscheiden:

▫ **Verlasse-Für**-Anweisung (engl. **Exit For**): Hiermit können Sie aus einer Für- oder Für…Nächste-Schleife direkt aussteigen. Die Schleife wird also verlassen, bevor der Zähler den Endwert erreicht.

▫ **Verlasse-Durchlaufe**-Anweisung (**Exit Do**): Die Durchlaufe-Schleife wird vorzeitig verlassen, unabhängig vom Ergebnis der Bedingungsprüfung.

▫ Beenden einer Durchlaufe-Anweisung innerhalb der Schleife

Eine Besonderheit stellt das ausdrückliche Verlassen einer Durchlaufe-Schleife dar. Dazu dient die **Verlasse-Durchlaufe**-Anweisung (engl. **Exit Do**). Da eine Schleife gewöhnlich nur in Ausnahmesituationen verlassen werden soll, wie z. B. um eine Endlosschleife zu vermeiden, sollten Sie die Verlasse-Durchlaufe-Anweisung im True-Anweisungsblock einer Wenn…Dann…Sonst-Anweisung oder einer Prüfe-Fall-Anweisung verwenden. Wenn die Ausnahmebedingung False ist, soll die Schleife wie üblich ausgeführt werden.

Im folgenden Beispiel wird der Variablen *meineNum* ein Wert zugewiesen, der eine Endlosschleife erzeugen würde. Die Wenn…Dann… Sonst-Anweisung überprüft dies und verhindert so die endlose Wiederholung.

```
Sub BeispielBeenden()
  Zähler = 0
  meineNum = 9
  Durchlaufe BisWahr meineNum = 10
      meineNum = meineNum - 1
      Zähler = Zähler + 1
  Wenn meineNum < 10 Dann Verlasse Durchlaufe
```

```
  Schleife
  MeldungsDlg "Schleife " & Zähler & " x ausgeführt."
Ende Sub
```

Englisch

```
Sub BeispielBeenden()
  Zähler = 0
  meineNum = 9
  Do Until meineNum = 10
      meineNum = meineNum - 1
      Zähler = Zähler + 1
  If meineNum < 10 Then Exit Do
  Loop
  MsgBox "Schleife " & Zähler & " x ausgeführt."
End Sub
```

Hinweis: Um eine Endlosschleife zu verlassen, drücken Sie Esc, oder betätigen Sie die Tastenkombination Strg + Esc.

Beachten Sie: Gewöhnlich ist das Verlassen nur in Ausnahmesituationen erforderlich, etwa bei Auftreten eines Fehlers.

Vorzeitiges Beenden einer Prozedur

Ähnlich dem Verlassen einer Kontrollstruktur können Sie auch Sub- und Funktionsprozeduren vorzeitig beenden. Zur Verfügung stehen:

- **Verlasse-Sub**-Anweisung (engl. **Exit Sub**): Hiermit können Sie aus einer Sub-Prozedur direkt aussteigen. Diese Anweisung kann im Rumpf einer Sub-Prozedur sooft wie nötig verwendet werden.
- **Verlasse-Funktion**-Anweisung (**Exit Function**): Die Anweisung ermöglicht den vorzeitigen Ausstieg aus einer Funktion.

5.4 Anwendungsbeispiel «Auslesen von Informationen»

> **Aufgabe:**
> Es soll eine Subprozedur erstellt werden, die das Auslesen von Tabellennamen einer Arbeitsmappe ermöglicht.

Lösung in der deutschsprachigen VBA-Version:

```
Sub AlleArbeitsblattnamenÄndern()
AnzahlBlätter = TabellenblattListe.Anzahl
'Anzahl der Blätter ermitteln

Dim BlattName(50) Als ZeichenF
'Platzhalter für 50 Blattnamen
Für Index = 1 Bis AnzahlBlätter
BlattName(Index) = TabellenblattListe(Index).Name
'Alle Namen lesen
Nächste
'Jetzt ist für jedes Blatt der Name gespeichert
TabellenblattListe(1).Aktivieren
'Erstes Blatt ansprechen
Ausgabetext = "" & Zn(10)
Für Index = 1 Bis AnzahlBlätter
ZelleListe(Index; 1).Formel = BlattName(Index)
'Blattnamen eintragen
Ausgabetext = Ausgabetext + Zn(10) + BlattName(Index)
'Auch in den String
Nächste
IhreWahl = MeldungsDlg("Ihre" & ZnF(AnzahlBlätter) & _
"Tabellenblätter heißen:" & Ausgabetext; vbNurOK + _
vbInformation)
Ende Sub
```

Hinweis: Das Programm enthält im unteren Bereich beim Meldungsdialog den Aufruf vordefinierter Dialogfelder von Excel. Die Syntax wird im übernächsten Kapitel des Buches deutlich werden.

Lösung in der englischsprachigen VBA-Version:

```
Sub AlleArbeitsblattnamenÄndern()
AnzahlBlätter = Worksheets.Count
'Anzahl der Blätter ermitteln

Dim BlattName(50) As String
'Platzhalter für 50 Blattnamen
For Index = 1 To AnzahlBlätter
BlattName(Index) = Worksheets(Index).Name
'Alle Namen lesen
Next
'Jetzt ist für jedes Blatt der Name gespeichert
Worksheets(1).Aktivate
'Erstes Blatt ansprechen
Ausgabetext = "" & Chr(10)
For Index = 1 To AnzahlBlätter
Cells(Index; 1).Formula = BlattName(Index)
'Blattnamen eintragen
Ausgabetext = Ausgabetext + Chr(10) + BlattName(Index)
'Auch in den String
Next
IhreWahl = MsgBox("Ihre" & Str(AnzahlBlätter) & _
"Tabellenblätter heißen:" & Ausgabetext; vbOKOnly + _
vbInformation)
End Sub
```

6 Objekte

6.1 Der Objektbegriff in VBA

Im Gegensatz zu prozeßorientierten Porgrammiersprachen wie beispielsweise Pascal ist VBA objektorientiert. Das heißt, die Durchführung von Aufgaben erfolgt durch die Steuerung von **Objekten**.

Im Alltag sind Sie ständig von Objekten umgeben und nehmen mit oder an diesen Objekten Handlungen vor. So wohnen Sie in einer *Wohnung* eines *Hauses*, das in einer bestimmten *Straße* einer *Stadt* liegt. Um in Ihrem *Wohnzimmer* ein *Bild* aufzuhängen, schlagen Sie mit einem *Hammer* einen *Nagel* in die *Zimmerwand*. All diese kursiv gesetzten Begriffe sind Objekte aus Ihrem Alltag.

In VBA haben Sie es mit Excel-Objekten zu tun, deren Aussehen und Verhalten Sie durch den VBA-Code beeinflussen können. Excel-Objekte besitzen also manipulierbare **Eigenschaften**. Außerdem verfügen Objekte zur Ausführung von Aktionen über **Methoden**.

In Excel finden Sie über 120 Objekte, die hierarchisch organisiert sind. Den höchsten Rang nimmt das Objekt *Anwendung* (Application) ein. Dann folgen Objekte wie *Arbeitsmappe* (Workbook), *Fenster (Window)*, *Tabellenblatt* (Worksheet), *Bereich* (Range), *Name*, *Diagramm* (Chart), *Diagrammgruppe* (ChartGroup), *Datenreihe*, *Achse* (Axis), *Linie* (Line) usw.

Jede Excel-*Anwendung* enthält Arbeitsmappen. Jede *Arbeitsmappe* enthält *Fenster*, in denen *Tabellen-*, *Diagramm-*, *Modul-* (Module) oder *Dialogblätter* (DialogSheet) gezeigt werden. Jedes *Tabellenblatt* enthält *Bereiche* von Zellen, die mit einem *Namen* belegt sein können.

In der Online-Hilfe finden Sie unter dem Stichwort *Microsoft-Excel-Objekt* eine graphische Übersicht über diese Objekthierarchie.

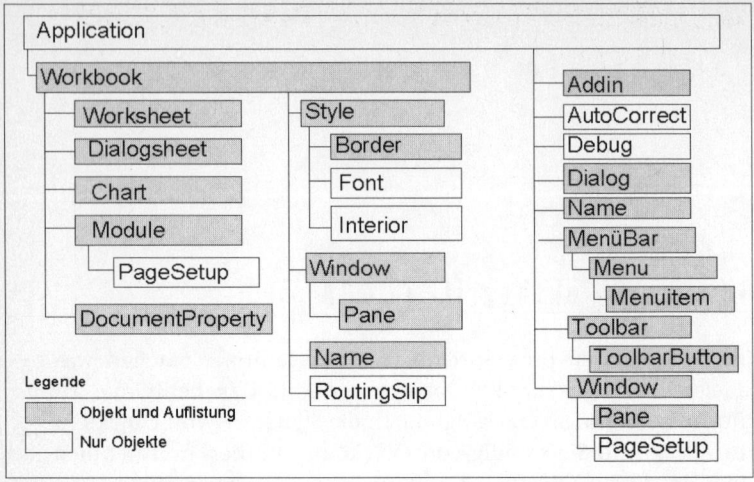

Wichtiger Hinweis: Die Zelle in einem Tabellenblatt ist *kein* Objekt. Um auf eine einzelne Zelle zugreifen zu können, definieren Sie einen Bereich mit einem Element.

Eine Auflistung aller Objekte finden Sie im **Objektkatalog**, den Sie im Modulblatt mit F2 oder im Menü **Ansichten** mit dem Befehl **Objekt-katalog** aufrufen können.

Auch die *Online-Hilfe* bietet Ihnen einen Überblick über die Objekte. Klicken Sie im Menü **Hilfe** (?) auf **Microsoft-Excel-Hilfethemen** und dann auf das Register *Inhalt*. Klicken Sie dort auf das Thema *Visual-Basic Sprachverzeichnis für Microsoft Excel* und dann auf *Objekte*. Hier finden Sie eine alphabetische Auflistung aller Objekte. Nach Anklicken des gesuchten Objektnamens öffnet sich ein weiteres Fenster mit ausführlichen Informationen. Über weitere Schlüsselbegriffe erhalten Sie zusätzlich Auskunft über die dem Objekt zugeordneten Eigenschaften und Methoden.

Beim Erstellen von VBA-Code bestimmen Sie zunächst, welche Objekte Sie zur Realisierung einer Aktion benötigen. Dann entscheiden Sie, mit welcher Aktionsart Sie Ihr Ziel erreichen wollen. Dabei kommen gewöhnlich nur die folgenden drei Möglichkeiten in Frage:

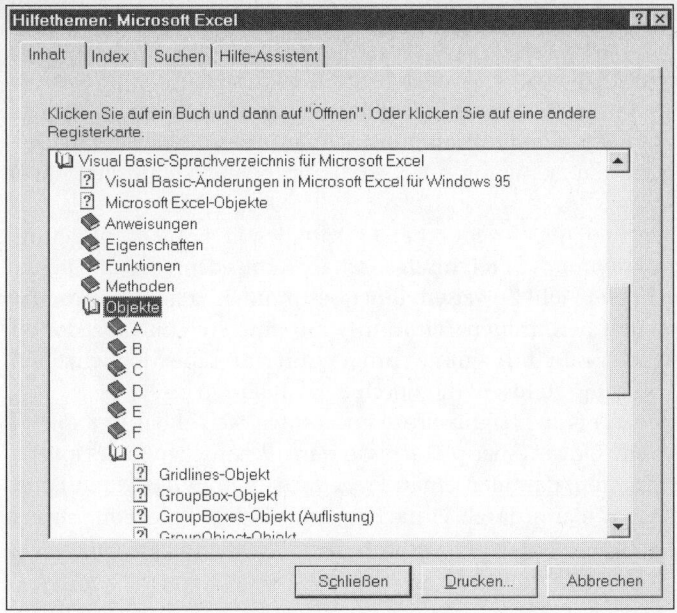

▓ Sie ändern den Zustand eines Objektes, indem Sie dessen *Eigenschaftswert festlegen*.

▓ Sie untersuchen den Zustand eines Objektes, indem Sie dessen *Eigenschaftswert zurückgeben*.

▓ Sie führen eine Aktion durch Ausführung einer *Objekt-Methode* aus.

Möchten Sie beispielsweise in einem Tabellenblatt einen mit Daten gefüllten Bereich löschen und die Gitternetzlinien wieder anzeigen, falls diese ausgeschaltet waren, so müßte eine VBA-Prozedur folgende Aktionen ausführen:

1. Der zu ändernde Bereich ist durch ein *Bereich-Objekt* zu definieren.
2. Die Inhalte aller Zellen im Bereich sind mit der *AllesLöschen-Methode* zu löschen.
3. Der Wert der *GitternetzlinienAnzeigen-Eigenschaft* ist an eine Variable zurückzugeben.
4. Falls der Rückgabewert «Falsch» ergab, ist der Wert der *GitternetzlinienAnzeigen-Eigenschaft* auf «Wahr» zu setzen.

Die meisten Objekte besitzen Eigenschaften, die es ihnen erlauben, auf bestimmte **Ereignisse** zu reagieren. Diese Reaktion besteht in dem Aufruf einer Prozedur, die eine oder mehrere Aktionen enthält. Derartige Prozeduren werden **Ereignis-Prozeduren** genannt. Ein Ereignis wird gewöhnlich durch eine bestimmte Aktion des Anwenders wie Menübedienung, Tastenbetätigung oder Anklicken einer Befehlsschaltfläche ausgelöst.

Damit die Ereignis-Prozedur bei Eintritt des Ereignisses ausgeführt wird, muß sie mit der Ereigniseigenschaft verbunden werden. Dies erfolgt über den Befehl **Zuweisen**. Einer bestimmten Ereigniseigenschaft kann zu einer bestimmten Zeit immer nur eine Ereignis-Prozedur zugeordnet sein. Allerdings gibt es programmtechnische Möglichkeiten, diese Zuordnung zu lösen und durch eine andere zu ersetzen.

Als Beispiel für eine Ereignis-Prozedur können Sie auf das in Kapitel 2 beschriebene Eingangsbeispiel *Umsatzstatistik* zurückgreifen. Dort haben Sie erfahren, daß man einen Prozedurnamen in das Menü **Extras** eintragen und dann durch einfaches Anklicken die Prozedur starten kann. Die Zuordnung der Prozedur zu dem Menü erfolgt dabei im Dialogfeld *Makro-Optionen* (vgl. Abschnitt 2.3.3).

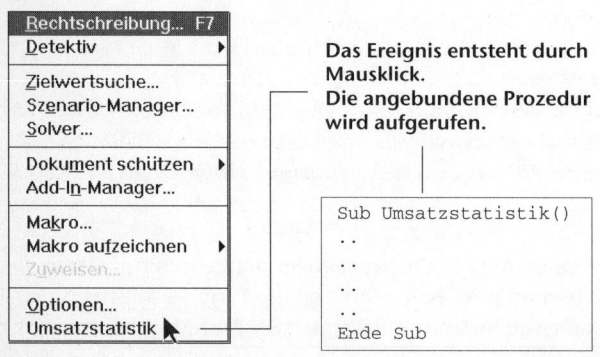

Das Ereignis wird durch einen Mausklick auf den Menüeintrag *Umsatzstatistik* oder durch Verschieben der Markierung auf diesen Menüeintrag mit anschließender Bestätigung durch ⏎ ausgelöst. Daraufhin wird die zugeordnete Prozedur abgearbeitet. Anschließend wartet das System auf das nächste Ereignis.

Hieran erkennen Sie die Arbeitsweise von VBA-Programmen. Ein VBA-

Programm wird nicht schrittweise von Anfang bis Ende abgearbeitet. Es besteht vielmehr aus einer Anzahl von Prozeduren, Funktionen und Definitionen. Die Prozeduren werden über Ereignisse aufgerufen. Der Programmablauf ergibt sich aus dem zeitlichen Eintreten von Ereignissen. Das Eintreten dieser Ereignisse erfolgt nicht immer in der gleichen Reihenfolge.

6.2   Eigenschaften steuern Objekte

6.2.1   Nutzungsmöglichkeiten für Eigenschaften

Wie bereits angedeutet, kann die Steuerung eines Objektes dadurch erfolgen, daß eine Prozedur einen Eigenschaftswert dieses Objekts verändert.

Haben Sie beispielsweise eine Wand Ihres Arbeitszimmers neu gestrichen, so ändert sich dadurch die Eigenschaft *Farbe* des Objektes *Wand*. Excel versteht unter Eigenschaft ein benanntes Attribut eines Objektes, das dessen Aussehen oder Verhalten bestimmt. So kann beispielsweise die Eigenschaft *GitternetzlinienAnzeigen* des Objektes *Anwendung* «Wahr» oder «Falsch» sein. Die Eigenschaft *Schriftstil* eines Bereich-Objektes kann *Standard, Fett* oder *Kursiv* sein. Ein anderes Bereich-Objekt kann *ausgeblendet* oder *nicht ausgeblendet* sein usw.

Sie nutzen diese Eigenschaften, indem Sie Eigenschaftswerte festlegen oder zurückgeben. Hierbei spricht man von **Eigenschaften mit Schreib-Lese-Zugriff**, wenn sich die Eigenschaftswerte festlegen und zurückgeben lassen. Dies trifft beispielsweise auf die Eigenschaft *Schriftstil* zu. Der Wert der dem Anwendung-Objekt zugeordneten Eigenschaft *BelegterSpeicher* kann hingegen nur abgefragt werden. In diesem Fall spricht man von **Nur-Lese-Zugriff**.

In der Online-Hilfe finden Sie im *Visual-Basic-Sprachverzeichnis* einen alphabetisch geordneten Index, über den Sie zu jeder Eigenschaft ausführliche Informationen abrufen können. Dort wird bei jeder Eigenschaft die entsprechende Zugriffsart aufgeführt.

6.2.2   Schreibweise von Eigenschaften

Für den Umgang mit Eigenschaften müssen Sie über deren Schreibweise Bescheid wissen. Zunächst wird immer das Objekt aufgeführt, dessen

Eigenschaft Sie festlegen oder erfahren möchten. Dann folgen ein Punkt und der Name der Eigenschaft, also:

```
Objekt.Eigenschaft
```

In dem nachfolgenden Beispiel bedeutet *Anwendung* das höchstrangige Objekt, nämlich die Excel-Anwendung. *AktiveArbeitsmappe* liefert das Arbeitsmappen-Objekt des aktiven Fensters zurück. *Tabellenblatt-Liste(2)* liefert aus einer Auflistung von Tabellenblatt-Objekten der aktiven Arbeitsmappe das 2. Tabellenblatt. Dessen Eigenschaft *Sichtbar* wird auf *Falsch* gesetzt.

```
Anwendung.AktiveArbeitsmappe. _
TabellenblattListe(2).Sichtbar = Falsch


(Engl.: Application.ActiveWorkbook. _
  Worksheets(2).visible = False )
```

Die Bedeutung dieser Anweisung wird vielleicht verständlicher, wenn Sie mit der Interpretation am Ende der Anweisung beginnen, etwa: Setze die Eigenschaft *Sichtbar* in dem Blatt *Tabelle2* der aktiven Arbeitsmappe der gerade laufenden Excel-Anwendung auf *Falsch*.

Die Anweisung läßt sich aber wesentlich vereinfachen, da das Objekt *TabellenblattListe* das Vorhandensein einer aktiven Arbeitsmappe sowie des Anwendung-Objektes standardmäßig unterstellt. Somit ist folgende Kürzung zulässig:

```
TabellenblattListe(2).Sichtbar = Falsch
(Engl.: Worksheets(2).visible = False)
```

6.2.3 Eigenschaftswerte festlegen

Zur Änderung einer Objekteigenschaft müssen Sie deren Eigenschaftswert ändern. Die Syntax hierfür lautet:

```
Objekt.Eigenschaft = Ausdruck
```

Ausdruck ist der Wert, welcher der Eigenschaft zugewiesen werden soll. Dieser Wert kann vom Typ Numerisch, Zeichenfolge oder Boolesch mit den Werten «Wahr» oder «Falsch» sein. Beispiele hierfür zeigen die folgenden Anweisungen.

```
Bereich("A5").Spaltenbreite = 20
Bereich("B3:F3").Schriftart.Name = "Courier"
AktivesFenster.GitternetzlinienAnzeigen = Falsch
```

Englisch

```
Range("A5").ColumnWidth = 20
Range("B3:F3").Font.Name = "Courier"
ActiveWindow.DisplayGridlines = False
```

6.2.4 Eigenschaftswerte zurückgeben

Häufig ist es notwendig, den Wert einer Eigenschaft zu erkunden, um davon den weiteren Verlauf einer Prozedur abhängig zu machen. Hierzu wird der Wert der Eigenschaft an eine Variable oder an eine andere Eigenschaft zurückgegeben. Die erforderliche Syntax lautet:

```
Variable = Objekt.Eigenschaft
```

Im folgenden Beispiel wird der Variablen *bytezahl* der Wert der Eigenschaft *FreierSpeicher* zugewiesen und dann in einem Meldungsfenster angezeigt.

```
Sub speichertest()
  Dim bytezahl
  bytezahl = Anwendung.FreierSpeicher
  x = MeldungsDlg("Frei sind" & bytezahl & "Bytes")
Ende Sub
```

Englisch

```
Sub speichertest()
  Dim bytezahl
  bytezahl = Application.MemoryFree
  x = MsgBox("Frei sind" & bytezahl & "Bytes")
End Sub
```

6.3 BeiEreignis-Prozeduren

Das Objekt Anwendung und auch mehrere andere Objekte besitzen *Ereigniseigenschaften*, denen der Name einer Prozedur als Zeichenkette zugeordnet sein kann. Bei jedem Eintritt eines Ereignisses prüft Excel den Inhalt der betreffenden Ereigniseigenschaft auf das Vorhandensein eines Prozedurnamens ab, um diese *Ereignisprozedur* gegebenenfalls zu starten. Dieser Start erfolgt jedoch nur dann, wenn das Ereignis direkt vom Anwender durch eine Maus- oder Tastaturbedienung ausgelöst wurde. Beispiele hierfür sind das Anklicken eines Tabellenblattes, einer Schaltfläche, das Öffnen oder Schließen eines Fensters und die Auswahl eines Menüpunktes. Falls derartige Aktionen jedoch per Programmcode ausgelöst werden, unterbleibt der Aufruf der Ereignisprozedur.

Eigenschaften, die in Abhängigkeit von bestimmten Ereignissen Prozeduren aufrufen können, heißen **Bei*Ereignis*-Eigenschaften**. Die folgende Auflistung zeigt diese Eigenschaften mit den dazugehörigen Objekten:

Eigenschaft	Objekt
BeiAktion	Steuerelemente, Symbole, Diagramm
BeiBerechnung	Anwendung, Dialogblatt,Tabellenblatt
BeiBlattaktivierung	Anwendung, Arbeitsmappe, Diagramm, Dialogblatt, Modul, Tabellenblatt
BeiBlattdeaktivierung	Anwendung, Arbeitsmappe, Diagramm, Dialogblatt, Modul, Tabellenblatt
BeiDatenerhalt	Anwendung, Dialogblatt,Tabellenblatt
BeiDoppelklick	Anwendung, Diagramm, Dialogblatt, Modul, Tabellenblatt
BeiEingabe	Anwendung, Tabellenblatt
BeiFensterwechsel	Anwendung, Fenster

Die Prozedurzuweisung erfolgt mit folgender Syntax:

```
Objekt.Ereigniseigenschaft = "Prozedurname"
```

Soll jedoch im weiteren Programmablauf die einer Ereigniseigenschaft zugeordnete Prozedur nicht mehr ausgeführt werden, so weisen Sie dieser Eigenschaft eine leere Zeichenfolge zu.

```
Objekt.Ereigniseigenschaft = ""
```

6.3.1 Die Eigenschaft BeiAktion (OnAction)

Im Kapitel 2.3.5 haben Sie bereits erfahren, wie man mit dem Befehl **Zuweisen** eine Prozedur einer Schaltfläche auf einem Tabellenblatt zuordnen kann.

Sie könnten den Namen der Prozedur aber auch an die Eigenschaft *Bei-Aktion* übergeben. Dadurch würde die Prozedur erst während der Laufzeit des Programms an die Schaltfläche gebunden und könnte auch wieder gelöst werden.

```
TabellenblattListe(1).SchaltflächeListe(1). _
    BeiAktion = "Info"
(Engl.:Worksheets(1).Buttons(1).OnAction = "Info" )
```

Im vorstehenden Beispiel wird der ersten Befehlsschaltfläche in dem ersten Tabellenblatt der aktiven Arbeitsmappe die Prozedur *Info* zugeordnet. Sobald diese Anweisung ausgeführt ist, können Sie durch Anklicken der *Schaltfläche 1* die Prozedur *Info* starten.

Mit der Anweisung

```
TabellenblattListe(1).SchaltflächeListe(1). _
    BeiAktion = ""
(Engl.: Worksheets(1).Buttons(1).OnAction = "" )
```

können Sie die Prozedur wieder von der Schaltfläche lösen, um gegebenenfalls mit der Anweisung

```
TabellenblattListe(1).SchaltflächeListe(1). _
    BeiAktion = "Info2"
(Engl.: Worksheets(1).Buttons(1). _
        OnAction = "Info2" )
```

der Schaltfläche eine andere Prozedur zuzuweisen. Die zugeordneten Prozeduren könnten so je nach Programmstand Dialogfelder mit unterschiedlichen Informationen liefern.

Hinweis: Der Index bei *SchaltflächeListe* ist abhängig von der Anzahl der im Tabellenblatt befindlichen Schaltflächen und nicht von dem internen Schaltflächennamen, der im Namensfeld links in der Bearbeitungsleiste angezeigt wird.

6.3.2 Die Eigenschaft BeiBerechnung (OnCalculate)

Die Eigenschaft *BeiBerechnung* bezieht sich auf die Objekte *Anwendung* und *Tabellenblatt*. Die an eine *BeiBerechnung*-Eigenschaft übergebene Prozedur wird nach jeder Neuberechnung einer Tabelle ausgeführt. Wird dabei das Objekt *Anwendung* gewählt, so wird die Prozedur bei jedem Tabellenblatt ausgeführt. Die Prozedur kann sich aber auch nur auf ein bestimmtes Tabellenblatt auswirken. Voraussetzung ist jedoch, daß im Dialogblatt *Berechnen* des Dialogfeldes *Optionen* die Option *Automatisch* aktiviert ist.

Im folgenden Beispiel wird die optimale Spaltenbreite in den Spalten A bis F des ersten Tabellenblattes der aktuellen Arbeitsmappe nach jeder Berechnung von Werten neu eingestellt.

```
Sub Berech()
    Tabellenblattliste(1).BeiBerechnung = _
    "SpaltenBreiteOptimieren"
Ende Sub

Sub SpaltenbreiteOptimieren()
    TabellenblattListe("Tabelle1").Auswählen
    Bereich(SpalteListe("A"); SpalteListe("F")). _
    OptimalAnpassen
Ende Sub
```

Englisch

```
Sub Berech()
 Worksheets(1).OnCalculate = _
  "SpaltenBreiteOptimieren"
Ende Sub

Sub SpaltenbreiteOptimieren()
 WorkSheets("Tabelle1").select
 Range(Columns("A"),(Columns("F")).AutoFit
End Sub
```

6.3.3 Die Eigenschaften BeiBlattaktivierung (OnSheetActivate) und BeiBlattdeaktivierung (OnSheetDeactivate)

Mit der *BeiBlattaktivierung*-Eigenschaft können Sie bestimmen, daß eine Prozedur aufgerufen wird, sobald Sie

- zu einem Blatt in der Anwendung wechseln,
- zu einem beliebigen Blatt einer bestimmten Arbeitsmappe wechseln,
- zu einem bestimmten Blatt in einer beliebigen Arbeitsmappe wechseln.

Nachfolgend finden Sie entsprechende Codierungsbeispiele:

```
Anwendung.BeiBlattaktivierung = "Blattaktiv1"

ArbeitsmappeListe(1).BeiBlattaktivierung = "Blattaktiv2"

TabellenblattListe(2).BeiBlattaktivierung = "Blattaktiv3"
```

Englisch

```
Application.OnSheetActivate = "Blattaktiv1"
WorkBooks(1).OnSheetActivate = "Blattaktiv2"
Worksheets(2).OnSheetActivate = "Blattaktiv3"
```

Das Ereignis für die *BeiBlattdeaktivierung*-Prozedur ist das Verlassen eines beliebigen Blattes. Das heißt, die Prozedur wird erst ausgelöst, wenn ein neues Blatt aktiv ist.

So wird in der folgenden Anweisung die Prozedur *Deaktiv2* erst dann aufgerufen, wenn Sie nach Verlassen eines beliebigen Blattes der Arbeitsmappe DEMO.XLS eine andere Arbeitsmappe öffnen.

```
ArbeitsmappeListe("Demo.xls"). _
    BeiBlattdeaktivierung = "Deaktiv2"
```

Englisch

```
WorkBooks("Demo.xls").OnSheetDeactivate = "Deaktiv2"
```

Mit der *BeiBlattaktivierung*- bzw. *-deaktivierung*-Eigenschaft können Sie beispielsweise zu jedem Blatt unterschiedliche selbstdefinierte Symbolleisten ein- oder ausblenden.

6.3.4 Die Eigenschaft BeiDatenerhalt (OnData)

In diesem Falle erfolgt der Prozeduraufruf, wenn Excel Daten von einer anderen Anwendung mittels DDE- oder OLE-Verknüpfung empfängt.

6.3.5 Die Eigenschaft BeiDoppelklick (OnDoubleClick)

Hier tritt das Ereignis ein, sobald Sie auf ein beliebiges Blattobjekt einen Doppelklick ausgeführt haben. Dabei werden die sonst für das jeweilige Blatt auf einen Doppelklick üblichen Reaktionen ausgeschaltet. Das heißt, in einem Tabellenblatt wird durch den Doppelklick nicht mehr der Eingabemodus aktiviert, und in einem Diagrammblatt wird das angeklickte Objekt nicht mehr markiert und aktiviert, bis die *Bei-Doppelklick*-Eigenschaft wiederaufgehoben wird. Voraussetzung hierfür ist jedoch, daß im Dialogblatt *Bearbeiten* des Dialogfeldes *Optionen* das Kontrollkästchen *Direkte Zellbearbeitung* aktiv ist.

Die Prozedur *DoKlick* im folgenden Beispiel bewirkt bei einem Doppelklick auf eine beliebige Zelle im ersten Tabellenblatt der aktiven Arbeitsmappe deren Formatierung mit Schriftart Courier New, Fett und Größe 8.

```
Sub DoKlick()
    TabellenblattListe("Tabelle1"). _
    BeiDoppelklick = "ZellenFormatierung"
Ende Sub

Sub ZellenFormatierung()
    Mit Auswahl.Schriftart
        .Name = "Courier New"
        .Schriftstil = "Fett"
        .Grösse = 8
    Ende Mit
Ende Sub
```

Englisch

```
Sub DoKlick()
 WorkShets("Tabelle1").OnDoubleClick = _
 "ZellenFormatierung"
End Sub

Sub ZellenFormatierung()
 With Selection.Font
      .Name = "Courier New"
      .FontStyle = "Bold"
      .Size = 8
 End With
End Sub
```

Zum Ausschalten dieser *BeiDoppelklick*-Eigenschaft wird folgende Co-
dierung erforderlich:

```
Sub DoKlickAusschalten()
    TabellenblattListe("Tabelle1").BeiDoppelklick = ""
Ende Sub
```

Englisch

```
Sub DoKlickAusschalten()
    WorkSheets("Tabelle1").OnDoubleClick = ""
End Sub
```

Soll die *BeiDoppelklick*-Eigenschaft sich nicht nur wie im obigen Beispiel auf ein bestimmtes Tabellenblatt, sondern auf sämtliche Blätter
aller geöffneten Arbeitsmappen auswirken, so müssen Sie das Ereignis
mit dem *Anwendung*-Objekt verbinden:

```
Sub DoKlick()
    Anwendung.BeiDoppelklick = "ZellenFormatierung"
Ende Sub
```

Englisch

```
Sub DoKlick()
    Application.OnDoubleClick = "ZellenFormatierung"
End Sub
```

6.3.6 Die BeiEingabe-Eigenschaft (OnEntry)

Die mit der *BeiEingabe*-Eigenschaft verbundene Prozedur wird nur
dann ausgeführt, wenn ein Anwender die Eingabe von Daten über die
Tastatur in eine Zelle eines Tabellenblattes mit ⏎ abgeschlossen hat
oder zu einer anderen Zelle gewechselt ist. Das Einfügen oder Ausschneiden von Daten mit Befehlen aus dem Menü **Bearbeiten** oder die
Veränderung von Zellinhalten durch eine Prozedur lösen das Ereignis
hingegen nicht aus.
Über die *BeiEingabe*-Eigenschaft können Sie beispielsweise eine Plausi-
bilitätsprüfung durchführen, indem Sie mit der angebundenen Prozedur die in einer bestimmten Spalte oder Zeile des Tabellenblattes eingegebenen Werte auf ihre Gültigkeit überprüfen.
Das nachfolgende Beispiel bezieht sich auf das Tabellenblatt *Quartal1*

der Arbeitsmappe STATDAT.XLS. Hier sollen alle Werte, die in die Zellen der Zeile 5 eingegeben wurden, daraufhin überprüft werden, ob sie numerisch sind im Bereich zwischen 0 und 1000 liegen. Wird ein falscher Wert festgestellt, so erfolgt in einem Meldungsfenster eine Warnung, und der Inhalt der betreffenden Zelle wird auf 0 gesetzt.

```
Sub Plausi()
    ArbeitsmappeListe("StatDat.xls"). _
    TabellenblattListe("Quartal1").BeiEingabe = _
    "Zeile5Prüfen"
Ende Sub
```

```
Sub Zeile5Prüfen()
  Mit AktiveZelle
    Wenn .Zeile = 5 Dann
        Wenn IstZahl(.Wert) Dann
            Wenn .Wert < 0 Oder .Wert > 1000 Dann
            MeldungsDlg "Die Zahl muß im" _
              "Bereich 0 bis 1000 liegen!"
            .Wert = 0
            Ende Wenn
        Sonst
            MeldungsDlg "Die Eingabe muß " & _
                "numerisch sein!"
            .Wert = 0
        Ende Wenn
    Ende Wenn
  Ende Mit
Ende Sub
```

Englisch

```
Sub Plausi()
    Workbooks("StatDat.xls"). _
    WorkSheets("Quartal1").OnEntry = "Zeile5Prüfen"
End Sub
```

```
Sub Zeile5Prüfen()
  With ActiveCell
    If .Row = 5 Then
        If IsNumeric(.Value) Then
            If .Value < 0 Or .Value > 1000 Then
              MsgBox "Die Zahl muß im" & _
                "Bereich 0 bis 1000 liegen!"
              .Value = 0
            End If
        Else
            MsgBox "Die Eingabe muß numerisch sein!"
            .Value = 0
        End If
    End If
  End With
End Sub
```

6.3.7 Die BeiFensterwechsel-Eigenschaft (OnWindow)

Eine mit der *BeiFensterwechsel*-Eigenschaft verbundene Prozedur kann sich auf das Objekt *Anwendung* beziehen. In diesem Fall wird die Prozedur bei jedem Fensterwechsel aufgerufen. Soll die Prozedur jedoch nur an ein bestimmtes Fenster gebunden sein, so müssen Sie eine Anbindung an das Objekt *Fenster* wählen.

Die angebundene Prozedur kann beispielsweise genutzt werden, um Fenster in einer bestimmten Größe oder an einer bestimmten Position zu öffnen.

6.4 Methoden steuern Aktionen

6.4.1 Schreibweise von Methoden

Außer Eigenschaften verfügen Objekte auch über Methoden. Fahrzeugobjekte können fahren, bremsen, wenden, beschleunigen oder beispielsweise tanken. Dies sind Tätigkeiten. Ein Sportwagen kann schnell fahren, ein Traktor kommt dagegen nur langsam von der Stelle. Gemeinsam haben sie aber die Fähigkeit, Fortbewegungstätigkeiten durchführen zu können. Die verschiedenen Objektklassen unterscheiden sich sowohl durch spezifische Eigenschaften als auch durch unterschiedliche Tätigkeiten voneinander. Flugzeuge, die auch zur Objektklasse Fahrzeug gehören, können fliegen. Schiffe schwimmen. Unterseeboote tauchen. Derartige Tätigkeiten, die ein Objekt ausführen kann, heißen **Methoden**.

Auch Excel-Methoden führen Tätigkeiten oder Aktionen aus. Sie aktivieren Tabellenblätter, löschen oder öffnen Arbeitsmappen oder verschieben Bereiche. Dies sind nur einige Methoden. Eine Übersicht über die Methoden finden Sie im *Visual-Basic-Sprachverzeichnis* der Online-Hilfe. Dort finden Sie über einen alphabetisch sortierten Index Informationen zu den einzelnen Methoden.

Es gibt zwei Arten von Methoden, solche *mit* und solche *ohne* Argumente. Methoden ohne Argumente benutzen folgende Syntax:

```
Objekt.Methode
```

Die *Auswählen*-Methode folgt dieser Syntax. Mit der Anweisung

```
BlattListe("Tabelle1").Auswählen
(Engl.: Sheets("Tabelle1").select)
```

machen Sie das Tabellenblatt *Tabelle1* zum aktuellen Blatt. Bei Methoden, die Argumente akzeptieren, sind zwei Fälle zu unterscheiden.

1. Der von der Methode zurückgegebene Wert soll *nicht* gespeichert werden. In diesem Fall werden die Argumente nicht in Klammern eingeschlossen, also:

```
Objekt.Methode Argumente
```

Mehrere Argumente werden durch ein Semikolon und ein Leerzeichen voneinander getrennt. Die folgende Anweisung hat 3 Argumente und druckt die ersten beiden Seiten des aktuellen Tabellenblattes.

```
AktivesFenster.AusgewähltesBlattListe. _
Ausdrucken Von:=1; Bis:=2; Kopien:=1
```

```
(engl.: ActiveWindow.SelectedSheets.PrintOut _
  from:=1, to:=2, Copies:=1 )
```

2. Der von der Methode zurückgegebene Wert soll gespeichert werden. In diesem Fall müssen die Argumente in Klammern eingeschlossen werden, also:

```
Objekt.Methode (Argumente)
```

Die folgende Prozedur untersucht die Schreibweise eines einzelnen Wortes. Das in Klammern gesetzte Wort dient hier als Argument der RechtschreibungPrüfen-Methode. Bei richtiger Schreibweise liefert es an die Variable *TestWort* den Wert Wahr.

```
Sub WortPrüfung()
TestWort = Anwendung. _
RechtschreibungPrüfen("gelasen")
  Wenn TestWort = Wahr Dann
          MeldungsDlg("Richtig!")
          Sonst
            MeldungsDlg("Falsch!")
  Ende Wenn
Ende Sub
```

Englisch

```
Sub Wortprüfung()
Testwort = Application.CheckSpelling("gelasen")
  If TestWort = True Then
      MsgBox("Richtig!")
      Else
      MsgBox("Falsch!")
```

6.4.2 Methoden mit benannten Argumenten nutzen

Die Argumente von Methoden werden häufig konventionell, in einer von VBA verbindlich vorgeschriebenen Reihenfolge, aufgeführt. Diese starre Reihenfolge erübrigt sich, wenn die Argumente mit Namen versehen, also benannt werden.

Die Eingabefeld-Methode (engl.: InputBox-Methode) zeigt ein Dialogfeld und übergibt die dort in einem Eingabefeld getätigte Eingabe an eine Variable. Die Syntax lautet

```
Objekt. _
  Eingabefeld(Eingabeaufforderung;Titel;Standard; _
  Links;Oben;Hilfedatei;Hilfeidentifikation; Typ)
```

Englisch

```
Object. _
  InputBox(prompt,title,default,left,top,helpFile, _
  helpContextID,type)
```

Es müssen nicht zwingend alle Argumente angegeben werden. Bei fehlenden Argumenten sind jedoch die Trennzeichen zu setzen.

Beispiel
Es soll an die Variable *Menge* ein Wert übergeben werden. Im Dialogfeld soll der Text «Bitte Menge eingeben!» erscheinen. Die Titelzeile soll den Text «Mengeneingabe» erhalten. Der standardmäßig eingestellte Vorgabewert sei *10*. Das Argument *Type* soll auf *1* gestellt sein, damit nur Zahlen als Eingabewert akzeptiert werden.

```
Menge = Anwendung. _
       Eingabefeld("Bitte Menge eingeben!"; _
       "Mengeneingabe";10; ; ; ; ;1)
```

Englisch

```
Menge = Application. _
       InputBox("Bitte Menge eingeben!"; _
       "Mengeneingabe",10, , , , ,1)
```

Dieser Code ist schwer zu lesen, denn man erkennt nicht sofort, worum es bei den Argumenten geht. Wegen der Anzahl der zu setzenden Trennzeichen ist dieser Code auch fehleranfällig.
Die nachfolgend dargestellte Lösung ist verständlicher, da sie die Argumente benennt. Mit dem Operator := erfolgt die Wertzuweisung an die

Argumente. Hierbei kann sogar die Reihenfolge der Argumente beliebig wechseln. Das lästige Abzählen der Trennungszeichen entfällt.

```
Menge = Anwendung.Eingabefeld _
    (Eingabeaufforderung:= "Bitte Menge eingeben!"; _
    Titel:="Mengeneingabe";Standard:=10;typ:=1)
```

Englisch

```
Menge = Application. _
        InputBox(prompt:= "Bitte Menge eingeben!", _
        title:= "Mengeneingabe",default:=10,type:=1)
```

6.4.3 Integrierte Konstanten als Argumentwerte nutzen

Häufig können Methoden auch integrierte Konstanten als Argumentwerte nutzen. Hierbei handelt es sich um benannte Zahlen, denen
VBA-intern eine besondere Bedeutung zukommt. Der VBA-Code wird
durch solche Konstantennamen leichter lesbar und verständlicher. Zu
unterscheiden ist zwischen zwei Gruppen:

- Konstanten, die mit Excel-spezifischen Objekten verwendet werden.
  Sie beginnen stets mit xl (xlAufsteigend).
- Konstanten, die mit allgemeinen VBA-Anweisungen und -Funktio-
  nen eingesetzt werden, beginnen mit vb (vbNurOK).

Eine Liste dieser integrierten Konstanten zeigt der Objektkatalog, den
Sie nach Aktivierung eines Excel-Modulblattes mit F2 öffnen. Wählen
Sie dort im Feld *Bibliotheken/Arbeitsmappen* den Eintrag *Excel* oder
VBA und dann im Feld *Objekte/Module* die Kategorie *Konstanten*. Im
Feld *Methoden/Eigenschaften* erscheint daraufhin die gewünschte
Auflistung.

Beispiele: Im Modulblatt können Sie beispielsweise der Menüleiste mit
der MenüleisteListe-Methode vor dem *Hilfe-Menü* den benutzerdefinierten Menüpunkt *Beispiele* hinzufügen.

```
Sub NeuerMenüpunkt()
  MenüleisteListe(xlModul).MenüListe.Hinzufügen _
"Beispiele";"?"
Ende Sub
```

Englisch

```
Sub NeuerMenüpunkt()
  MenuBars(xlModule).Menus.Add "Beispiele","?"
End Sub
```

Hätten Sie statt der Kostanten xlModul (xlModule) die Konstante xl-
Diagramm (xlChart) oder xlTabellenblatt (xlWorkSheet)verwendet, so
wären die Menüleisten von Diagramm- oder Tabellenblättern um einen Eintrag erweitert worden.
In der *MeldungsDlg*-Funktion lassen sich beispielsweise Aussehen, Anzahl und Voreinstellung der Schaltflächen durch benannte Argumente
definieren. Im nachfolgenden Beispiel soll vor dem Löschen des benutzerdefinierten Menüpunktes *Beispiele* vorsichtshalber nachgefragt
werden, ob diese Aktion tatsächlich erfolgen soll.

```
Sub MenüLöschen()
  Meldung  = "Soll der Menüpunkt gelöscht werden?"
  Titel = "Benutzerdefinierten Menüpunkt löschen"
  antw = MeldungsDlg(Meldung; vbJaNein + _
         vbKritisch + vbStdSchaltfläche2; Titel)
  Wenn antw = vbJa Dann
       MenüleisteListe(xlModul). _
       Menüliste("Beispiele").Löschen
  Ende Wenn
Ende Sub
```

Englisch

```
Sub MenüLöschen()
  prompt = "Soll der Menüpunkt gelöscht werden? "
  title = "Benutzerdefinierten Menüpunkt löschen"
  antw = MsgBox(promt, vbYesNo + vbCritical + _
             vbDefaultButton2, title)
  If antw = vbYes Then
     MenuBars(xlModule).Menus("Beispiele").Delete
  End If
End Sub
```

Die Konstante *vbKritisch* bewirkt im Dialogfeld die Anzeige eines Warnungssymbols. Es zeigt in einem Kreis ein weißes X auf rotem Grund. Die Konstante *vbJaNein* sorgt dafür, daß im Dialogfeld die beiden Schaltflächen Ja und Nein eingeblendet werden, wobei dank der Konstanten *vbStdSchaltfläche2* die Voreinstellung auf der zweiten Schaltfläche liegt. Weitere Beispiele hierzu finden Sie im Kapitel 7.

6.4.4 Mit Objektauflistungen arbeiten

Eine Auflistung ist ein Objekt, das wiederum mehrere andere Objekte enthält, die meist vom gleichen Typ sind. So bedeutet *Arbeitsmappe-Liste* (engl.: WorkBooks) eine Auflistung aller geöffneten Arbeitsmappen. Im deutschsprachigen VBA-Code erkennen Sie eine Auflistung an dem Wortanhängsel **Liste**. Im englischsprachigen VBA-Code wird das Objekt in die Pluralform gesetzt, wie beispielsweise Workbook**s**. Jedes Objekt einer Auflistung ist ein Element dieser Auflistung. Wie alle übrigen Objekte haben auch Auflistungen Eigenschaften und Methoden. Diese Methoden dienen zur Identifizierung eines einzelnen Elements. So können Sie beispielsweise mit der ArbeitsmappeListe-Methode einen Bezug auf alle in der Auflistung enthaltenen Arbeitsmappen oder auf eine einzelne dieser Arbeitsmappen zurückgeben.

6.4.4.1 Ein einzelnes Auflistungsobjekt zurückgeben

Eine einzelnes Element der Auflistung *ArbeitsmappeListe* können Sie nicht einfach mit *Arbeitsmappe* ansprechen. Sie müssen entweder den Namen der Arbeitsmappe als Argument oder einen Index angeben. Über den Index wird festgelegt, an welcher Stelle das Objekt innerhalb der Auflistung steht.

Beispiel:
Angenommen, Sie haben die drei Arbeitsmappen *Mitarbeiter.xls, Lohnstatistik.xls* und *Überstunden.xls* in genau dieser Reihenfolge geöffnet. Sie möchten die Arbeitsmappe *Lohnstatistik.xls* schließen.

```
Sub MappeSchliessen()
  Anwendung. _
  ArbeitsmappeListe("Lohnstatistik.xls"). _
  Schliessen
Ende sub
```

Englisch

```
Sub MappeSchliessen()
    Application.Workbooks("Lohnstatistik.xls").Close
End sub
```

Die Verwendung der Indexzahl *2* führt zum gleichen Ergebnis. Die Elemente einer Auflistung werden mit 1 beginnend durchgezählt. So spricht der Index 2 genau die zweite der geöffneten Arbeitsmappen an.

```
Sub MappeSchliessen()
  Anwendung.ArbeitsmappeListe(2).Schliessen
Ende sub
```

Bei einem erneuten Aufruf dieser Prozedur würde die Mappe *Überstunden.xls* geschlossen, weil diese dann das 2. Element in der Auflistung ist.

6.4.4.2 Alle Objekte einer Auflistung zurückgeben

Um einen Bezug auf die gesamte Auflistung zurückzugeben, verzichten Sie bei der Zugriffsmethode auf die Angabe eines Index. Mit der folgenden Prozedur schließen Sie sämtliche geöffneten Arbeitsmappen.

```
Sub AlleMappenSchliessen()
  Anwendung.ArbeitsmappeListe.Schliessen
Ende sub
```

Englisch

```
Sub AlleMappenSchliessen()
  Application.Workbooks.Close
End sub
```

6.4.4.3 Ein neues Auflistungsobjekt erstellen

Mit der Hinzufügen-Methode können Sie einer Auflistung ein neues Element hinzufügen. So können Sie mit dieser Methode beispielsweise der ArbeitsmappeListe eine neue Arbeitsmappe hinzufügen, die dann automatisch zur aktiven Arbeitsmappe wird und aus mehreren Blättern besteht.

```
Sub NeueArbeitsmappe()
    Anwendung.ArbeitsmappeListe.Hinzufügen
Ende Sub
```

Englisch

```
Sub NeueArbeitsmappe()
  Application.WorkBooks.Add
End Sub
```

Soll die neue Arbeitsmappe nur ein einziges Tabellenblatt enthalten, so müssen Sie als Argument *xlTabellenblatt* angeben, also

```
Anwendung.ArbeitsmappeListe. _
  Hinzufügen (xlTabellenblatt)
engl.: Application.WorkBooks.Add (xlWorkSheet)
```

Das Argument *xlDiagramm* (bzw. *xlChart*) hätte ein Diagrammblatt geliefert.
Das folgende Beispiel zeigt, daß Sie auch eine ganz bestimmte Arbeitsmappe der Auflistung hinzufügen können, indem Sie deren Namen und Pfad angeben.

```
Anwendung.ArbeitsmappeListe.Hinzufügen _
      ("C.\Eigene Dateien\ExcelDaten\Faktur.xls")
```

6.4.4.4 Weitere wichtige Auflistungen

Neben der Auflistung *TabellenblattListe* kennt Excel zahlreiche weitere Auflistungen. Nachfolgend sollen einige wichtige Auflistungen kurz erläutert werden.

BlattListe (engl.: Sheets) enthält alle Tabellen-, Diagramm-, Modul-
und Dialogblätter einer Arbeitsmappe.

TabellenblattListe (engl.: WorkSheets) enthält nur die Tabellenblätter
einer Arbeitsmappe.

DiagrammListe (engl.: Charts) liefert eine Auflistung aller Diagrammblätter in der angegebenen oder aktiven Arbeitsmappe.

DialogblattListe (engl.: DialogSheets) liefert eine Auflistung aller Dialogblätter in der angegebenen oder aktiven Arbeitsmappe.

ModulListe (engl.: Modules) liefert eine Auflistung aller Modulblätter
in der angegebenen oder aktiven Arbeitsmappe.

DialogListe (engl.: Dialogs) enthält eine Auflistung aller integrierten
Excel-Dialogfelder. Diese Objekte können zusammen mit der Zeige-
Methode (engl.: Show) genutzt werden. Um auf ein einzelnes Element
der Auflistung zuzugreifen, können Sie eine mit *xlDialog* beginnende
integrierte Konstante verwenden. So wird mit der Anweisung

```
Anwendung.DialogListe(xlSchriftart).Zeigen
```

das Registerblatt *Schrift* des Dialogfeldes *Zellen* eingeblendet.

MenüleisteListe (engl.: MenuBars) enthält die Auflistung aller integrierten oder benutzerdefinierten Menüleisten.

SymbolleisteListe (engl. ToolBars) enthält die Auflistung aller integrierten oder benutzerdefinierten Symbolleisten.

7 Dialogmenüs mit Feldern und Steuerelementen erstellen

Anwendungen, die für einen Endbenutzer bereitgestellt werden, sollten eine möglichst hohe Benutzerfreundlichkeit aufweisen. Dies läßt sich vor allem dadurch erreichen, daß Sie bei der Entwicklung von Anwendungen besonderen Wert auf die Steuerung der Interaktionen zwischen dem Benutzer und der Anwendung legen.

Um die Benutzerführung zu erleichtern, bietet Excel **vordefinierte Dialogfelder** an, die Sie unmittelbar in Ihre Anwendungen integrieren können. Darüber hinaus können Sie aber auch eigene Dialogfelder mit ausgewählten Steuerelementen erstellen (sogenannte **benutzerdefinierte Dialogfelder**). Dies geht viel einfacher, als Sie vielleicht denken. Grund dafür ist ein besonderer Dialogeditor, der Ihnen die dazu erforderlichen Arbeiten erheblich erleichtert.

In diesem Abschnitt lernen Sie zunächst kennen, wie unter Einsatz des Dialogeditors eigenständige Dialogfelder erzeugt werden können. Anschließend wird Ihnen gezeigt, wie Sie die darin gemachten Angaben über VBA-Befehle gezielt in Ihre Arbeitsblätter einbinden können. Außerdem erhalten Sie Hinweise zur Anwendung der in Excel vordefinierten Dialogfelder.

7.1 Vorteile der Verwendung von Dialogfeldern

Zunächst werden Sie sich natürlich die Frage stellen: Wozu brauche ich überhaupt zusätzliche Dialogfelder in Ergänzung zu den vorhandenen Arbeitsblättern? Generell liegt der Vorteil darin, daß Endanwender nun sehr komfortabel mit Tabellenblättern arbeiten können, ohne die eigentlichen Strukturen des Tabellenblattes kennen zu müssen (beispielsweise die Position bestimmter Eingabefelder, notwendige Eingaben, Unterscheidung von Formel- und Eingabefeldern).

Im einzelnen können folgende Einsatzgebiete und Vorteile von benutzerdefinierten Dialogfeldern herausgestellt werden:

▓ **Klare Bedienerführung beim Lösen ausgewählter Anwendungsprobleme.** Über das Einfügen von Dialogfeldern können Sie sicherstellen, daß bei Aufruf einer Anwendung bestimmte Eingaben und Ablaufsteuerungen nur noch über diese Dialogfelder realisiert werden. Ein Nutzer einer Kalkulationsanwendung arbeitet dann praktisch nur noch in den Dialogfeldern; die dahinter befindliche Tabellenstruktur muß er gar nicht mehr genau kennen, um zu einer Problemlösung zu kommen.

▓ **Eingabehilfen durch Bereitstellung eigener Dateneingabemasken oder individueller Assistenten.** Mit Dialogfeldern können Sie die gesamte Problemlösung visuell ansprechend aufbereiten und dabei festlegen, daß vom Benutzer bestimmte Eingaben abgefragt werden. Im Extremfall kann die Anwendung sogar so aufgebaut sein, daß keine direkten Änderungen im Arbeitsblatt mehr notwendig sind. Neue Eintragungen erfolgen in diesem Fall ausschließlich indirekt durch Eingaben in den Dialogfeldern.

▓ **Reduktion der Fehlergefahr bei Eingaben.** Häufig sollen nur bestimmte Eintragungen erlaubt sein. Mit einem benutzerdefinierten Dialog können Sie eine Eingabemaske erzeugen, die unzulässige Eingaben und unsinnige Ausdrücke in Ihren Daten verhindert.

▓ **Erleichterung der Datenerfassung.** Mit Dialogfeldern kann außerdem die Eingabe von neuen Daten erleichtert werden, indem der Benutzer für sich ständig wiederholende Eingaben eine Hilfestellung in einem Drop-down-Feld anzeigen lassen kann. Sind nur wenige Eingaben möglich, ist auch eine klare Abfrage über ein Optionsfeld denkbar.

7.2 Vorgehensweise und Optionen für das Erzeugen von Dialogfeldern

Um Dialogfelder einfach und schnell erstellen zu können, nutzen Sie am besten den in Excel vorhandenen Dialogeditor. Diesen können Sie in folgenden Teilschritten aufrufen:

1. Aktivieren Sie das Menü **Einfügen.**
2. Wählen Sie den Befehl **Makro.**
3. Aktivieren Sie die Option **Dialog.**

Ergebnis muß die folgende Bildschirmanzeige sein:

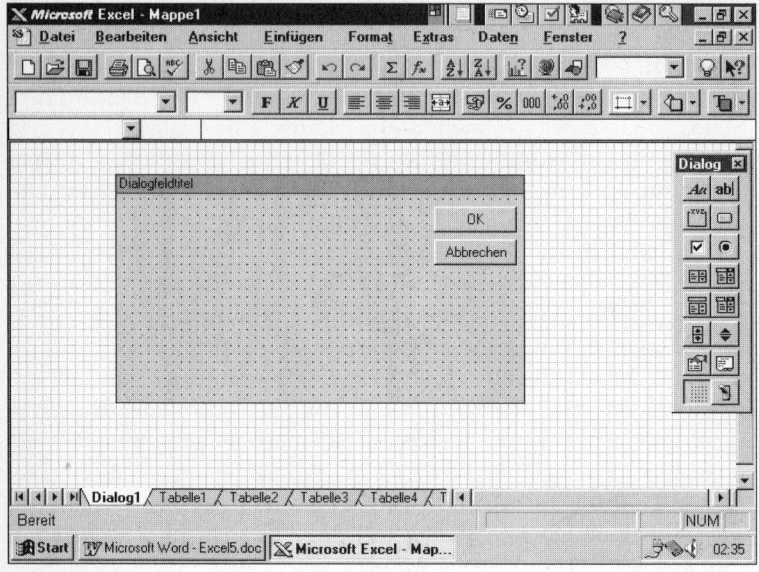

Die Bildschirmwiedergabe macht deutlich, daß vor dem aktuellen Blatt ein neues Blatt mit der Bezeichnung «Dialog1» in die aktive Arbeitsmappe eingefügt wurde (*Hinweis:* Sind bereits andere Dialogblätter vorhanden, so werden diese bei jeder Einfügung weiter durchnumeriert). Das neu eingefügte Dialogblatt ist automatisch aktiviert, wobei gleichzeitig in der Mitte ein Standard-Dialogfeld eingefügt wurde. Es enthält einen Dialogfeldrahmen mit dem Dialogfeldtitel und die Schaltflächen OK und Abbrechen.

Dieses eingefügte Standard-Dialogfeld kann anschließend noch den eigenen Wünschen entsprechend angepaßt werden. Geändert werden können

▪ die Größe,

▪ die Position und

▪ der Titel

des Dialogfeldes.

Größe eines Dialogfeldes ändern

Um die Größe des Dialogfeldes zu ändern, müssen Sie es zunächst markieren. Dies erreichen Sie am einfachsten per Mausklick auf den Rahmen des Feldes. Die Markierung des gesamten Dialogfelds ist daran erkennbar, daß in den Ecken und an jeder Seite kleine Anfasserpunkte erscheinen (ähnlich wie bei markierten Diagrammen). Sie können jetzt die Größe des Dialogfeldes verändern, indem Sie mit dem Mauszeiger einen geeigneten Anfasserpunkt ansteuern, so daß der Mauszeiger die Form eines Doppelpfeils annimmt. Betätigen Sie die linke Maustaste, und ziehen Sie den Anfasserpunkt bei gedrückter Maustaste an eine neue Position. Mit dem Loslassen der Maustaste ist die gewünschte Größe des Dialogfeldes automatisch hergestellt.

Position eines Dialogfeldes ändern

Das Verschieben eines Dialogfeldes erfolgt ebenfalls nach den in Windows üblichen Regeln. Nachdem Sie das Dialogfeld markiert haben, müssen Sie zunächst mit dem Mauszeiger den oberen Rahmen des Dialogfeldes ansteuern. Wenn der Mauszeiger die Form eines nach links oben zeigenden Pfeils annimmt, können Sie den Rahmen einfach mit gedrückter linker Maustaste per Drag and Drop auf dem Bildschirm verschieben. Mit Loslassen der Maustaste ist die neue Position für das Dialogfeld festgelegt.

Titel des Dialogfeldes ändern

Zur Orientierung für den Endbenutzer ist es von Vorteil, wenn das Dialogfeld statt der allgemeinen Bezeichnung «Dialogfeldtitel» eine charakteristische Bezeichnung erhält. Um den Dialogfeldtitel zu ändern, müssen Sie zunächst auf die Titelleiste des Dialogfeldes zweimal nacheinander klicken, so daß diese Leiste markiert ist. Wenn Sie daraufhin einen Text schreiben, wird automatisch der alte Text gelöscht und durch die neue Texteingabe ersetzt. Beendet wird die Eingabe durch Drücken der Taste ⟨Esc⟩ oder durch Mausklick außerhalb des Dialogfeldes.

Übung

Nehmen Sie folgende Veränderungen an dem standardmäßig nach dem Befehlsaufruf angezeigten Dialogfeld vor:

- Vergrößern Sie das Dialogfeld sowohl in der Breite als auch in der Höhe.

▨ Positionieren Sie das Dialogfeld an den unteren rechten Rand des Bildschirms.
▨ Vergeben Sie als neuen Dialogfeldtitel den Namen «Test».

Mögliches Ergebnis:

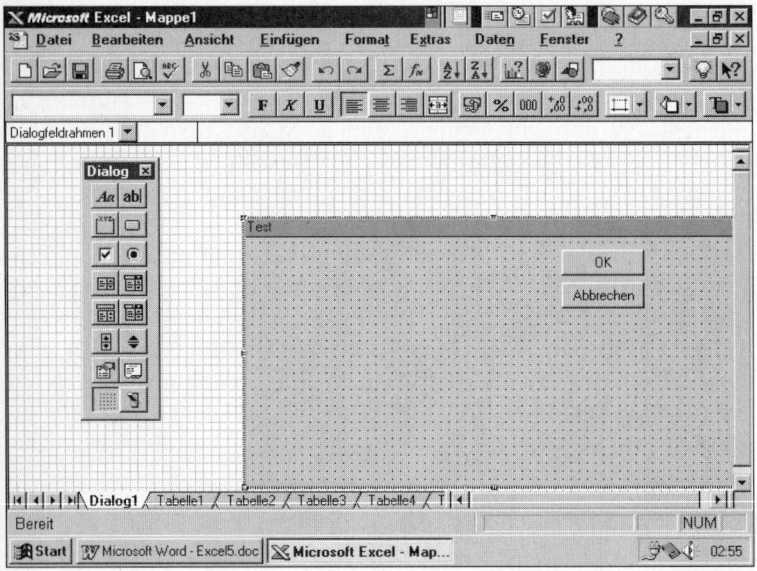

Ein Dialogfeld kann mit verschiedenen **Dialogelementen** gefüllt werden. Für das Erzeugen der Dialogelemente wird die folgende **Dialog-Symbolleiste** benötigt, die automatisch mit dem Öffnen eines Dialogfeldes in das Blatt eingefügt wird:

Diese Symbolleiste benötigen Sie vor allem, um die gewünschten Dialogelemente für ein Dialogfeld zeichnen zu können. Außerdem kann damit ein Test des neuen oder geänderten Entwurfes erfolgen. Die Bedeutung der darin enthaltenen Symbole zeigt (von links nach rechts betrachtet) die folgende Übersicht:

Symbol	Bedeutung
Bezeichnungsfeld	Ein beliebiger Text kann als Bezeichnung in das Dialogfeld eingefügt werden. Dies können Namen, Anweisungen, Orientierungsinformationen zur Bedienerführung oder Warnmeldungen sein.
Bearbeitungsfeld	Es kann ein Bearbeitungsfeld gezeichnet werden, in das vom Anwender Informationen während einer Anwendung eingegeben werden können. Mögliche Eintragungen sind Texte, Zahlen oder Zellbezüge.
Gruppenfeld	Für zusammengehörige Elemente des Dialogfeldes kann ein Gruppenrahmen angelegt werden. Dies erleichtert dem Benutzer oft die Orientierung bei der Befehlsspezifikation.
Befehls-schaltfläche	Für das Auslösen von bestimmten Aktionen (etwa das Schließen des Dialogfeldes) kann eine Schaltfläche erzeugt werden.
Kontrollkästchen	fügt ein Kontrollkästchen ein, mit dem bestimmte Optionen unabhängig von anderen ein- oder ausgestellt werden können.
Optionsfeld	erzeugt ein Optionsfeld, mit dem bestimmte Optionen ein- oder ausgestellt werden können. Zusammengehörige Optionsfelder werden sinnvollerweise zusätzlich in einem Gruppenfeld angeordnet.
Listenfeld	bietet die Möglichkeit, ein Feld zu erzeugen, aus dem der Nutzer eine Auswahl aus verschiedenen Vorgaben treffen kann.
Drop-down-Feld	Ähnlich wie beim Listenfeld kann aus einer Reihe von Einträgen eine Auswahl vorgenommen werden, wobei im Dialogfeld allerdings zunächst nur eine Zeile angezeigt wird.
Kombiniertes Listen-/Textfeld	Zusätzlich zum Listenfeld wird der in der Liste gewählte Eintrag in einem darüberliegenden Textfeld automatisch dargestellt.
Kombiniertes Drop-down-/Textfeld	Es handelt sich um eine Kombination von Drop-down-Feld und Textfeld. Es enthält ein leeres Bearbeitungsfeld und eine Pfeiltaste, die beim Auswählen eine Drop-down-Liste öffnet.

Symbol	Bedeutung
Bildlaufleiste (Rollbalken)	Mit dem Schaltsymbol kann ein horizontaler oder vertikaler Rollbalken eingefügt werden. So lassen sich beispielsweise numerische Werte ändern.
Drehfeld	Über einen nach unten bzw. nach oben gerichteten Pfeil kann ein Zählerwert verringert bzw. erhöht werden.
Steuerelement-Eigenschaften (Eigenschaftsfeld)	ermöglicht das Ändern von Eigenschaften für ein bestimmtes Dialogelement.
Code bearbeiten (VBA-Aufruf)	Ein Dialogelement kann mit einem VBA-Programmtext verknüpft werden. Dazu kann hier ein Code eingegeben oder bearbeitet werden, der dann ausgewählten Objekten zugeordnet wird.
Fangen-Raster	Für die genaue Positionierung von Dialogelementen kann das Fangen-Raster ein- bzw. ausgeschaltet werden.
Dialog ausführen (Test)	Das erzeugte Dialogfeld kann zu Testzwecken aktiviert werden. Es wird dann das Dialogfeld so angezeigt, wie es zur Laufzeit erscheint.

Um ein bestimmtes Dialogelement zu erzeugen, ist grundsätzlich bei allen angebotenen Elementen in gleicher Weise vorzugehen:

Dialogelement zeichnen

In einem ersten Schritt ist das gewünschte Dialogelement zu zeichnen. Die verfügbaren Möglichkeiten werden in der Dialog-Symbolleiste angeboten. Klicken Sie − nachdem Sie sich überlegt haben, welches Element Sie für Ihre Anwendung benötigen − auf das gewünschte Symbol. Statt des Mauspfeils erscheint ein Fadenkreuz auf dem Bildschirm.

Mit Hilfe des Fadenkreuzes können Sie das Dialogelement innerhalb des Dialogfeldes zeichnen. Dies funktioniert genauso wie das Erzeugen eines Zeichnungsobjektes. Setzen Sie das Fadenkreuz im Dialogfeld auf die gewünschte linke obere Eckposition, und drücken Sie dann die linke Maustaste. Halten Sie die Maustaste gedrückt, und ziehen Sie den Mauszeiger nach rechts unten. Nach Loslassen der Maustaste ist das Dialogelement in der gewünschten Größe gezeichnet.

Dialogelement formatieren

Nach Festlegung von Art und Position des Dialogelementes kann dieses noch mit Inhalt versehen bzw. Ihren Wünschen entsprechend dargestellt werden. Um eine bestimmte Formatierung vornehmen zu können, müssen Sie das Dialogfeldelement doppelt anklicken. Es erscheint ein Dialogfeld mit der Bezeichnung «Objekt». Hier können Sie die gewünschten Ergänzungen und Änderungen vornehmen.

Außer per Doppelklick können Sie das Dialogfeld «Objekt» auch dadurch erreichen, daß Sie nach Markierung des Dialogelementes das Kontextmenü mit der rechten Maustaste aktivieren und dann die Variante **Objekt formatieren** wählen.

Abhängig vom zu formatierenden Dialogelement kann sich nach Wahl des Befehls bzw. nach dem Doppelklick eine unterschiedliche Reaktion ergeben:

- Bei einem Bezeichnungsfeld oder einer Schaltfläche können Sie direkt die Texte in den Elementen verändern.
- Bei anderen Dialogelementen wird ein Register-Dialogfeld eingeblendet, um bestimmte Einstellungen vornehmen zu können. Die im Detail angebotenen Register sowie die Felder hängen wiederum von der Art des zuvor aktivierten Dialogelementes ab.

Grundsätzlich hat das Register-Dialogfeld für jedes verwendete Dialogelement einen unterschiedlichen Aufbau. Als Einstellungsoption ist in jedem Fall nach Aufruf der Formatierungsoption das Register «Schutz» vorhanden. Es gibt Ihnen die Möglichkeit, ein Dialogblatt vor Änderungen zu schützen. Voraussetzung ist, daß Sie aus dem Menü **Extras** den Befehl **Dokument schützen** und dann die Option **Blatt** gewählt haben. Wenn Sie daraufhin für Dialogelemente im Register «Schutz» die Schutzfunktion einstellen, können diese nicht mehr verändert werden. Ein Dialogelement kann auch mit einer Zelle in einem Tabellenblatt verknüpft sein. In diesem Fall führt dann das Ändern des Steuerelementinhalts oder -zustands automatisch zum Übertragen des entsprechenden Wertes in das Tabellenblatt. Zur Einstellung dient das Register «Steuerung».

Beachten Sie, daß Sie natürlich nicht alle Eigenschaften befehlsorientiert über ein Register einstellen können. Haben Sie besondere Anforderungen, müssen Sie die Eigenschaften mitunter über eine spezielle Visual-Basic-Prozedur ändern.

▪ Dialogelement verschieben und ändern

Erzeugte Dialogelemente können auch nachträglich noch in der Größe geändert sowie neu positioniert werden. Es ist auch möglich, diese wieder aus dem Dialogfeld zu entfernen. Beachten Sie folgende Hinweise für das Ändern:

- **Dialogelement verschieben:** Dialogelement anklicken und dann per Drag & Drop an die neue Position ziehen.
- **Größe des Dialogelements ändern:** Klicken Sie auf das Dialogelement, so daß die Anfasserpunkte angezeigt werden. Zur Größenänderung können dann die Eck- und Seitenpunkte mit der Maus verschoben werden.
- **Dialogelement löschen:** Markieren Sie das zu löschende Element per Mausklick. Nach anschließendem Drücken der Taste `Entf` wird das Element unmittelbar entfernt. Gleiches können Sie erreichen, indem Sie aus dem Kontextmenü die Option **Objekt löschen** wählen.

Hinweis:

▪ Für die Positionierung von Dialogfeldelementen ist das Raster in dem Dialogfeld hilfreich, das standardmäßig eingeblendet ist. So können Sie leichter eine bündige Anordnung mehrerer Elemente unter- oder nebeneinander erreichen. Das Raster läßt nämlich ein Verschieben des Dialogfeldelements nur in festgelegten Schritten zu (sogenannte Ausrichtung am Raster). Um das Raster aus- bzw. einzuschalten, klicken Sie einfach auf das zutreffende Schaltsymbol in der Dialog-Symbolleiste.

▪ Für die Bearbeitung von Dialogfeldelementen ist eine gezielte Markierung notwendig. Um eine Gruppe von Dialogelementen zu markieren, ist es am einfachsten, wenn Sie darum ein Rechteck ziehen.

Übung

Erzeugen Sie in dem aktuellen Dialogfeld ein kombiniertes Listen-/ Textfeld als Dialogelement, so daß sich folgende Darstellung ergibt:

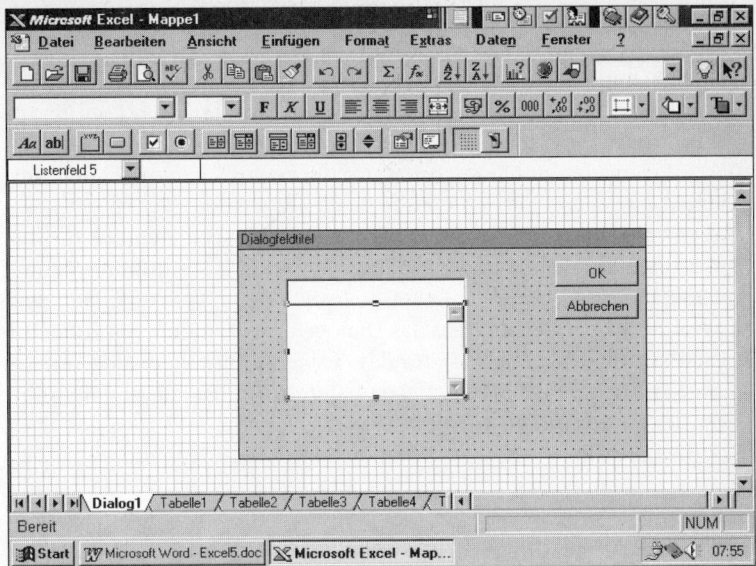

Ändern Sie anschließend die Position und Größe des Dialogelementes.

Dialogfeld testen

Um zu sehen, wie das erzeugte Dialogfeld zur Laufzeit aussehen wird, können Sie das Erscheinungsbild testen. Dazu müssen Sie in der Dialog-Symbolleiste auf das Schaltsymbol 🖳 klicken. Ergebnis ist die Aktivierung des Dialogfeldes. In Eingabefeldern könnten jetzt Eingaben vorgenommen werden, und Schaltflächen lassen sich in ihrer Ausführung testen.

7.3 Varianten von Dialogelementen und ihre Nutzung

Anhand von kleinen Beispielen sollen Sie nun verschiedene Dialogelemente genauer kennenlernen. Dabei wird gezeigt, wie Sie ein Dialogelement zeichnen und formatieren können. Außerdem soll die Anwendungsmöglichkeit des jeweiligen Dialogelements deutlich werden.

■ Bezeichnungsfelder erstellen

Bezeichnungsfelder verwenden Sie, um beliebige Textinformationen in ein Dialogfeld einzutragen. Auf diese Weise ist es möglich, dem Bediener Hinweise zur Anwendung zu geben. Änderungen können im Anwendungsfall bei diesen Textfeldern nicht vorgenommen werden.

Für das Erzeugen eines Bezeichnungsfeldes gehen Sie in folgender Weise vor:

1. Wählen Sie aus der Dialog-Symbolleiste das Schaltsymbol für das Zeichnen eines Bezeichnungsfeldes Aa, indem Sie mit dem Mauszeiger darauf klicken.
2. Zeichnen Sie im Dialogfeld das Dialogelement, indem Sie zunächst die Position und die Größe für das Bezeichnungsfeld festlegen.
3. Klicken Sie doppelt auf das erzeugte Bezeichnungsfeld, und nehmen Sie den gewünschten Texteintrag vor.
4. Stellen Sie unter Umständen weitere Formatierungen ein.

Übung

Erzeugen Sie folgende Bezeichnungsfelder in der Dialogbox, und testen Sie danach das Ergebnis:

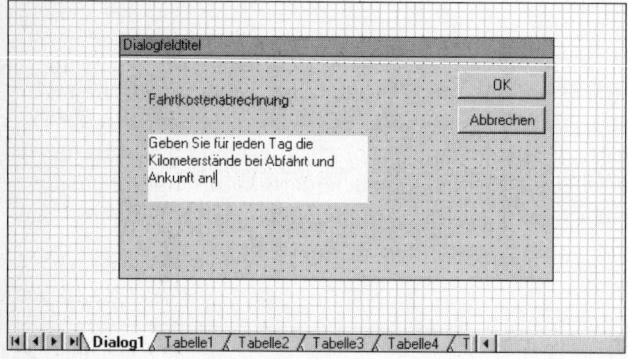

Zeichnen Sie zunächst in der beschriebenen Weise die beiden Bezeichnungsfelder in der Dialogbox. Dabei soll das zweite Bezeichnungsfeld eine mehrzeilige Eingabe ermöglichen.

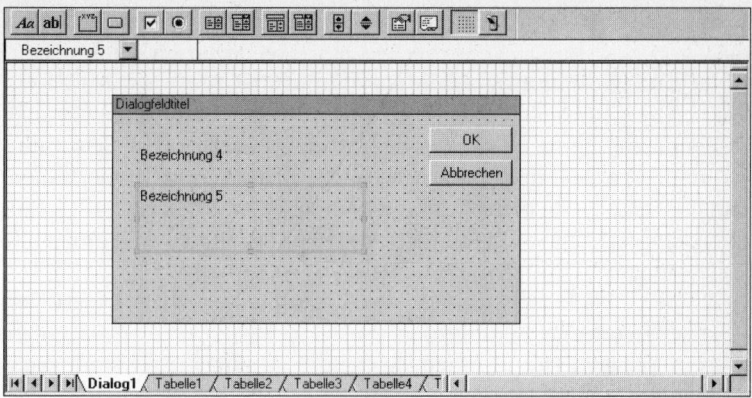

Die Darstellung zeigt, daß nach dem Zeichnen eines Bezeichnungsfeldes für dieses Feld automatisch der Text «Bezeichnung» sowie eine laufende Nummer eingesetzt werden. Sie können dann den Text im Bezeichnungsfeld dadurch ändern, daß Sie dieses Feld zunächst doppelt anklicken. Danach ist unmittelbar eine Eintragung möglich. Nehmen Sie im Beispielfall folgende Texteintragungen vor:

a) Im oberen Bezeichnungsfeld: Fahrtkostenabrechnung

b) Im unteren Bezeichnungsfeld: Geben Sie für jeden Tag die Kilometerstände bei Abfahrt und Ankunft an!

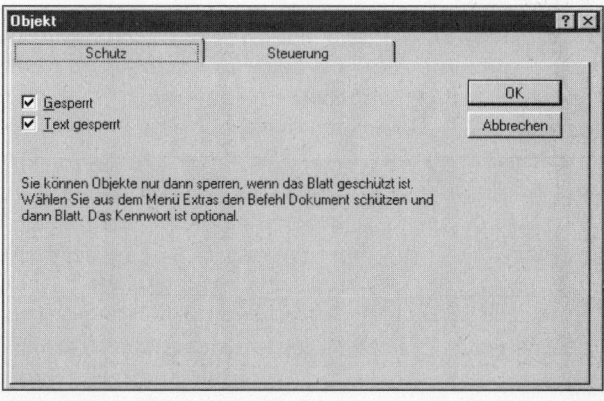

Über den Befehl **Objekt formatieren** können Sie weitere Einstellungen bei den Bezeichnungsfeldern vornehmen. Ergebnis nach Befehlsaufruf ist die Bildschirmanzeige auf Seite 201 unten.

In dem angezeigten Register können Sie also festlegen, ob Schutzeinstellungen vorgenommen werden sollen. So können Sie sicherstellen, daß die Textobjekte nicht bearbeitet, verschoben, in ihrer Größe geändert oder gelöscht werden. Die beiden Optionsfelder haben folgende Bedeutung:

▦ Gesperrt: Bei Einschaltung können Textobjekte nicht geändert, verschoben oder gelöscht werden.

▦ Text gesperrt: Der in einem Textfeld befindliche Text kann nicht geändert werden.

Denken Sie allerdings daran, daß das Sperren von Objekten nur dann wirkt, wenn es sich um ein geschütztes Blatt handelt.

Ein weiteres Register können Sie durch Klicken auf die Registerkarte «Steuerung» aktivieren. Hier erscheint dann lediglich das Eingabefeld «Zugriffstaste». Auf diese Weise können Sie durch einen Eintrag festlegen, mit welcher Taste dieses Steuerelement gezielt angesteuert werden kann. Dabei empfiehlt es sich, eine Taste zu wählen, die auch als Buchstabe im Namen des Bezeichnungsfeldes vorkommt. So wird später der gewählte Buchstabe automatisch unterstrichen angezeigt, sobald das Dialogfeld aktiviert wird. Zur Anwendung: In Kombination mit der Alt -Taste können Sie damit unmittelbar zu einem bestimmten Bezeichnungsfeld gelangen.

Abschließend sollten Sie noch einen Test des bisher erzeugten Dialogfeldes vornehmen. Klicken Sie dazu auf das Schaltsymbol ▦, das sich am rechten Rand der Dialog-Symbolleiste befindet.

▦ Bearbeitungsfelder erzeugen

Um freie Eintragungen in einem Dialogfeld gezielt vornehmen zu können, verwenden Sie üblicherweise sogenannte Bearbeitungsfelder. Die Anwendung können Sie anhand der folgenden Übung kennenlernen:

Übung

Erzeugen Sie das folgende Dialogfeld, und testen Sie danach das Ergebnis:

Als Grundlage für die Übung kann das zuvor bereits erstellte Dialogfeld
mit den beiden Bezeichnungsfeldern verwendet werden.

Für das Erzeugen eines Bearbeitungsfeldes müssen Sie in folgender
Weise vorgehen:

1. Wählen Sie aus der Dialog-Symbolleiste das Schaltsymbol für das
   Zeichnen eines Bearbeitungsfeldes abl, indem Sie mit dem Mauszeiger darauf klicken.

2. Zeichnen Sie dann im Dialogfeld das Dialogelement, und legen Sie
   dabei die Position und die Größe für das Bearbeitungsfeld fest.

3. Erzeugen Sie als Eingabesteuerung für den Bediener ein zugehöriges
   Bezeichnungsfeld. Sinnvoll ist es, dieses oberhalb oder links vom Bearbeitungsfeld anzuordnen.

Bearbeitungsfelder können ebenfalls ein- oder mehrzeilig sein. Abhängig von den notwendigen Eintragungen müssen Sie dementsprechend
beim Erzeugen des Bearbeitungsfeldes einen größeren Rahmen zeichnen.

Erzeugen Sie auf diese Weise zunächst die drei gewünschten **Bearbeitungsfelder** in der ersten Zeile. Oberhalb ist jeweils das entsprechende
Bezeichnungsfeld einzufügen:

- Tachostand Abfahrt,
- Tachostand Ankunft,
- Kilometer.

Betrachten wir noch eine Besonderheit, nämlich die Vergabe einer Voreinstellung für ein bestimmtes Feld. Dies ist etwa interessant für das

Feld «Pauschale», in dem die aktuell gültige Kilometerpauschale eingetragen werden kann; beispielsweise 0,52. Um ein Bearbeitungsfeld mit
Voreinstellungen zu erzeugen, können Sie zunächst wie bei den anderen drei erläuterten Feldern vorgehen. Anschließend klicken Sie doppelt auf das Bearbeitungsfeld und tragen dann den gewünschten Wert
ein. Dieser Wert erscheint später als Standardwert in dem Feld, sobald
das Dialogfeld aktiviert wird.

Für das Formatieren eines Bearbeitungsfeldes stehen Ihnen ebenfalls
zwei Register zur Verfügung. Neben dem Register «Schutz», das die gleichen Optionen enthält wie zuvor beim Erzeugen von Bezeichnungsfeldern, gibt es noch das Register «Steuerung». Die vorhandenen Varianten zeigt die folgende Abbildung:

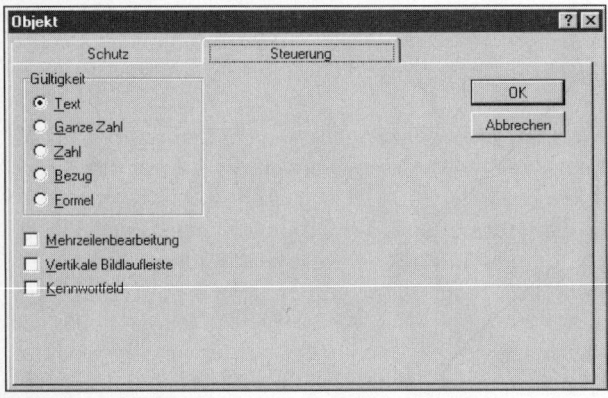

Im ersten Feldbereich kann unter der Rubrik «Gültigkeit» bestimmt
werden, welche Inhalte des gewählten Bearbeitungsfeldes gültig werden, wenn das Dialogfeld geschlossen ist. Zur Wahl stehen Text, Ganze
Zahl, Zahl, Bezug und Formel. Im Beispielfall können Sie für die ersten
drei Bearbeitungsfelder die Variante «Ganze Zahl» einstellen. Für das
Feld «Pauschale» müssen Sie allerdings die Variante «Zahl» wählen, um
auch eine Dezimalzahl verarbeiten zu können.

Unter «Objekt formatieren» gibt es für Bearbeitungsfelder drei weitere
Optionen:

▪ Mit der Einschaltung des Feldes «Mehrzeilenbearbeitung» legen Sie
fest, daß das Bearbeitungsfeld mehr als eine Zeile anzeigen soll.

▪ Mit der Einschaltung des Feldes «Vertikale Bildlaufleiste» bestim-

men Sie, daß das Bearbeitungsfeld zusätzlich eine vertikale Bildlaufleiste anzeigt.

▨ Das Optionsfeld «Kennwortfeld» ermöglicht auch die Kennwortvergabe. Auf diese Weise läßt sich also ein Bearbeitungsfeld mit der
Funktionalität eines Kennworteingabefeldes erstellen.

▨ Gruppenrahmen einfügen

Um für den Benutzer die Übersichtlichkeit in Dialogfeldern zu erhöhen, können Sie zusätzlich einen sogenannten Gruppenrahmen
einfügen. Mit diesem Gruppenrahmen können logisch zusammengehörige Dialogelemente optisch zusammengefaßt werden, indem Sie
diese Felder mit einem Rahmen versehen und einen Gruppennamen
ergänzend vergeben.

Übung

Ändern Sie das zuletzt erzeugte Dialogfeld in folgender Weise:

▨ Zeichnen Sie einen Gruppenrahmen um die beiden Bezeichnungs-
und Bearbeitungsfelder zur Eingabe der Tachostände bei der Abfahrt
und der Ankunft. Vergeben Sie den Gruppennamen «Tachostände».

▨ Ändern Sie die beiden Bezeichnungsfelder, indem jeweils das Wort
«Tachostand» gelöscht wird.

Ergebnis sollte das folgende Dialogfeld sein:

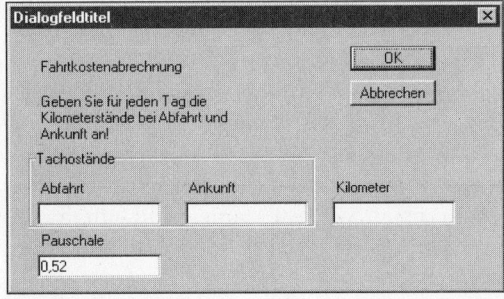

Hinweis: Speichern Sie die Arbeitsmappe unter dem Namen FAHR-
TEN1.XLS.

Für das Zeichnen des Gruppenrahmens ist in folgender Weise vorzugehen:

1. Wählen Sie aus der Dialog-Symbolleiste das Schaltsymbol für das Zeichnen eines Gruppenrahmens [⬚], indem Sie mit dem Mauszeiger darauf klicken.
2. Zeichnen Sie dann im Dialogfeld das Dialogelement, indem Sie einen Rahmen um die beiden Dialogelemente zeichnen.
3. Vergeben Sie den Gruppennamen «Tachostände», indem Sie zunächst auf den standardmäßig eingefügten Gruppenfeldnamen «Gruppenfeldx» doppelt klicken und dann den neuen Gruppenfeldnamen eingeben.

Hinweis: Für das Formatieren eines Gruppenrahmens gelten die gleichen Möglichkeiten wie bei einem Bezeichnungsfeld. So können Sie neben der Festlegung von Schutzrechten auch eine bestimmte Zugriffstaste zuordnen, um auf ein Gruppenfeld per Tastenkombination gezielt zuzugreifen.

▪ Listenfeld einfügen

Um eine Kostenstellenzuordnung vornehmen zu können, soll die betreffende Abteilung ausgewählt werden können, die den Kfz genutzt hat. Dies läßt sich am besten über ein Listenfeld lösen.

Die Werte für das Listenfeld sollen im Beispielfall in einer Tabelle mit dem Namen DFelder abgelegt werden. Geben Sie in dieser Tabelle folgende Abteilungsnamen in einer Spalte ein: Geschäftsführung, Einkauf, Lager, Vertrieb, Rechnungswesen, Organisation/EDV. Benennen Sie diesen Bereich mit dem Namen «Abteilungen».

Erstellen Sie danach für das Dialogfeld ein Bezeichnungsfeld mit der Bezeichnung «Abteilung». Anschließend ist über die Toolbox ein Listenfeld zu erzeugen. Nachdem Sie das Listenfeld gezeichnet haben, können Sie gezielt festlegen, welche Elemente in einem Listenfeld angezeigt werden sollen. Dazu müssen Sie das Listenfeld mit einem Zellbereich eines Tabellenblattes verknüpfen. Die Daten der Zellen werden dann im Listenbereich angezeigt.

Legen Sie im Register «Steuerung» den Listenbereich fest, indem Sie den Namen «DFelder!Abteilungen» eintragen. Damit ist also ausgedrückt, daß aus der Tabelle DFelder die Werte genommen werden, die im Bereich mit dem Namen «Abteilungen» eingetragen sind. Die Eintragung sollte das folgende Aussehen haben:

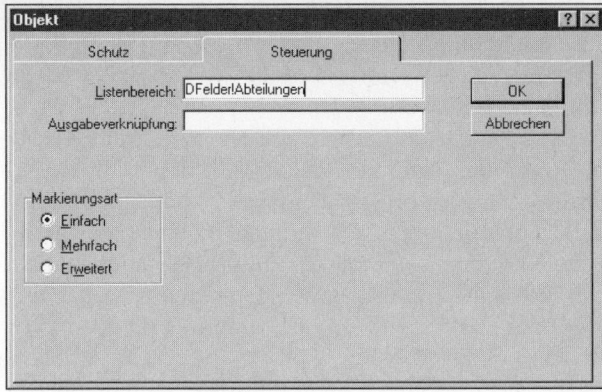

Zur Realisierung müssen Sie einfach das Tabellenblatt aktivieren, ohne zuvor das Dialogfeld «Objekt» zu schließen. Wenn Sie anschließend den Bereich mit den Daten für die Liste markieren, wird der Bereichsbezug automatisch angegeben.

Nach Testen über die Schaltfläche `Dialog ausführen` aus der Toolbox soll das folgende Dialogfeld angezeigt werden:

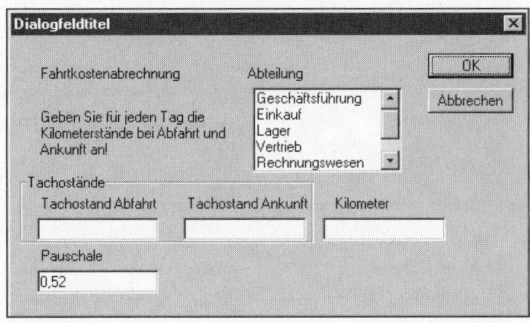

Hinweis: Eine Variante bei der Einstellung von Steuerungsinformationen im Dialogfeld «Objekt» ist die Verknüpfung mit einer Zelle. Der aktuelle Wert des Steuerelements richtet sich dann nach dem Wert der Zelle. Zur Aktivierung muß das Feld «Ausgabeverknüpfung» den Eintrag von Tabelle und Zelle erhalten.

Schaltflächen erzeugen

Standardmäßig ist das Dialogfeld, das nach Aufrufen des Dialogeditors erscheint, bereits mit den zwei üblicherweise notwendigen Schaltflächen ausgefüllt: OK und Abbrechen.

Zusätzlich können weitere Schaltflächen mit dem Schaltflächensymbol der Toolbox erzeugt werden. Nachdem Sie eine neue Schaltfläche im Dialogfeld erzeugt haben, wird vom Programm darauf automatisch der Text «Schaltfläche» gesetzt, gefolgt von einer fortlaufenden Nummer. Um einen anderen Namen festzulegen, müssen Sie auf die Schaltfläche doppelt klicken und dann den gewünschten Namen eingeben.

Wichtig ist, daß jede Schaltfläche mit einem bestimmten Ereignis verknüpft werden kann. Um eine solche Verknüpfung herzustellen, klicken Sie zunächst die Schaltfläche an und wählen dann den Befehl **Objekt formatieren**. Ergebnis:

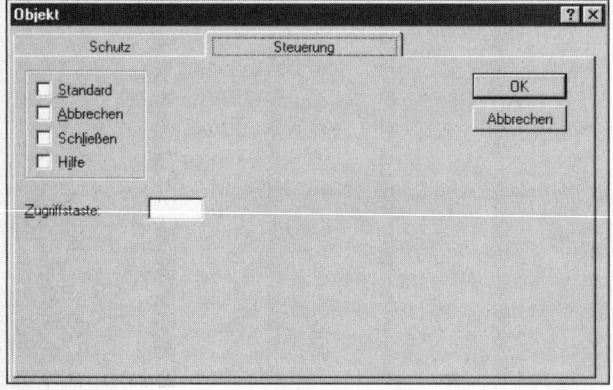

Aus der Abbildung des Registers «Steuerung» wird deutlich, daß Excel vier Kontrollkästchen zur Wahl anbietet:

Kontrollkästchen	Bedeutung
Standard	Durch eine Aktivierung legen Sie fest, daß diese Schaltfläche standardmäßig ausgewählt ist, wenn Sie das Dialogfeld öffnen.
Abbrechen	Eine Auswahl dieses Kontrollkästchens führt dazu, daß die Schaltfläche aktiviert wird, wenn das Dialogfeld abgebrochen wird.
Schließen	Durch eine Aktivierung legen Sie fest, daß diese Schaltfläche beim Schließen des Dialogfeldes aufgerufen wird.
Hilfe	Durch eine Auswahl wird bestimmt, ob die gewählte Schaltfläche aktiviert wird, wenn der Benutzer im Dialogfeld F1 drückt.

Durch die Festlegung eines der beschriebenen Ereignisse bestimmen Sie, wie der Programmcode später mit den Schaltflächen verknüpft wird. So können Sie etwa eine Schaltfläche mit dem Namen Beenden anlegen und diese mit dem Ereignis «Schließen» verknüpfen. Dies hat folgende Wirkung: Das Programm ruft den Programmcode der Schaltfläche unmittelbar auf, wenn die Schaltfläche direkt gedrückt wird.

Außerdem gibt es noch das Eingabefeld «Zugriffstaste». Hierüber können Sie der Schaltfläche noch eine Kurztaste zuweisen. Bei Anzeige des Dialogfeldes wird die jeweilige Zugriffstaste unterstrichen dargestellt, und der Benutzer kann diese Felder schnell anwählen, indem er die Taste Alt und gleichzeitig die Zugriffstaste drückt.

▓ Drehfelder erzeugen

Eine Besonderheit stellen sogenannte Drehfelder dar. Sie bestehen aus zwei übergeordneten Pfeilen, wobei Eintragungen auf einem intern definierten Zähler basieren. Mit diesem Feld können Sie dem Benutzer die Eingabe unter Umständen erleichtern.

Um in einem Bearbeitungsfeld eine schrittweise Änderung anzuzeigen, die vom Wert eines Drehfeldes abhängt, weisen Sie dem Drehfeld folgenden Code zu:

```
Sub BearbfeldÄndern()
AktiverDialog.BearbeitungsfeldListe _
      ("Bearbeitungsfeld 1") :
      .Text = AktiverDialog.DrehfeldListe("Drehfeld _
          1").Wert
Ende Sub
```

Englisch

```
Sub BearbfeldÄndern()
ActiveDialog.EditBoxes("Bearbeitungsfeld 1") _
      .Text = ActiveDialog.Spinners("Drehfeld 1").Value
End Sub
```

Damit ist die Erstellung der ersten Dialogbox abgeschlossen. Was noch fehlt, ist der VBA-Code, der das Ganze mit Leben füllt. Auf diese Weise können Sie dann das Dialogfeld in eine Arbeitsmappe oder in eine andere VBA-Anwendung einbinden.

7.4 Dialogfelder anzeigen

Die Verwendung von benutzerdefinierten Eingabemasken erfordert zwei verschiedene Vorbereitungsaktivitäten:
▪ Eingabemaske erzeugen (mit dem Dialogeditor),
▪ VBA-Code eingeben bzw. aufzeichnen, mit dem die Ausgabe der Eingabedaten in eine Tabelle erfolgt bzw. eventuell gewünschte Eingabeprüfungen realisiert werden.

Im Beispielfall soll die zuvor erstellte Dialogbox zur Erfassung von Fahrtkosteninformationen als Ausgangspunkt dienen.
Grundsätzlich können Sie sich ein benutzerdefiniertes Dialogfeld von jeder Subprozedur aus anzeigen lassen. In dieser Prozedur müssen Sie folgende Aspekte berücksichtigen:
Mit der Methode **DialogblattListe** (engl. **DialogSheets**) müssen Sie zunächst das Dialogfeld kennzeichnen.

Mit der Methode **Zeigen** (engl. **Show**) können Sie sich das gewünschte Dialogfeld dann anzeigen lassen.
Die Lösung kann wie folgt aussehen:

```
Sub DialogAnzeigen()
    DialogblattListe ("Dialog1").Zeigen
Ende Sub
```

Englisch

```
Sub DialogAnzeigen()
    DialogSheets ("Dialog1").Show
End Sub
```

Aus dem Beispiel wird deutlich, daß Sie mit Objekten und Methoden in Kombination die gewünschte Wirkung erreichen können. Grundsätzlich gilt: Auf das Objekt «DialogblattListe» (engl. DialogSheet) lassen sich verschiedene Methoden anwenden. Formal gilt, daß Sie der Methode dabei den Namen des Feldes übergeben müssen, das Sie ansprechen wollen. Den Namen des Objekts (Dialogelements), das Sie ansprechen wollen, übergeben Sie in Klammern hinter der passenden Funktion.

Beachten Sie: Sie führen eine Subprozedur, die ein benutzerdefiniertes Dialogfeld anzeigt, genauso aus wie jeden anderen Makro. Testen Sie dies einmal, indem Sie ein beliebiges Tabellenblatt aktivieren und dann den Makro mit dem Namen «DialogAnzeigen» ausführen.

In einem weiteren Schritt soll der Programmteil erzeugt werden, der einen korrekten Abbruch der Dialogmaske ermöglicht. Weisen Sie dazu der Schaltfläche Abbrechen einen entsprechenden Makro in folgenden Schritten zu:
1. Aktivieren Sie ein Modulblatt, und erfassen Sie den folgenden Makrotext, mit dem beim Drücken der Abbrechen-Schaltfläche die Bearbeitung abgebrochen wird, nachdem zuvor eine entsprechende Meldung angezeigt wurde:

```
Sub Schaltfläche3_BeiKlick()
  MeldungsDlg "Die Bearbeitung wird abgebrochen"
Ende Sub
```

Englisch

```
Sub Schaltfläche3_BeiKlick()
  MsgBox "Die Bearbeitung wird abgebrochen"
End Sub
```

2. Wechseln Sie danach in das Dialogblatt, und markieren Sie die
   Schaltfläche [Abbrechen].
3. Klicken Sie mit der rechten Maustaste auf das Objekt, und wählen
   Sie aus dem Kontextmenü den Befehl **Zuweisen.**
4. Klicken Sie den Makronamen «Schaltfläche3_BeiKlick» an, und bestätigen Sie mit [OK].

Nachfolgend einige **Tips für das Arbeiten mit benutzerdefinierten Dialogfeldern:**

▦ Geben Sie jedem Dialogblatt einen einprägsamen Namen. Um ein
Blatt umzubenennen, müssen Sie zunächst auf das Blattregister doppelklicken. Danach können Sie im Dialogfeld «Blatt» den neuen Namen eingeben.

▦ Es empfiehlt sich, auch jedem Steuerelement, das Sie auf einem Dialogblatt plazieren, einen einprägsamen Namen zu geben. Dies hat
folgenden Vorteil: Wenn Sie im VBA-Code auf ein Steuerelement Bezug nehmen, ist ein selbst geprägter Name viel hilfreicher als ein
Standardname wie beispielsweise «Bezeichnung 4». Um ein Steuerelement zu benennen, markieren Sie es, geben im Namensfeld ganz
links in der Bearbeitungsleiste einen Namen ein und drücken dann
die Taste [↵].

▦ Es gibt keine Möglichkeit, festzulegen, an welcher Stelle ein benutzerdefiniertes Dialogfeld auf dem Bildschirm angezeigt werden soll.
Grundsätzlich gilt: Ein Dialogfeld wird an derselben Stelle wie das
zuletzt angezeigte Dialogfeld angezeigt.

▦ Um ein Dialogfeld so lange sichtbar zu halten, bis die Daten überprüft sind, weisen Sie der Eigenschaft **SchliessenSchaltfläche** (engl. **DismissButton**) der Schaltfläche OK den Wert False zu. Wenn Sie alle Daten überprüft haben, weisen Sie dieser Eigenschaft wieder den Wert True zu.

Im folgenden Beispiel wird ein effizientes Verfahren zum Anzeigen einer **Serie von Dialogfeldern** vorgestellt:

```
Sub DialogfelderAnzeigen()
Wenn DialogblattListe("Dialog1").Zeigen Dann
    Wenn DialogblattListe("Dialog2"). Zeigen Dann
        Wenn DialogblattListe("Dialog3"). Zeigen Dann
            '...
        Ende Wenn
    Ende Wenn
Ende Wenn
Ende Sub
```

Englisch

```
Sub DialogfelderAnzeigen()
If DialogSheets("Dialog1").Show Then
    If DialogSheets("Dialog2").Show Then
        If DialogSheets("Dialog3").Show Then
            '...
        End If
    End If
End If
End Sub
```

7.5 Zusammenspiel von Dialogfeld und Makro

Um die Eintragungen in dem Dialogfeld zur Erfassung der Fahrzeugdaten in eine Tabelle zu übertragen, ist zunächst die Grundstruktur der Tabelle aufzubauen.

Folgende Spalten sind anzulegen:
Abfahrt, Ankunft, Kilometer, Pauschale, Betrag.

Legen Sie diese Überschriften im Bereich A1 bis E1 fest. Tragen Sie außerdem in der Zelle E2 die Formel ein, die eine Multiplikation von Kilometer und Pauschale ermöglicht (C2*D2).

Nachdem Sie den VBA-Code für das Dialogfeld erstellt haben, können Sie das Zusammenspiel einmal ausprobieren. Klicken Sie dazu im Arbeitsblatt auf die Schaltfläche für den Aufruf der Dialogbox, und tragen Sie dann einen Datensatz ein.

Für die Eingabe in der benutzerdefinierten Dialogbox gelten die in der Programmbedienung unter Windows üblichen Regeln. So können Sie zwischen den verschiedenen Eingabefeldern grundsätzlich mit der Tabulatortaste oder per Mausklick navigieren.

Hinweis: Mitunter möchten Sie die Reihenfolge ändern, mit der die einzelnen Eingabefelder standardmäßig angesteuert werden. Auch dies ist einfach möglich. Wählen Sie dazu – wenn Sie sich im Dialogblatt befinden – aus dem Menü **Extras** den Befehl **Aktivierfolge**. Klicken Sie dann auf das entsprechende Feld, das Sie ändern wollen, und legen Sie über die Schaltfläche $\boxed{\text{Verschieben}}$ die Reihenfolge neu fest.

7.6 Anwendungsbeispiel «Annuitäten»

Sie haben nun eine erste kleine Anwendung mit Excel erstellt. Sie können natürlich, und das empfehlen wir Ihnen auch, weitere Dialogfeldelemente aufnehmen und etwas experimentieren. Am sinnvollsten ist es, mit einer weiteren kleinen Aufgabe die Möglichkeiten der Dialogfelder zu erforschen.

Folgende Aufgabe soll gelöst werden: In dem einzurichtenden Ausgangsdialogfeld sollen die Kreditdaten eingetragen werden. Geänderte Werte sind direkt auf das Tabellenblatt zu übernehmen und lösen dort Berechnungen aus. Die aktualisierten Werte sind schließlich in dem Dialogfeld in dem unteren Gruppenrahmen «Ergebnisse» einzutragen.

Es gilt folgendes Prinzip: Wenn ein Wert in der Liste geändert wird, muß der gewählte Wert der Liste in das Arbeitsblatt «Rechnung» übernommen werden. Die Berechnung der neuen Werte erfolgt automa-

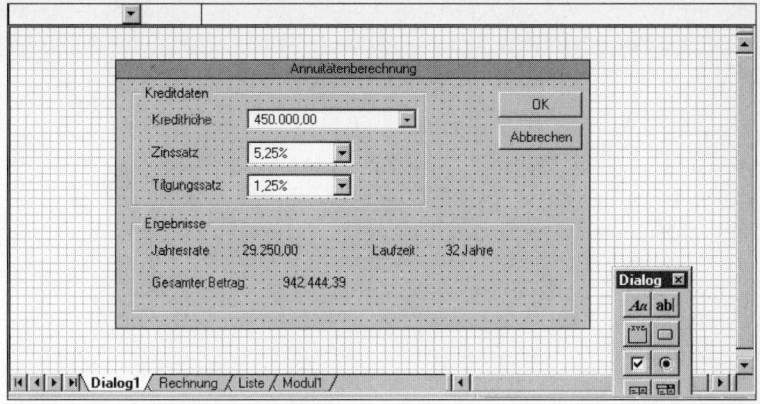

tisch. Danach werden die aktuellen Werte in das Dialogblatt übernommen.

1. Schritt: In einem ersten Schritt wird die folgende Liste angelegt, die Zinssätze, Tilgungssätze sowie zugeordnete Beträge ausweist. Die Tabelle erhält den Namen «Liste».

	A	B	C
1	Zinsliste	Tilgungsliste	Betragliste
2	5,00%	1,00%	70.000,00
3	5,25%	1,25%	80.000,00
4	5,50%	1,50%	90.000,00
5	5,75%	1,75%	100.000,00
6	6,00%	2,00%	110.000,00
7	6,25%	2,25%	120.000,00
8	6,50%	2,50%	130.000,00
9	6,75%	2,75%	140.000,00
10	7,00%	3,00%	150.000,00
11	7,25%	3,25%	160.000,00
12	7,50%	3,50%	170.000,00
13	7,75%	3,75%	180.000,00
14	8,00%	4,00%	190.000,00
15	8,25%	4,25%	200.000,00
16	8,50%	4,50%	210.000,00
17	8,75%	4,75%	220.000,00

Hinweis: Im Beispielfall soll die Liste Werte bis 500 000,00 umfassen.

2. Schritt: Es wird folgende Tabelle zur Berechnung angelegt. Dieses Tabellenblatt erhält den Namen «Rechnung».

	A	B	C
1	**Eingabewerte**		
2	Betrag	450.000,00	
3	Jahreszins	5,25%	
4	Tilgung	1,25%	
5			
6	**Ausgabewerte**		
7	Jahresrate	29.250,00	
8	Laufzeit	32	
9	Gezahlter Betrag	942.444,39	
10			

In Spalte B der Tabelle sind Formeln aufzunehmen:

Im Bereich B2 bis B4 wird mit Hilfe der Indexfunktion auf die Werte der Tabelle mit dem Namen «Liste» zugegriffen. Es gelten folgende Eintragungen:
B2 = Index(Liste!C2:C45.Liste!C47)
B3 = Index(Liste!A2:A18.Liste!A20)
B4 = Index(Liste!B2:B18.Liste!B20)

Im Bereich B7 bis B9 werden aufgrund der in B2 bis B4 eingetragenen Werte Berechnungen vorgenommen:
B7 = B2*(B3+B4)
B8 = ZZR(B3;B7;-B2)
B9 = B7*B8

3. Schritt: Dialogfeld anlegen

Das Dialogfeld zur Eingabe bzw. Ergebnisausgabe wird nach folgendem Muster angelegt (siehe nächste Seite).

Beachten Sie: Im unteren Bereich sind neben dem Gruppenfeld mit der Bezeichnung «Ergebnisse» zunächst sechs verschiedene Bezeichnungsfelder anzulegen.

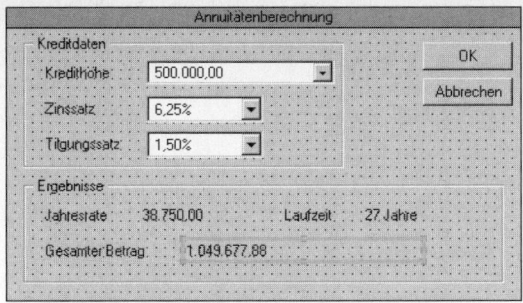

4. Schritt: Verknüpfungen einrichten

In einem nächsten Schritt sind die Verknüpfungen für die Dialogelemente herzustellen. *Beispiele:*

Element	Name	Format
Text «Kredithöhe»	Bezeichnung 8	Zugriffstaste «K»
Kreditliste	Dropdown 7	Listenbereich=Liste!C2:C45 Ausgabeverknüpfungen= Liste!C47 Zeilen = 12
Text «Zinssatz»	Bezeichnung 9	Zugriffstaste «Z»
Zinsliste	Dropdown 11	Listenbereich=Liste!A2:A18 Ausgabeverknüpfungen= Liste!A20 Zeilen 10
Text «Tilgungssatz»	Bezeichnung 10	Zugriffstaste «T»
Tilgungsliste	Dropdown 12	Listenbereich=Liste!B2:B18 Ausgabeverknüpfungen= Liste!B20 Zeilen 8

Hinweis: Die Verknüpfungen können Sie durch Anklicken der einzelnen Dialogelemente einrichten.

5. Schritt: Programmcode erstellen

Damit das Dialogfeld die berechneten Werte aus dem Tabellenblatt «Rechnung» ausweisen kann, muß ein Programmcode in VBA erstellt werden. Den gesamten Code gibt die folgende Auflistung wieder:

Zugehöriges Modul (in der deutschsprachigen Version)

```
'
' Einfache VBA-Applikation

' Globale Variablen einrichten
'
'
Öffentlich DBlatt; LBLatt; BBlatt; Mappe Als Objekt
'
' Autostart-Prozedur
'
'
Sub Auto_Öffnen()
ArbeitsmappeListe("VBAUEB2.XLS").BlattListe("Rechnung")._
    Aktivieren
StarteDialog
Ende Sub
'
' Start des Dialogfeldes
'
'
Sub StarteDialog()
Setze Mappe = ArbeitsmappeListe("VBAUEB2.XLS")
Setze DBlatt = Mappe.DialogblattListe("Dialog1")
Setze LBLatt = Mappe.BlattListe("Liste")
Setze BBlatt = Mappe.BlattListe("Rechnung")
AktuelleWerteEintragen
DBlatt.Zeigen
Ende Sub
'
' Dropdown7_BeiÄnderung Makro
'
'
Sub Dropdown7_BeiÄnderung()
AktuelleWerteEintragen
Ende Sub
'
' Dropdown11_BeiÄnderung Makro
'
```

```
'
Sub Dropdown11_BeiÄnderung()
AktuelleWerteEintragen
Ende Sub
'
' Dropdown12_BeiÄnderung Makro
'
'
Sub Dropdown12_BeiÄnderung()
AktuelleWerteEintragen
Ende Sub
'
' Überträgt aktuelle Werte aus Tabellenblatt
' ins Dialogfeld
'
'
Sub AktuelleWerteEintragen()
DBlatt.ZeichnungsobjektListe("Bezeichnung 18")._
   Zeichen.Text = BBlatt.Bereich("b7").Text
DBlatt.ZeichnungsobjektListe("Bezeichnung 20")._
   Zeichen.Text = (BBlatt.Bereich("b8").Text) & " Jahre"
DBlatt.ZeichnungsobjektListe("Bezeichnung 17")._
   Zeichen.Text = BBlatt.Bereich("b9").Text
Ende Sub
```

Erläuterungen:
Im Globalteil des Quellcodes sind vier Objektvariablen angelegt. Diese dienen dazu, Zeiger auf vier Objekte aufzunehmen: Die Arbeitsmappe, das Dialogblatt, das Blatt «Liste» und das Blatt «Rechnung».

Anschließend wird eine Prozedur mit dem Namen *StarteDialog()* eingesetzt, um das Dialogfenster zu starten und die Objektvariablen zu initialisieren. Es enthält folgende Teilschritte:

- Mit den **Setze-Befehlen** werden die benötigten Objektvariablen eingerichtet.
- Mit der Bezeichnung **AktuelleWerteEintragen** wird die Sub-Prozedur AktuelleWerteEintragen() aufgerufen. Damit wird erreicht, daß die Werte in dem nachfolgend aktivierten Dialogfeld immer den aktuellen Stand haben.

■ Mit dem **Zeigen-Befehl** wird das Dialogfeld Dblatt aufgerufen, das sich auf der Dialogseite «Dialog1» der Arbeitsmappe befindet.

Zugehöriges Modul (in der englischsprachigen Version)

```
'
' Einfache VBA-Applikation

' Globale Variablen einrichten
'
'
Public DBlatt; LBLatt; BBlatt; Mappe As Object
'
' Autostart-Prozedur
'
'
Sub Auto_Öffnen()
Workbooks("VBAUEB2.XLS").Sheets("Rechnung").Activate
StarteDialog
End Sub
'
' Start des Dialogfeldes
'
'
Sub StarteDialog()
Set Mappe = Workbooks("VBAUEB2.XLS")
Set DBlatt = Mappe.DialogSheets("Dialog1")
Set LBLatt = Mappe.Sheets("Liste")
Set BBlatt = Mappe.Sheets("Rechnung")
AktuelleWerteEintragen
DBlatt.Show
End Sub
'
' Dropdown7_BeiÄnderung Makro
'
'
Sub Dropdown7_BeiÄnderung()
AktuelleWerteEintragen
End Sub
```

```
'
' Dropdown11_BeiÄnderung Makro
'

'
Sub Dropdown11_BeiÄnderung()
AktuelleWerteEintragen
End Sub
'
' Dropdown12_BeiÄnderung Makro
'

'
Sub Dropdown12_BeiÄnderung()
AktuelleWerteEintragen
End Sub
'
' Überträgt aktuelle Werte aus Tabellenblatt
' ins Dialogfeld
'

'
Sub AktuelleWerteEintragen()
DBlatt.DrawingObjects("Bezeichnung 18").Character.Text _
    = BBlatt.Range("b7").Text
DBlatt.DrawingObjects("Bezeichnung 20").Character.Text _
    = (BBlatt.Range("b8").Text) & " Jahre"
DBlatt.DrawingObjects("Bezeichnung 17").Character.Text _
    = BBlatt.Range("b9").Text
End Sub
```

7.7 Integrierte Excel-Dialogfelder anzeigen

Oft sollen in einer Anwendungslösung nicht nur selbsterstellte Dialoge zur Verfügung gestellt werden, sondern auch die Dialoge von Excel, beispielsweise *Datei/Öffnen*. Auch dies ist möglich, denn Dialogfelder, die in Excel standardmäßig integriert sind, können Sie sich in Anwendungen anzeigen lassen, um Benutzereingaben zu erhalten oder Abläufe in Anwendungen zu steuern. Für die Anzeige der in Excel integrierten Dialogfelder können Sie die Methode **Zeigen** (engl. **Show**) des Dialog-Objekts verwenden. Dazu müssen Sie die richtige Konstante für das Argument Index der Dialog-Methode angeben.

Sie finden die Liste der verfügbaren Dialogfeld-Konstanten (alle mit «xlDialog» beginnend), indem Sie den Objektkatalog verwenden. Gehen Sie dazu in folgender Weise vor:

1. Aktivieren Sie ein Modulfenster einer Excel-Arbeitsmappe.
2. Aktivieren Sie das Menü **Ansicht**, und wählen Sie den Befehl **Objektkatalog**.
3. Wählen Sie aus dem Listenfeld «Bibliotheken/Arbeitsmappen» die Option «Excel».
4. Klicken Sie im Feld «Objekte/Module» auf «Konstanten». Ergebnis:

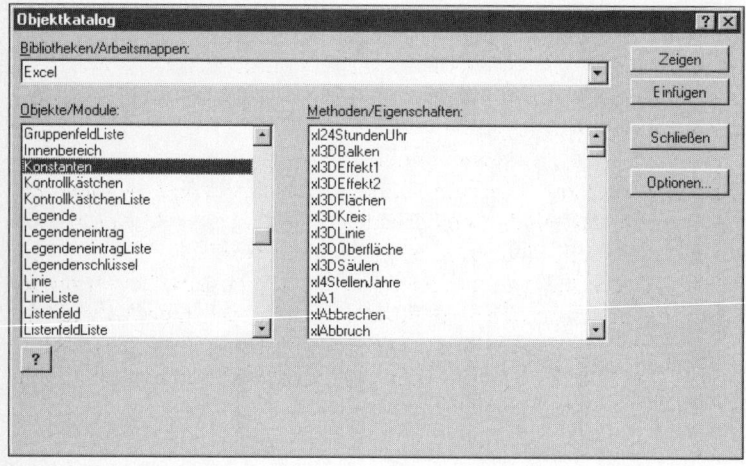

5. Führen Sie im Feld «Methoden/Eigenschaften» einen Bildlauf durch, bis Sie die mit «xlDialog» beginnenden Konstanten sehen.

Beispiel: Zu den häufigsten Dialogen, die per Makro aufgerufen werden, gehört *Datei/Öffnen*. Es soll eine einfache VBA-Prozedur erstellt werden, die der Ausführung des Menübefehls entspricht.

Im folgenden Beispiel wird das Dialogfeld «Öffnen» angezeigt:

```
Sub DateiÖffnenDialog()
Anwendung.Dialogliste(xlDialogÖffnen).Zeigen
Ende Sub
```

Englisch

```
Sub DateiÖffnenDialog()
Application.Dialogs(xlDialogOpen).Show
End Sub
```

Die Show-Methode kann einer zuvor dimensionierten Variablen zugewiesen werden, die den Wahrheitswert Wahr (Datei geöffnet) oder
Falsch (Dialog mit Abbrechen beendet) annehmen kann. Der Rückgabewert der Methode **Zeigen** (engl. **Show**) gibt an, auf welche Befehlsschaltfläche der Benutzer zum Schließen des Dialogfelds geklickt hat.
False zeigt an, daß auf die Schaltfläche ⟨Abbrechen⟩ geklickt wurde. True
zeigt an, daß auf die Schaltfläche ⟨OK⟩ geklickt wurde.
Die Anzeige des Dialogs allein reicht natürlich nicht aus. Der Anwender
würde mit der beschriebenen VBA-Anweisung das angemeldete Verzeichnis und Laufwerk erhalten, und das muß nicht das gewünschte
Datenverzeichnis sein. Laufwerk und Verzeichnis werden deshalb vorher über ChDir eingestellt.

```
Sub DateiÖffnenDialog()
Konst DatVerz = "C:\MSOFFICE\EXCEL"
Wenn AktVerz() <> DatVerz Dann
    WechsleVerz DatVerz
    Anwendung.DialogListe(xlDialogÖffnen).Zeigen
Ende Wenn
Ende Sub
```

Englisch

```
Sub DateiÖffnenDialog()
Const DatVerz = "C:\MSOFFICE\EXCEL"
If CurDir() <> DatVerz Then
    ChDir DatVerz
    Application.Dialogs(xlDialogOpen).Show
  End If
End Sub
```

Ein weiteres Problem verdient Beachtung: Nach Ausführung des Befehls wird die gewählte Datei ohne Rücksicht auf Verluste geöffnet. Der Programmierer muß, nachdem der Öffnen-Prozeß abgeschlossen ist, die gewählte Datei prüfen, bei falscher Wahl wieder schließen und den Dialog erneut anbieten. Hier bietet sich ein alternativer Dialog an. Die folgende VBA-Lösung benutzt anstelle der Konstanten **xlDialogÖffnen** die Methode **ÖffnenDateinameErmitteln** (engl. **GetOpenFileName**). Sie aktiviert ebenfalls den Öffnen-Dialog und ermöglicht die Auswahl einer Datei, aber im Unterschied zur vorher benutzten Show-Methode wird die ausgewählte Datei nicht geöffnet. Der Programmierer kann die Auswahl vorher überprüfen und im weiteren Verlauf der VBA-Lösung entsprechend verfahren.

```
Sub DateiÖffnenDialog2()
  Dim DateiGewählt
  DateiGewählt = Anwendung.ÖffnenDateinameErmitteln _
    ("Microsoft Excel Dateien (*.xls), *.xls")
  Wenn DateiGewählt = Falsch Dann
    Verlasse Sub
  Sonst
    MeldungsDlg "Sie haben die Datei " & DateiGewählt _
    & " gewählt"
  Ende Wenn
Ende Sub
```

Englisch

```
Sub DateiÖffnenDialog2()
  Dim DateiGewählt
  DateiGewählt = Application.GetOpenFilename _
    ("Microsoft Excel Dateien (*.xls), *.xls")
  If DateiGewählt = False Then
    Exit Sub
  Else
    MsgBox "Sie haben die Datei " &  DateiGewählt & " _
    gewählt"
  End If
End Sub
```

ÖffnenDateinameErmitteln benutzt als Argument in der Klammer eine Zeichenfolge für den Dateityp. Wie diese auszusehen hat, läßt sich unter *Datei/Öffnen* nachprüfen.

Natürlich läßt sich auch jeder andere Suchstring vordefinieren. Die Angabe in Klammern bezeichnet den benutzten Dateifilter, und der String kann damit folgende Kombinationen annehmen:

```
"Textdateien (*.txt),*.txt,Add-In-Dateien (*.xla),*.xla"
```

Hat der Anwender die richtige Datei gefunden, markiert und mit OK bestätigt, genügt eine Anweisung mit der Open-Methode, um sie über die Variable zu aktivieren:

```
ArbeitsmappeListe.Öffnen Dateiname:=DateiGewählt
engl.: Workbooks.Open Filename:=DateiGewählt
```

Beachten Sie noch folgende *Hinweise:*

- Sie können ein Excel-Dialogfeld nicht außerhalb seines normalen Kontextes anzeigen. Wird das Dialogfeld beispielsweise gewöhnlich nur dann angezeigt, wenn ein Tabellenblatt aktiv ist, versagt die Show-Methode, wenn Sie die Prozedur in einem Blatt durchführen, das kein Tabellenblatt ist.

- Um Standardwerte für ein integriertes Dialogfeld festzulegen, geben Sie die entsprechenden Makrofunktionsargumente für die Show-Methode an.

▨ Die Anzeige eines benutzerdefinierten Dialogfeldes und eines bereits integrierten Dialogfeldes erfolgt in unterschiedlicher Weise.

7.8 Vordefinierte Dialogfelder nutzen

Neben dem Erzeugen benutzerdefinierter Dialogfelder können Sie auch die vordefinierten Dialogfelder von Excel-VBA nutzen. Obwohl wir diese bereits zuvor an verschiedenen Stellen in diesem Buch verwendet haben, sollen nachfolgend noch einmal Besonderheiten dazu herausgearbeitet werden.

Die drei grundsätzlichen Varianten zeigt die folgende Übersicht:

Funktion/Methode	Bedeutung
EingabeDlg-Funktion (engl. **InputBox**)	Mit der Funktion **EingabeDlg** kann ein Dialogfeld mit einer Eingabeaufforderung und einem Bearbeitungsfeld zur Anzeige gebracht werden. Klickt der Benutzer auf OK , so gibt die Funktion den zuvor im Bearbeitungsfeld eingegebenen Text zurück.
Eingabefeld-Methode (engl. **InputBox**)	Die **Eingabefeld**-Methode des Objekts *Anwendung* ist der Funktion **EingabeDlg** ähnlich. Sie enthält jedoch ein wahlfreies Argument zur Überprüfung des zurückgegebenen Datentyps. Die Eingabe muß dann diesem Datentyp entsprechen.
MeldungsDlg-Funktion (engl. **MsgBox**)	Die Funktion **MeldungsDlg** zeigt eine einfache Meldung in einem Dialogfeld an. Sie können mehrere unterschiedliche Befehlsschaltflächen und Symbole anzeigen. Diese Funktion gibt eine Zahl zurück, die anzeigt, auf welche Schaltfläche geklickt wurde.

7.8.1 Dateneingabe mit der EingabeDlg-Funktion

Mit der Funktion **EingabeDlg** können in einer Anwendung Informationen vom Anwender erfragt werden. Nach der Anzeige der Eingabeaufforderung in einem Dialogfeld wartet das System auf die Eingabe eines Textes oder die Auswahl einer Schaltfläche. Zurückgeliefert wird der Inhalt des Bearbeitungsfeldes, so daß Eingaben in das System «eingelesen» werden.

Es gilt die folgende allgemeine Syntax:

```
EingabeDlg(Eingabeaufforderung[;Titel][;Standard] _
   [;Xposition][;Y-Position][;Hilfedatei;Hilfekontext/D])
engl.: InputBox(prompt[,title][,default][,xpos][,ypos] _
   [,helpfile,context])
```

Beachten Sie: Die in eckigen Klammern geschriebenen Funktionsargumente sind nicht zwingend vorgeschrieben, sondern können optional verwendet werden. Bei fehlenden Argumenten sind die Trennzeichen zu beachten. Im einzelnen haben die Argumente der Funktion **EingabeDlg** folgende Bedeutung:

Argument	Beschreibung
Eingabeaufforderung (engl. **prompt**)	Hier ist ein Zeichenfolgenausdruck einzugeben, der später als Meldung im Dialogfeld erscheint. Die Länge dieses Textes kann maximal ca. 1024 Zeichen sein, abhängig von der Breite der verwendeten Zeichen. Wenn der Text aus mehreren Zeilen besteht, müssen Sie die Zeilen mit einem Wagenrücklaufzeichen (Zeichencode 13) oder einer Folge aus Wagenrücklaufzeichen und Zeilenvorschubzeichen (Zeichencode 10) trennen.
Titel (engl. **title**)	Hier wird ein Zeichenfolgenausdruck eingegeben, der in der Titelleiste des Dialogfeldes erscheinen soll. Bei fehlender Angabe erscheint kein Text in der Titelleiste.
Standard (engl. **default**)	Hier kann ein Zeichenfolgenausdruck angegeben werden, der als Voreinstellung im Bearbeitungsfeld angezeigt wird, wenn keine Eingaben stattfinden. Bei fehlender Angabe erscheint das Textfeld ohne Text.
Xposition (engl. **xpos**)	Anzugeben ist ein numerischer Ausdruck (in Twips), der den horizontalen Abstand vom linken Rand des Dialogfeldes zum linken Rand des Bildschirms festlegt (Twips = 0,35 mm). Bei fehlender Angabe erscheint das Dialogfeld horizontal zentriert.

Argument	Beschreibung
Yposition (engl. **ypos**)	Numerischer Ausdruck, der in Twips den vertikalen Abstand vom oberen Rand des Dialogfeldes zum oberen Rand des Bildschirms festlegt. Bei fehlender Angabe erscheint das Dialogfeld etwa ein Drittel unterhalb des oberen Bildschirmrands (bezogen auf die gesamte Bildschirmhöhe).
Hilfedatei (engl. **Helpfile**)	Zeichenfolgenausdruck, der die Hilfedatei mit der kontextbezogenen Hilfe für das Dialogfeld angibt. Wenn Sie eine Hilfedatei angeben, müssen Sie auch danach einen Hilfekontext angeben.
Hilfekontext/D (engl. **Context**)	Numerischer Ausdruck mit der Zahl für den Hilfe-kontext, die der Autor der Hilfe für das entsprechende Hilfethema vergeben hat.

Beachten Sie:

▨ Wenn Sie Ausdrücke für Hilfedatei und Hilfekontext angeben, erscheint die Schaltfläche für «Hilfe» automatisch im Dialogfeld.

▨ Die Schaltflächen OK und Abbrechen werden standardmäßig in dem Dialogfeld angezeigt.

▨ Mit der EingabeDlg-Funktion kann ein laufendes Programm spezifische Eingaben durch den Benutzer verlangen.

Anwendungsbeispiel 1: Es soll folgende Eingabebox für die Eingabe des Namens erzeugt werden:

Folgende Sub-Prozedur muß im Beispielfall erzeugt werden:

```
Sub Namensabfrage()
Namen = EingabeDlg("Wie heißen Sie?";"Vor- und _
    Zuname";;28;28)
Ende Sub
```

Eine Anwendung zeigt: Wenn der Benutzer auf $\boxed{\text{OK}}$ klickt oder die Eingabetaste drückt, liefert die Funktion EingabeDlg den Inhalt des Textfeldes. Wählt der Benutzer die Schaltfläche $\boxed{\text{Abbrechen}}$, so liefert die Funktion eine leere Zeichenfolge ("").

In englischer Sprachversion ist folgende Sub-Prozedur zu erzeugen:

```
Sub Namensabfrage()
Namen = InputBox("Wie heißen Sie?","Vor- und _
    Zuname",,28,28)
End Sub
```

Anwendungsbeispiel 2: Es soll die folgende Eingabebox für die Eingabe des Alters erzeugt werden. Dabei soll der Wert 18 voreingestellt sein und der eingegebene Wert anschließend an die Zelle A2 des aktuellen Tabellenblattes übergeben werden.

Folgende Sub-Prozedur muß im Beispielfall erzeugt werden:

```
Sub Altersabfrage()
BlattListe("Tabelle1").Auswählen
Alter = EingabeDlg("Wie alt sind Sie?";"Alter";18)
Bereich ("A2").Wert = Alter
Ende Sub
```

In englischer Sprachversion ist folgende Sub-Prozedur zu erzeugen:

```
Sub Altersabfrage()
Sheets("Tabelle1").Select
Alter = InputBox("Wie alt sind Sie?","Alter",18)
Range ("A2").Value = Alter
End Sub
```

7.8.2 Dateingabe mit der Eingabefeld-Methode

Mit der **Eingabefeld-Methode** können in einer Anwendung ebenfalls Informationen eingegeben werden. Eine Besonderheit dabei ist, daß gleichzeitig der Datentyp der eingegebenen Information geprüft werden kann. Bei der Ausführung wird wiederum ein Dialogfeld für Benutzereingaben angezeigt.

Es gilt die folgende allgemeine Syntax:

```
Objekt.Eingabefeld(Eingabeaufforderung;Titel;Standard; _
   Links;Oben;Hilfedatei; HilfeIdentifikation;Typ)


engl.
Objekt.InputBox(prompt, title, default, left, top, _
   helpFile, helpContextID, type)
```

Im einzelnen haben die Argumente der Methode **Eingabefeld** folgende Bedeutung:

Argument	Beschreibung
Objekt (engl. **Object**)	Dieses Argument ist immer erforderlich. Es steht als Platzhalter für das Objekt **Anwendung** (engl. **Application**).
Eingabeaufforderung (engl. **Prompt**)	Dieses Argument, das ebenfalls immer erforderlich ist, steht als Platzhalter für die im Dialogfeld anzuzeigende Meldung. Dies kann eine Zeichenfolge, eine Zahl, ein Datum oder ein boolescher Wert sein.
Titel (engl. **Title**)	Damit wird die Überschrift des Dialogfeldes bestimmt. Die Angabe ist optional. Ohne Angabe dieses Arguments erscheint die Standardvorgabe «Eingabe».
Standard (engl. **Default**)	Legt den Wert fest, der im Bearbeitungsfeld vorgegeben werden soll, wenn das Dialogfeld auf dem Bildschirm erscheint. Ohne Angabe dieses Arguments bleibt das Bearbeitungsfeld leer.
Links (engl. **Left**)	Legt die x-Position des Dialogfelds relativ zur linken oberen Ecke des Bildschirms in Punkten fest. Ein Punkt entspricht $1/72$ Zoll (0,35 mm).

Argument	Beschreibung
Oben (engl. **Top**)	Legt die y-Position des Dialogfelds relativ zur linken oberen Ecke des Bildschirms in Punkten fest.
Hilfedatei (engl. **HelpFile**)	Der Name der Online-Hilfedatei für dieses Eingabefeld wird angegeben. Bei Angabe des Platzhalters erscheint die Schaltfläche Hilfe im Dialogfeld.
Hilfeidentifikation (engl. **HelpContextID**)	Die Hilfeidentifikation des Themas in der Hilfedatei, die mit dem Argument **Hilfedatei** (helpFile) bestimmt wurde.
Typ (engl. **Type**)	Die Art der zurückgegebenen Daten. Ohne Angabe dieses Arguments gibt das Dialogfeld die Daten in Form von Text zurück. Die folgenden Werte sind für das Argument zulässig: *Wert Bedeutung* 0 Eine Formel 1 Eine Zahl 2 Text (eine Zeichenfolge) 4 Ein Wahrheitswert (Wahr oder Falsch) 8 Ein Zellbezug in Form eines Bereichsobjekts 16 Ein Fehlerwert, wie z. B. #NV 64 Eine Matrix von Werten

Die Eingabefeld-Methode (engl. InputBox-Methode) unterscheidet sich von der EingabeDlg-Funktion (engl. InputBox-Funktion), da es mit ihr möglich ist, die Eingabe des Anwenders auszuwerten und sie mit Microsoft-Excel-Objekten, Fehlerwerten und Formeln zu verwenden. Beachten Sie, daß **Anwendung.Eingabefeld** (engl. **Application.Input-Box**) die Eingabefeld-Methode und **EingabeDlg** (engl. **InputBox** ohne Objektkennzeichner) die Eingabedialog-Funktion aufruft.

Anwendungsbeispiel: Es soll ein Betrag für eine Menge über die Eingabefeld-Methode eingegeben werden können. Dabei werden neben der Eingabeaufforderung ein Titel und ein Typ vereinbart.

```
Sub MengenEingabe()
BlattListe("Tabelle1").Auswählen
Menge = Anwendung.Eingabefeld(Eingabeaufforderung := _
```

```
"Bitte Menge eingeben!"; Titel := Mengeneingabe"; Typ: _
    = 1)
Bereich("A5").Wert = Menge
Ende Sub
```

Englisch

```
Sub MengenEingabe()
Sheets("Tabelle1").Select
Menge = Application.InputBox(prompt := "Bitte Menge _
    eingeben!", title := Mengeneingabe", type:= 1)
Range("A5").Value = Menge
End Sub
```

Im Beispielfall wurden für die Argumente die jeweils zutreffenden Begriffe (also Eingabeaufforderung, Titel und Typ) vor einem Gleichheitszeichen eingegeben. Dies ist grundsätzlich entbehrlich, hat aber den Vorteil der Übersichtlichkeit und erspart das Abzählen von Trennzeichen (beispielsweise der Semikola).

Nach einer Ausführung in einer Tabelle (etwa über die Wahl des Menüs **Extras** und Aktivierung des Befehls **Makro**) erscheint das folgende Dialogfeld:

Das Dialogfeld enthält die Schaltflächen OK und Abbrechen. Wenn nach der Dateneingabe OK gewählt wird, gibt die Eingabefeld-Methode den im Dialogfeld eingegebenen Wert zurück. Im Beispielfall wird dieser dann in die Zelle A5 des aktuellen Arbeitsblattes eingetragen. Wird Abbrechen gewählt, wird der Wert Falsch (engl. False) zurückgegeben. Es erfolgt dann also kein Eintrag in der Zelle A5.

7.8.3 Datenausgabe mit der MeldungsDlg-Funktion

Die Meldungsdialogfunktion bietet die Möglichkeit, in einem Dialogfeld auf sehr komfortable Weise Warnungen und Fehlermeldungen anzuzeigen. Dieses Dialogfeld bleibt so lange sichtbar, bis eine von drei möglichen Schaltflächen gewählt wurde.

Dabei wird in einem Dialogfeld eine Meldung angezeigt. Nach Auswahl einer Schaltfläche liefert das Dialogfeld einen Wert, der die ausgewählte Schaltfläche bestimmt.

Es gilt die folgende allgemeine Syntax:

```
MeldungDlg(Meldung[;Schaltflächen][;Titel];Hilfedatei; _
    Hilfekontext/D])
engl.: MsgBox(Prompt[,buttons][,title][,helpfile,context])
```

Im einzelnen haben die Argumente der Funktion **MeldungsDlg** folgende Bedeutung:

Argument	Beschreibung
Meldung (engl. **Prompt**)	Hier kann ein Zeichenfolgenausdruck angegeben werden, der als Meldung im Dialogfeld erscheint. Die Maximallänge ist etwa 1024 Zeichen, abhängig von der Breite der verwendeten Zeichen. Wenn der Zeichenfolgeausdruck aus mehreren Zeilen besteht, müssen Sie die Zeilen mit einem Wagenrücklaufzeichen (Zeichencode 13) oder einer Folge aus Wagenrücklaufzeichen und Zeilenvorschubzeichen (Zeichencode 10) voneinander trennen.
Schaltflächen (engl. **Buttons**)	Dieses Argument enthält einen numerischen Ausdruck. Damit wird die Anzahl, der Typ der Schaltflächen, das verwendete Symbol, die voreingestellte Schaltfläche und die Bindung des Dialogfelds angegeben. Wenn Sie keine Angabe vornehmen, ist die Voreinstellung 0.
Titel (engl. **Title**)	Zeichenfolgenausdruck, der in der Titelleiste des Dialogfeldes erscheint. Wenn Sie nichts angeben, erscheint kein Text in der Titelleiste (lediglich der Programmname).

Argument	Beschreibung
Hilfedatei (engl. **Helpfile**)	Zeichenfolgenausdruck, der die Hilfedatei mit der kontextbezogenen Hilfe für das Dialogfeld angibt. Wenn Sie eine Hilfedatei angeben, müssen Sie danach einen Hilfekontext angeben.
Hilfekontext/D (engl. **Context**)	Numerischer Ausdruck mit der Zahl für den Hilfe-kontext, die der Autor der Hilfe für das entsprechende Hilfethema vergeben hat.

In der einfachsten Form muß die Funktion **MeldungsDlg** lediglich eine Eintragung für das Argument «Meldung» enthalten. *Beispiel:*

```
Sub SatzGelöscht()
 Ergebnis=MeldungsDlg("Der Satz wurde erfolgreich _
 gelöscht")
Ende Sub
```

Englisch

```
Sub SatzGelöscht()
 Ergebnis=MsgBox("Der Satz wurde erfolgreich gelöscht")
End Sub
```

Nach Eingabe der Subprozedur und Durchführung eines Testlaufs wird das folgende Dialogfenster angezeigt:

Es wird deutlich, daß
- in der Titelleiste lediglich der Programmname «Microsoft Excel» er-scheint und
- als Schaltfläche standardmäßig OK eingeblendet wird.

Sie sollen im folgenden aber noch einige Erweiterungen kennenlernen.
Zunächst dazu das nachstehende einfache Beispiel:

Es soll nach Eingabe des Namens dieser noch einmal in einer Meldungsbox angezeigt werden. Lösung:

```
Sub NameAnzeigen()
Mein = EingabeDlg(Eingabeaufforderung:="Bitte geben Sie _
    Ihren Namen ein:")
MeldungsDlg (Meldung:=Mein; Schaltflächen:=vbWarnung; _
    Titel:="Ihr Name lautet:")
Ende Sub
```

Englisch

```
Sub NameAnzeigen()
Mein = InputBox(Prompt:="Bitte geben Sie Ihren Namen _
    ein:")
MsgBox (Prompt:=Mein, Buttons:=vbExclamation, _
   Title:="Ihr Name lautet:")
End Sub
```

In diesem Beispiel erstellt die erste Anweisung die Variable *Mein*, die die vom Benutzer eingegebene Zeichenfolge speichert. Die zweite Anweisung zeigt die Zeichenfolge in einem Meldungsfeld an.

Unterschieden werden die folgenden vier Gruppen von Schaltflächen:

1. Gruppe: Anzahl und Typ der Schaltflächen festlegen

Standardmäßig erscheint nur die Schaltfläche OK bei Anwendung des Meldungsdialogs (Voreinstellung 0). Sie haben aber auch die Möglichkeit, mit besonders definierten Konstanten zu arbeiten und so mehrere Schaltflächen gezielt in ein solches Dialogfeld einzubinden. Folgende Übersicht zeigt den Wert und die Bedeutung der verschiedenen Konstanten, die bei der MeldungsDlg-Funktion angegeben werden können:

Konstante	Wert	Beschreibung
vbNurOK (engl. vbOKOnly)	0	Nur «OK» anzeigen.
vbOKAbbrechen (engl. vbOKCancel)	1	«OK» und «Abbrechen» anzeigen.
vbAbbruchWiederholenIgnorieren (engl. vbAbortRetryIgnore)	2	«Abbrechen», «Wiederholen» und «Ignorieren» anzeigen.
vbJaNeinAbbrechen (engl. vbYesNoCancel)	3	«Ja», «Nein» und «Abbrechen» anzeigen.
vVbJaNein (engl. vbYesNo)	4	«Ja» und «Nein» anzeigen.
vbWiederholenAbbrechen (engl. vbRetryCancel)	5	«Wiederholen» und «Abbrechen» anzeigen.

2. Gruppe: Symbolart festlegen

In das Dialogfeld, das bei Anwendung der MeldungsDlg-Funktion erscheint, kann zusätzlich ein Sinnbild eingefügt werden, um den Benutzer auf Besonderheiten hinzuweisen. Zur Wahl stehen vier Varianten:

Konstante	Wert	Beschreibung
vbKritisch (engl. vbCritical)	16	Stop-Symbol anzeigen.
vbFrage (engl. vbQuestion)	32	Fragezeichen-Symbol anzeigen.
vbWarnung (engl. vbExclamation)	48	Ausrufezeichen-Symbol anzeigen.
vbInformation (engl. vbInformation)	64	Info-Symbol anzeigen.

Beachten Sie: Bei Einbindung einer dieser Konstanten wird das Symbol automatisch in die linke obere Ecke des Meldungsfensters gesetzt.

3. Gruppe: Voreinstellungen setzen

Sie können für eingebundene Schaltflächen festlegen, welche Schaltfläche standardmäßig aktiviert sein soll. Da nur drei Schaltflächen in dem Dialogfeld möglich sind, gibt es folgende Varianten:

Konstante	Wert	Beschreibung
vbStdSchaltfläche1 (engl. **vbDefaultButton1**)	0	Erste Schaltfläche ist Voreinstellung.
vbStdSchaltfläche2 (engl. **vbDefaultButton2**)	256	Zweite Schaltfläche ist voreingestellt.
vbStdSchaltfläche3 (engl. **vbDefaultButton3**)	512	Dritte Schaltfläche ist Voreinstellung.

4. Gruppe: Form der Anbindung des Dialogfeldes festlegen

Schließlich kann noch die Form der Anbindung des Dialogfeldes bestimmt werden. Folgende beiden Alternativen gibt es:

Konstante	Wert	Beschreibung
vbAnwendungModal (engl. **vbApplicationModal**)	0	An die Anwendung gebunden. Der Benutzer muß das Meldungsfeld beantworten, bevor er seine Arbeit mit der aktuellen Anwendung fortsetzen kann.
vbSystemModal (engl. **vbSystemModal**)	4096	An das System gebunden. Alle Anwendungen werden angehalten, bis der Benutzer das Meldungsfeld beantwortet.

Zusammenfassend gilt: Die erste Gruppe von Werten (0–5) beschreibt die Anzahl und den Typ der im Dialogfeld angezeigten Schaltflächen. Die zweite Gruppe (16, 32, 48, 64) beschreibt die Symbolart. Die dritte Gruppe (0, 256, 512) legt die voreingestellte Schaltfläche fest. Die vierte Gruppe (0, 4096) legt fest, in welcher Form das Dialogfeld gebunden ist. *Beachten Sie:* Verwenden Sie beim Kombinieren von Zahlen zu einem Gesamtwert für das Argument «Schaltflächen» nur eine Zahl aus jeder Gruppe.

Wichtig ist außerdem, daß die Konstanten, die durch VBA festgelegt sind, bestimmte Werte repräsentieren. Daher können Sie sie an einer beliebigen Stelle im Code anstelle der tatsächlichen Werte verwenden. Je nach gedrückter Schaltfläche liefert die Funktion an die Variable einen der folgenden Rückgabewerte:

Konstante	Wert	gedrückte Schaltfläche
vbOK (engl. **vbOK**)	1	OK
vbAbbrechen (engl. **vbCancel**)	2	Abbrechen
vbAbbruch (engl. **vbAbort**)	3	Abbruch
vbWiederholen (engl. **vbRetry**)	4	Wiederholen
vbIgnorieren (engl. **vbIgnore**)	5	Ignorieren
vbJa6 (engl. **vbYes**)	6	Ja
vbNein (engl. **vbNo**)	7	Nein

Anmerkungen

▨ Wenn Sie Hilfetext (engl. helpfile) und Hilfedatei (engl. context) angeben, erscheint die Schaltfläche `Hilfe` automatisch im Dialogfeld.

▨ Wenn im Dialogfeld die Schaltfläche «Abbrechen» erscheint, hat das Drücken der Taste `Esc` dieselbe Wirkung wie das Klicken auf `Abbrechen`.

▨ Wenn im Dialogfeld die Schaltfläche `Hilfe` erscheint, wird darüber hinaus eine kontextbezogene Hilfe zur Verfügung gestellt. Ein Wert wird aber nur zurückgegeben, wenn eine der anderen Schaltflächen ausgewählt wird.

Anwendungsbeispiel: Es soll über Dialogfelder vor dem Löschen eines Datensatzes abgefragt werden, ob die Aktion durchgeführt werden soll. Das Ergebnis der gewählten Aktion soll dann in einem weiteren Dialogfenster gemeldet werden.

Lösung:

```
Sub SatzLöschen()
Meldung = "Soll der Satz wirklich gelöscht werden?"
DialogArt=vbJaNein + vbKritisch + vbStdSchaltfläche2
Titel = "Satz  löschen"
antw=MeldungsDlg(Meldung;DialogArt;Titel)
Wenn antw = vbJa Dann
  antw=MeldungsDlg("Satz wird gelöscht!";vbNurOK + _
          vbInformation; "Hinweis")
  Sonst
   antw = MeldungsDlg("Satz wird nicht gelöscht!"; _
          vbNurOK + vbWarnung;"Hinweis")
Ende Wenn
Ende Sub
```

Englisch

```
Sub SatzLöschen()
Meldung = "Soll der Satz wirklich gelöscht werden?"
DialogArt=vbYesNo + vbCritical + vbDefaultButton2
Titel = "Satz  löschen"
antw=MsgBox(Meldung,DialogArt,Titel)
If antw = vbYes Then
  antw=MsgBox("Satz wird gelöscht!",vbOKOnly + _
          vbInformation, "Hinweis")
  Else
   antw = MsgBox("Satz wird nicht gelöscht!";vbOKOnly _
          + vbExclamation;"Hinweis")
End If
End Sub
```

Die vorstehende Prozedur enthält drei unterschiedliche Meldungs-
funktionen. Nach Ausführen der Prozedur erscheint zunächst das folgende Dialogfeld:

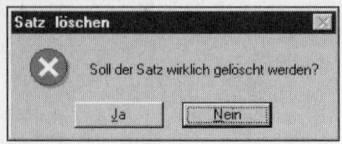

Abhängig von Ihrer weiteren Aktion (entweder Klicken auf Ja oder Klicken auf Nein) wird ein anderes Meldungsfenster angezeigt.
Beim Klicken auf Ja erscheint das folgende Dialogfeld:

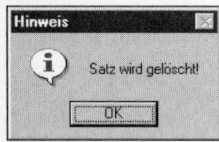

In diesem Fall wird also der erste Zweig der Wenn-Funktion durchlaufen und neben dem Text «Der Satz wird gelöscht» die Schaltfläche OK (durch Einfügen von vbNurOK) sowie das Info-Symbol (durch Einfügen von vbInformation) angezeigt.
Beim Klicken auf Nein wird das folgende Dialogfeld angezeigt:

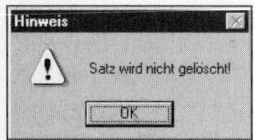

In diesem Fall wird also der Sonst-Zweig durchlaufen. Neben dem Text «Satz wird nicht gelöscht» und der Schaltfläche OK gibt es das Ausrufezeichen-Symbol (bewirkt durch das Einfügen von vbWarnung).

Beachten Sie: Im Beispielcode wird die Ausführung der Schaltflächen in der besonderen Variablen *Dialogart* bestimmt.

8 Anwendung: Prozentrechnung

8.1 Situation

Es ist eine menügesteuerte Prozentrechnung mit VBA zu programmieren. Zum Aufruf der Prozentrechnung soll im Menü **Extras** als letzter Eintrag der Befehl **Prozentrechnung** eingefügt werden.

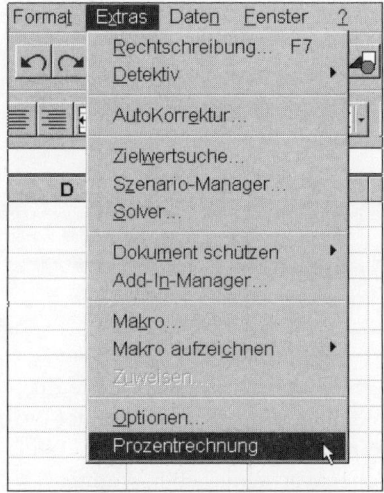

Nach Anklicken dieses Befehls soll ein benutzerdefiniertes Dialogfeld mit einer Optionsgruppe eingeblendet werden, aus der der Anwender durch Anklicken eines Optionsknopfes zwischen der Berechnung des *Grundwertes*, des *Prozentwertes* und des *Prozentsatzes* wählen kann.

8.2 Die benötigten Dialogfelder

Neben dem nachfolgend dargestellten Auswahldialog werden noch fünf weitere Dialogfelder benötigt.

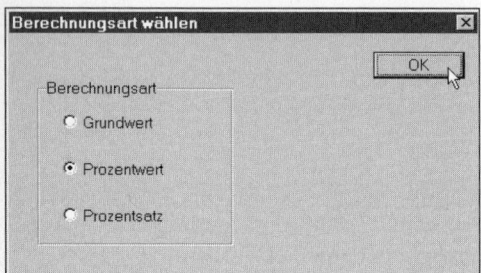

Wurde beispielsweise die Option *Grundwert* gewählt, so wird in einem weiteren Dialogfeld darauf hingewiesen, daß *Prozentwert* und *Prozentsatz* noch einzugeben sind. Die Schaltfläche [Abbrechen] soll einen direkten Ausstieg aus dem Programm ermöglichen.

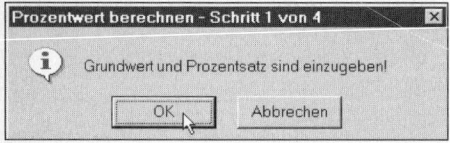

In den beiden nächsten Dialogfeldern werden die angekündigten beiden Werte angefordert. Auch hier soll über [Abbrechen] ein direkter Programmausstieg möglich sein. Die Eingabeaufforderung soll so lange wiederholt werden, bis ein numerischer Wert eingegeben wurde.

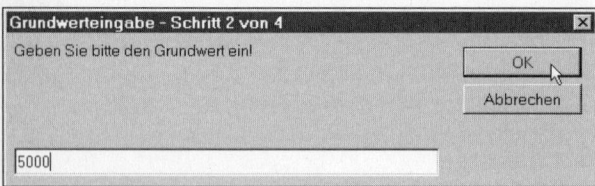

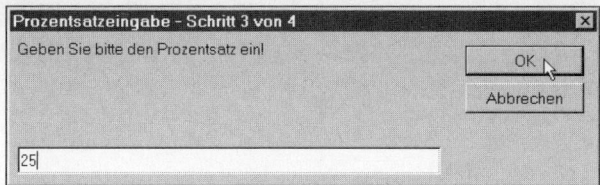

Im Falle eines vorzeitigen Programmabbruchs erscheint folgender Meldungsdialog.

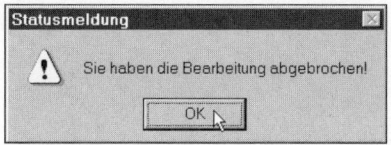

Ein benutzerdefiniertes Dialogfeld zeigt schließlich das gewünschte Ergebnis.

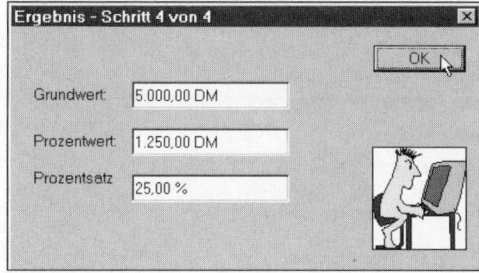

Dieses Dialogfeld bleibt bis zur Bestätigung auf ⌈OK⌉ geöffnet.
Für eine neue Berechnung mit anderen Werten muß wieder der Befehl **Prozentrechnung** im Menü **Extras** aktiviert werden.

8.3 Programmablauf planen

Zur Realisierung dieses Projektes empfiehlt sich folgende Vorgehensweise:

1. Aufbereitung der beiden benutzerdefinierten Dialogfelder zur Auswahl der Berechnungsart und Anzeige des Ergebnisses
2. Einrichtung eines Modulblattes zur Aufnahme der Prozeduren
3. Erstellung der Prozeduren
4. Verknüpfung von Feldern der benutzerdefinierten Dialogfelder mit Variablen bzw. Tabellenzellen
5. Anbindung der Auswahlprozedur an den Menüeintrag im Menü **Extras**

Graphisch ließe sich der Programmablauf wie folgt darstellen:

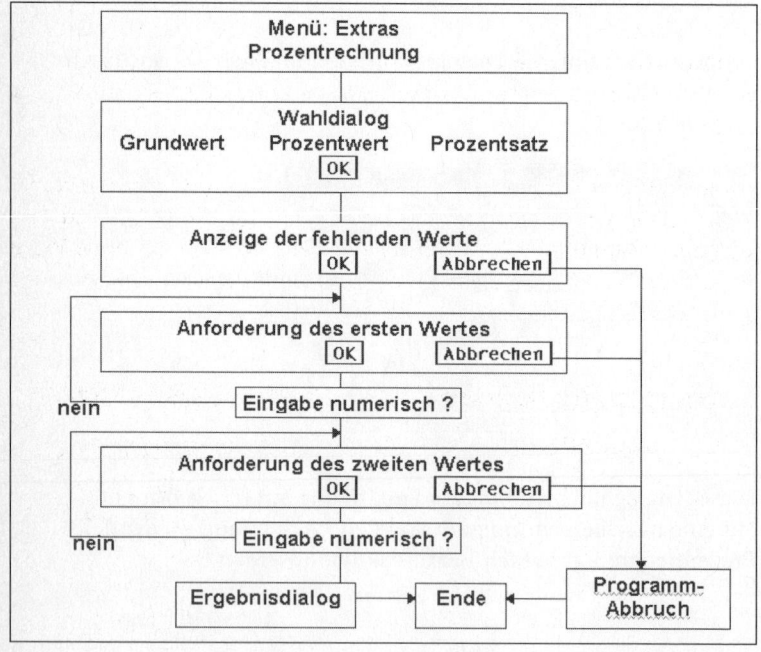

8.4 Dialogfelder entwickeln

Zunächst soll das Dialogfeld zur Programmwahl erstellt werden. Wählen Sie im Menü **Einfügen** den Befehl **Makro/Dialog**. Nun wird in die aktuelle Arbeitsmappe ein neues Dialogblatt mit einem Dialogfeld eingefügt. Außer der Schaltfläche OK zeigt dieses Dialogfeld keine Einträge.

1. Klicken Sie in die Titelleiste, und geben Sie ein: *Berechnungsart wählen*.

2. Klicken Sie in der Dialog-Toolbox auf das *Gruppenfeld*. Ziehen Sie dann in dem Dialogfeld ein rechteckiges Feld auf, das drei Einträge aufnehmen kann.

3. Schreiben Sie oben in den Rahmen des Gruppenfeldes den Text *Berechnungsart*.

4. Klicken Sie in der Dialog-Toolbox auf das Steuerelement *Optionsfeld*, und ziehen Sie dann im Gruppenfeld ein kleines Feld so weit auf, daß der Optionsknopf und der Bezeichnungstext lesbar sind. Überschreiben Sie diesen Text mit *Grundwert*.

5. Wiederholen Sie dieses Verfahren für die Optionen *Prozentwert* und *Prozentsatz*.

Ändern Sie den Namen des Dialogblattes von *Dialog1* in *WahlDialog*. Den drei Optionsknöpfen werden vom System die Werte 1, 2 und 3 zugeordnet. Damit die noch zu erstellenden Prozeduren auf diese Werte zugreifen können, sind sie in einem Tabellenblatt einer Zelle zuzuordnen. Dies soll in *Tabelle1* die Zelle *A1* sein.

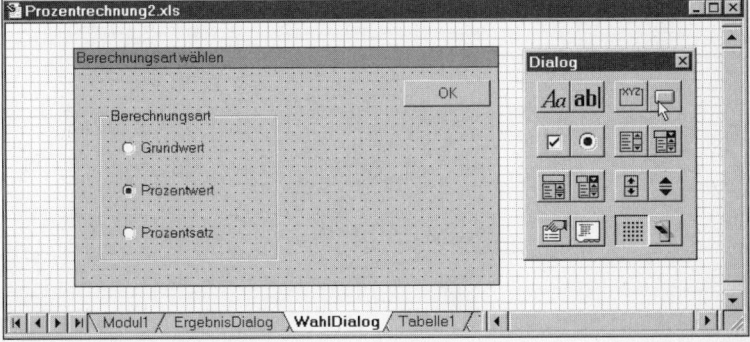

Bleiben Sie dazu im Dialogblatt, und klicken Sie im Gruppenfeld *Berechnungsart* mit der rechten Maustaste auf die Option *Grundwert*. Wählen Sie im dann erscheinenden Kontextmenü den Befehl **Objekt formatieren**. Nun erscheint das Dialogfeld *Objekt* mit dem Eingabefeld *Ausgabeverknüpfung*. Geben Sie hier ein: *Tabelle1!$A$1*.

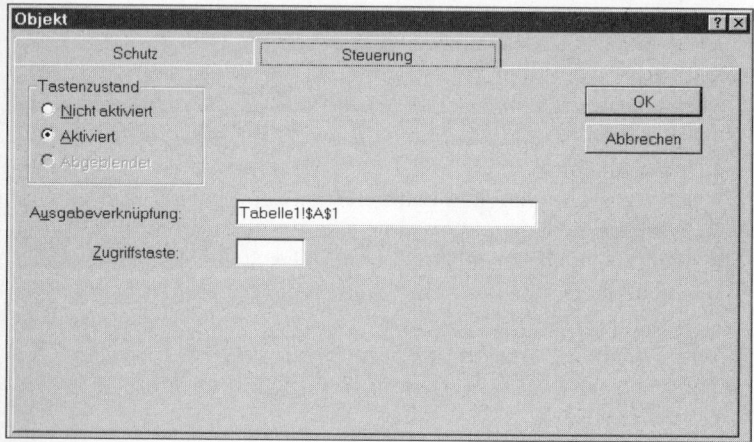

Verfahren Sie entsprechend mit den beiden restlichen Optionsfeldern, indem Sie ebenfalls eine Verknüpfung zu der Zelle *A1* in *Tabelle1* herstellen.

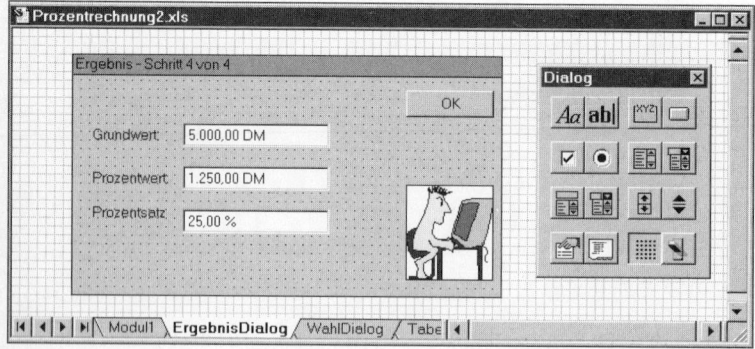

Richten Sie nun ein zweites Dialogblatt ein, und nennen Sie es *ErgebnisDialog*.

1. Schreiben Sie in die Titelleiste den Text *Ergebnis – Schritt 4 von 4*.
2. Ordnen Sie auf der Fläche des Dialogfeldes mit Hilfe der Dialog-Toolbox je drei Bezeichnungs- und Bearbeitungsfelder an.
3. Überschreiben Sie die Bezeichnungsfelder mit den Texten *Grundwert, Prozentwert* und *Prozentsatz*.
4. Klicken Sie auf das Bearbeitungsfeld für die Aufnahme des Grundwertes, und schreiben Sie dann in der Bearbeitungszeile in das *Namensfeld* den Namen *AusgabeGrundwert*. Verfahren Sie entsprechend mit den nächsten beiden Bearbeitungsfeldern. Geben Sie ihnen die Namen *AusgabeProzentwert* und *AusgabeProzentsatz*. Auf diese Namen können Sie später in den Prozeduren leichter zugreifen.
5. Wenn Sie mögen, können Sie mit **Einfügen/Grafik** auch ein Bildobjekt auf der Dialogfläche einfügen.

8.5 Prozeduren entwickeln

Nun können Sie mit dem Erstellen der Prozeduren beginnen. Hierzu richten Sie zunächst mit dem Befehl **Einfügen/Makro/Visual Basic-Modul** ein Modulblatt ein.

Am Anfang sollen einige Variablen eingerichtet werden, die im gesamten Modulblatt Gültigkeit haben.

```
' Vereinbarung von Variablen
  Option Explizit
  Dim Grundwert als Variant
  Dim Prozentwert als Variant
  Dim Prozentsatz als Variant
  Dim Eingabewert Als Variant
  Dim abbrechen Als Einfach
  Dim Meldung als ZeichenF; Titel als ZeichenF
  Dim dbl Als Variant; ddl Als Variant
```

Um mit dem Dialogfeld *Wahldialog* die Berechnungsart auszuwählen, wird folgende Prozedur erforderlich:

```
' Berechnungsart wählen
Sub BerechnungsartWählen()
   Setze dbl = _
       DieseArbeitsmappeBlattListe("Tabelle1")
   DieseArbeitsmappe. _
   DialogblattListe("WahlDialog").Zeigen
   Wenn Bereich("A1") = 1 Dann Grundwertberechnung
   Wenn Bereich("A1") = 2 Dann Prozentwertberechnung
   Wenn Bereich("A1") = 3 Dann Prozentsatzberechnung
Ende Sub
```

In der ersten Anweisung wird der Variablen *dbl* ein Wert zugewiesen, der später einen vollständigen Verweis auf das Bereichsobjekt erleichtert. Die zweite Anweisung blendet das Dialogfeld *WahlDialog* ein. Sobald nun eine Option gewählt wird, liefert das System dank der im Dialogfeld *Objekt* erfolgten Ausgabeverknüpfung den aktuellen Optionswert (1, 2 oder 3) an die Zelle *A1* im Blatt *Tabelle1*. Mit den Fallunterscheidungen in den folgenden Zeilen wird in Abhängigkeit vom Inhalt der Zelle *A1* entweder die Prozedur *Grundwertberechnung, Prozentwertberechnung* oder *Prozentsatzberechnung* aufgerufen.

Bevor Sie sich mit diesen Prozeduren beschäftigen, sollten Sie zunächst die Prozedur *BerechnungsartWählen* an den Befehl **Prozentrechnung** im Menü **Extras** anbinden. Hierzu sind folgende Schritte erforderlich:

1. Wählen Sie im Menü **Extras** den Befehl **Makro**.
2. Wählen Sie dann im Feld *Makroname/Bezug* des Dialogfeldes *Makro* den Makro *BerechnungsartWählen* aus.
3. Klicken Sie auf die Schaltfläche [Optionen].
4. Klicken Sie im Feld *Zuweisen* des Dialogfeldes *Makro-Optionen* auf das Kontrollkästchen *Befehl im Menü Extras*, und geben Sie den Namen ein, der im Menü **Extras** eingetragen werden soll, also: *Prozentrechnung*.
5. Schließen Sie mit [OK] das Dialogfeld *Makro-Optionen* und mit [Schließen] das Dialogfeld *Makro*.

Hinweis: Um den Menübefehl wieder zu löschen, öffnen Sie das Dialogfeld *Makro-Optionen*. Deaktivieren Sie dort das Kontrollkästchen *Befehl im Menü Extras*, und löschen Sie den Namenseintrag mit [Entf].

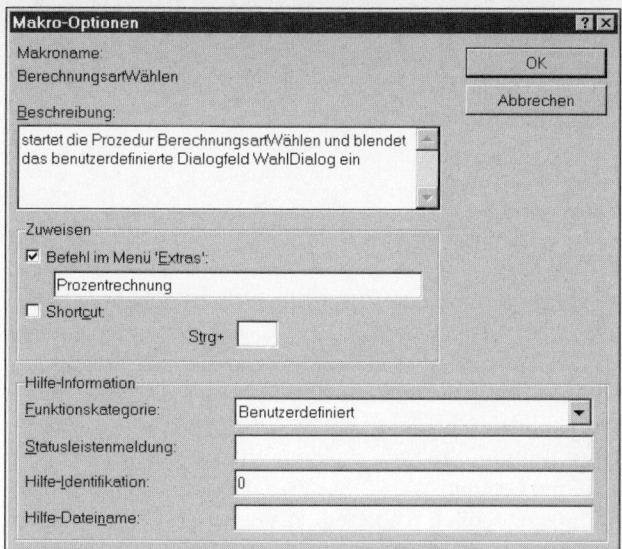

Wenden wir uns nun dem Problem der *Grundwertberechnung* zu. Hier ergibt sich folgende Grobgliederung:

1. In einem Dialogfeld ist auf die Eingabe der noch benötigten Werte Prozentwert und Prozentsatz hinzuweisen.
2. Die Eingabe für den Prozentwert ist anzufordern. Dabei ist sicherzustellen, daß ein numerischer Wert eingegeben wurde. Auch sollte ein Programmabbruch möglich sein.
3. Die Eingabe für den Prozentsatz ist entsprechend anzufordern.
4. Der Grundwert ist mit Hilfe der angeforderten Werte zu berechnen.
5. Das Ergebnis bzw. eine Meldung über den Programmabbruch ist auszugeben.

Für die Punkte 4 und 5 sind eigene Prozeduren zu schreiben, da bei der Berechnung von Prozentwert und Prozentsatz mit anderen Werten gerechnet wird.

Der erste Punkt kann auf folgende Weise gelöst werden:

```
' Grundwert berechnen
Sub Grundwertberechnung()
```

```
abbrechen = MeldungsDlg("Prozentwert und _
          Prozentsatz sind einzugeben!"; 1 + 64; _
          "Grundwert berechnen - Schritt 1 von 4")
Wenn abbrechen = 2 Dann GeheZu Marke
.
.
Ende Sub
```

Im Meldungsdialog wird durch die Ziffer 1 der Schaltflächentyp festgelegt. Das heißt, die Schaltflächen OK und Abbrechen werden im Dialogfeld gezeigt. Das Argument 64 veranlaßt zusätzlich die Anzeige des Info-Symbols im Dialogfeld. Falls Sie nach Einblenden des Dialogfeldes die Schaltfläche OK drücken, liefert das System die Ziffer 1 an die Variable *abbrechen*. Wurde hingegen die Schaltfläche Abbrechen betätigt, so erhält *abbrechen* den Wert 2. Aufgrund dieser Werte kann die Prozedur nun unterschiedlich reagieren. Für den Fall, daß *abbrechen* den Wert 2 erhalten hat, soll ein Sprung zu dem Label *Marke* erfolgen. Dort erfolgt dann die Meldung über den Programmabbruch. Im anderen Fall erfolgt die Eingabe der erforderlichen Werte, nämlich Prozentwert und Prozentsatz.

Die Eingabe des Prozentwertes läßt sich auf folgende Weise lösen:

```
' Prozentwert eingeben
EingabeRichtig = Falsch
Durchlaufe
    Prozentwert = EingabeDlg("Geben Sie bitte den _
                  Prozentwert ein!" "Prozentwert _
                  eingabe - Schritt 2 von 4"; 0)
    Wenn Prozentwert = "" Dann GeheZu Marke
    EingabeRichtig = IstZahl(Prozentwert)
Schleife BisWahr EingabeRichtig = Wahr
```

Die **EingabeDialog-Funktion** muß hier in eine Schleifenkonstruktion eingebettet werden, da diese Funktion keine Überprüfung der eingegebenen Werte ausführen kann. Der Eingabewert wird bei Abschluß des Dialogfeldes mit OK an die Variable *Prozentwert* geliefert. Beim Abschluß mit Abbrechen würde der Wert *leere Menge* zurückgegeben. In diesem Fall soll die Prozedur zu dem Label *Marke* verzweigen. Die

Schleife wird so lange durchlaufen, bis die boolesche Variable *Eingabe-Richtig* den Wert *Wahr* angenommen hat. Dies trifft zu, wenn ein numerischer Wert eingegeben wurde.

Die **Eingabefeld-Methode** hingegen ermöglicht durch Eingabe eines Arguments die Überprüfung des eingegebenen Wertes. Wurde hier das Argument *Typ* auf 1 gesetzt, werden alle nichtnumerischen Eingaben zurückgewiesen. So erübrigt sich dann die oben beschriebene Schleifenkonstruktion.

```
' Prozentwert eingeben
Meldung = "Geben Sie bitte den Prozentwert ein!"
Titel = "Prozentwerteingabe - Schritt 2 von 4"
Prozentwert = Anwendung.Eingabefeld("Meldung; _
          Titel; ; ; ; ; ;1)
Wenn Prozentwert Falsch Dann GeheZu Marke
```

Die Anweisungen zur Erfassung des Prozentsatzes sind ähnlich aufgebaut:

```
' Prozentsatz eingeben
Meldung = "Geben Sie bitte den Prozentsatz (ohne _
          %-Zeichen) ein!"
Titel = "Prozentsatzeingabe  - Schritt 3 von 4"
Prozentsatz = Anwendung.Eingabefeld("Meldung; _
          Titel; ; ; ; ; ;1)
Wenn Prozentsatz = Falsch Dann GeheZu Marke
```

Da die Eingaberoutinen dieser beiden Prozedurteile identisch sind, sollten sie in eine eigene Prozedur *WertEingabe* ausgelagert werden. Dazu sind folgende Änderungen erforderlich:

```
' Prozentwert eingeben
  Meldung = "Geben Sie bitte den Prozentwert ein!"
  Titel = "Prozentwerteingabe - Schritt 2 von 4"
  Werteingabe Meldung; Titel ' Prozeduraufruf mit
                                    ' Argumenten
  Wenn Eingabewert = Falsch Dann Verlasse Sub
  Prozentwert = Eingabewert
' Prozentsatz eingeben
  Meldung = "Geben Sie bitte den Prozentsatz _
            (ohne %-Zeichen)ein!"
  Titel = "Prozentsatzeingabe - Schritt 3 von 4"
  Werteingabe Meldung; Titel ' Prozeduraufruf mit
                                    ' Argumenten
  Wenn Eingabewert = Falsch Dann Verlasse Sub
  Prozentsatz = Eingabewert
```

Mit dem Aufruf der Prozedur *Werteingabe* werden auch die Argumente für die Eingabefeld-Methode an diese Prozedur übergeben. Falls der Rückgabewert *Falsch* war, wird die Prozedur *Grundwertberechnung* verlassen. Im anderen Fall wird der Eingabewert an die Variable *Prozentwert* bzw. *Prozentsatz* übergeben.

Vor der Besprechung der Prozedur *Werteingabe* soll zunächst die Prozedur *Grundwertberechnung* fertiggestellt werden. Es fehlen noch die Punkte 4 und 5 der Grobgliederung. Für die Berechnung des Grundwertes ist die Formel aufzustellen. Weiterhin sind die Prozeduren zur Ausgabe des Ergebnisses und zur Meldung des Programmabbruchs aufzurufen. Schließlich ist die Prozedur zu beenden. Folgende Anweisungen sind aufzustellen:

```
' Berechnung
  Grundwert = Prozentwert * 100 / Prozentsatz
' Prozeduraufruf Dialogfeld mit Werten füllen _
  und zeigen
  ErgebnisZeigen
  Verlasse Sub
Merker:
  Fehlermeldung ' Prozeduraufruf
Ende Sub
```

Die Prozedur *Fehlermeldung* signalisiert den Programmabbruch. Sie könnte folgende Anweisungen enthalten:

```
' Fehlermeldung
Sub Fehlermeldung()
    Signal
    abbrechen = MeldungsDlg("Bearbeitung wurde _
                abgebrochen!"; 1 + 48; _
                "Fehlermeldung")
Ende Sub
```

Zur Ausgabe des Berechnungsergebnisses wird die Prozedur *Ergebnis-Zeigen* erforderlich.

```
' Dialogfeld mit Werten füllen und zeigen
Sub ErgebnisZeigen()
setze ddl = DieseArbeitsmappe.DialogblattListe_
            ("Ergebnisdialog")
Mit ddl
  .BearbeitungsfeldListe("AusgabeGrundwert"). _
   Text = Anwendung.Fest(Grundwert; 2)
  .BearbeitungsfeldListe("AusgabeProzentwert"). _
   Text = Anwendung.Fest(Prozentwert; 2)
  .BearbeitungsfeldListe("AusgabeProzentsatz"). _
   Text = Anwendung.Fest(Prozentsatz;2)
End Mit
' Dialogfeld zeigen
ddl.Zeigen
Ende Sub
```

Zur Reduzierung des Schreibaufwandes bei der Formulierung der Objektverweise wird die Variable ddl mit Werten belegt. Dann werden die Inhalte der Variablen *Grundwert, Prozentwert* und *Prozentsatz* an die im Dialogfeld ErgebnisDialog benannten Felder *AusgabeGrundwert, AusgabeProzentwert* und *AusgabeProzentsatz* übergeben und schließlich im Dialogfeld gezeigt. Dabei werden die numerischen Werte zuvor mit der Funktion *Fest* in ein Format mit 2 Nachkommastellen gebracht. Abschließend bleibt nur noch die Formulierung der Prozedur *Werteingabe*, die lediglich aus dem Aufruf der Eingabefeld-Methode besteht.

```
' Eingabe von Grundwert, Prozentwert
' oder Prozentsatz
Sub Werteingabe(Meldung; Titel)
Eingabewert = Anwendung.Eingabefeld(Meldung; _
            Titel; ; ; ; ; ; 1)
Ende Sub
```

Die für die Prozedur *Grundwertberechnung* aufgestellten Überlegungen gelten entsprechend auch für die noch zu erstellenden Prozeduren *Prozentwertberechnung* und *Prozentsatzberechnung*. Die Erstellung dieser beiden Prozeduren dürfte jetzt kein Problem mehr sein. Nachfolgend werden alle Prozeduren im Zusammenhang aufgeführt.

```
' Prozentrechnung

' Vereinbarung von Variablen
Option Explizit
Dim Grundwert Als Variant
Dim Prozentwert Als Variant
Dim Prozentsatz Als Variant
Dim Eingabewert Als Variant
Dim abbrechen Als Einfach
Dim Meldung Als ZeichenF; Titel Als ZeichenF
Dim dbl Als Variant; ddl Als Variant

' Berechnungsart wählen
Sub BerechnungsartWählen()
 Setze dbl = DieseArbeitsmappe. _
            BlattListe("Tabelle1") DieseArbeitsmappe. _
  DialogblattListe("WahlDialog").Zeigen
Wenn dbl.Bereich("A1")=1 Dann Grundwertberechnung
Wenn dbl.Bereich("A1")=2 Dann Prozentwertberechnung
Wenn dbl.Bereich("A1")=3 Dann Prozentsatzberechnung
Ende Sub

' Grundwert berechnen
Sub Grundwertberechnung()
 abbrechen = MeldungsDlg("Prozentwert und " & _
 "Prozentsatz sind einzugeben!"; 1 + 64; _
```

```
"Grundwert berechnen - Schritt 1 von 4")
Wenn abbrechen = 2 Dann GeheZu Marke
 ' Prozentwert eingeben
Meldung = "Geben Sie bitte den Prozentwert ein!"
Titel = "Prozentwerteingabe - Schritt 2 von 4"
Werteingabe Meldung; Titel          ' Prozeduraufruf
Wenn Eingabewert = Falsch Dann GeheZu Marke
Prozentwert = Eingabewert
 ' Prozentsatz eingeben
Meldung = "Geben Sie bitte den " & _
          "Prozentsatz (ohne %-Zeichen) ein!"
Titel = "Prozentsatzeingabe - Schritt 3 von 4"
Werteingabe Meldung; Titel          ' Prozeduraufruf
Wenn Eingabewert = Falsch Dann GeheZu Marke
Prozentsatz = Eingabewert
 ' Berechnung
Grundwert = Prozentwert * 100 / Prozentsatz
ErgebnisZeigen ' Prozeduraufruf
Verlasse Sub
Marke:
 Fehlermeldung ' Prozeduraufruf
Ende Sub


 ' Prozentwert berechnen
Sub Prozentwertberechnung()
 abbrechen = MeldungsDlg("Grundwert und " _
    "Prozentsatz sind einzugeben!"; 1 + 64; _
    "Prozentwert berechnen - Schritt 1 von 4")
    Wenn abbrechen = 2 Dann GeheZu Marke
    ' Grundwert eingeben
    Meldung = "Geben Sie bitte den Grundwert ein!"
    Titel = "Grundwerteingabe - Schritt 2 von 4"
    Werteingabe Meldung; Titel ' Prozeduraufruf
    Wenn Eingabewert = Falsch Dann GeheZu Marke
    Grundwert = Eingabewert
    ' Prozentsatz eingeben
    Meldung = "Geben Sie den Prozentsatz ein!"
    Titel = "Prozentsatzeingabe - Schritt 3 von 4"
    Werteingabe Meldung; Titel ' Prozeduraufruf
```

```
     Wenn Eingabewert = Falsch Dann GeheZu Marke
     Prozentsatz = Eingabewert
     ' Berechnung
     Prozentwert = Grundwert * Prozentsatz / 100
     ErgebnisZeigen' Prozeduraufruf
     Verlasse Sub
Marke:
     Fehlermeldung ' Prozeduraufruf
Ende Sub


'  Prozentsatz berechnen
Sub Prozentsatzberechnung()
     abbrechen = MeldungsDlg("Grundwert und " & _
     Prozentwert sind einzugeben!"; 1 + 64; _
     "Prozentsatz berechnen - Schritt 1 von 4")
     Wenn abbrechen = 2 Dann GeheZu Marke
     ' Grundwert eingeben
     Meldung = "Geben Sie bitte den Grundwert ein!"
     Titel = "Grundwerteingabe - Schritt 2 von 4"
     Werteingabe Meldung; Titel   ' Prozeduraufruf
     Wenn Eingabewert = Falsch Dann GeheZu Marke
     Grundwert = Eingabewert
     ' Prozentwert eingeben
     Meldung = "Geben Sie bitte den Prozentwert ein!"
     Titel = "Prozentwerteingabe - Schritt 3 von 4"
     Werteingabe Meldung; Titel   ' Prozeduraufruf
     Wenn Eingabewert = Falsch Dann GeheZu Marke
     Prozentwert = Eingabewert
     ' Berechnung
     Prozentsatz = Prozentwert * 100 / Grundwert
     ErgebnisZeigen   ' Prozeduraufruf
     Verlasse Sub
Marke:
     Fehlermeldung   ' Prozeduraufruf
Ende Sub


' Dialogfeld mit Werten füllen und zeigen
Sub ErgebnisZeigen()
     Setze ddl = DieseArbeitsmappe.DialogblattListe _
```

```
                    ("Ergebnisdialog")
   Mit ddl
    .BearbeitungsfeldListe("AusgabeGrundwert"). _
    Text = Anwendung.Fest(Grundwert; 2)
    .BearbeitungsfeldListe("AusgabeProzentwert"). _
    Text = Anwendung.Fest(Prozentwert; 2)
    .BearbeitungsfeldListe("AusgabeProzentsatz"). _
    Text = Anwendung.Fest(Prozentsatz; 2)
   Ende Mit
    ' Dialogfeld zeigen
   ddl.Zeigen
Ende Sub


' Eingabe von Grundwert, Prozentwert o. Prozentsatz
Sub Werteingabe(Meldung; Titel)
   Eingabewert = Anwendung.Eingabefeld _
               (Meldung; Titel; ; ; ; ; ; 1)
Ende Sub


' Fehlermeldung
Sub Fehlermeldung()
   Signal
   abbrechen = MeldungsDlg("Sie haben " & _
               "die  Bearbeitung abgebrochen!"; _
               0 + 48; "Statusmeldung")
Ende Sub


'Eingaberoutine
Sub Eingaberoutine()
   Dim EingabeRichtig Als Variant
   EingabeRichtig = Falsch
   Durchlaufe
     Grundwert = EingabeDlg _
       ("Geben Sie bitten den Prozentwert ein!"; _
       "Prozentwerteingabe - Schritt 2 von 4"; 0)
     Wenn Grundwert = "" Dann GeheZu Marke
     EingabeRichtig = IstZahl(Grundwert)
   Schleife BisWahr EingabeRichtig = Wahr
   Verlasse Sub
```

```
Marke:
    Fehlermeldung         'Prozeduraufruf
Ende Sub
```

Englischsprachige Lösung

```
' Vereinbarung von Variablen
    Option Explicit
    Dim Grundwert As Variant
    Dim Prozentwert As Variant
    Dim Prozentsatz As Variant
    Dim Eingabewert As Variant
    Dim abbrechen As Single
    Dim Prompt As String, Title As String
    Dim dbl As Variant, ddl As Variant

' Berechnungsart wählen
Sub BerechnungsartWählen()
  Set dbl = ThisWorkbook.Sheets("Tabelle1")
  ThisWorkbook.DialogSheets("WahlDialog").Show
  If dbl.Range("A1") = 1 Then Grundwertberechnung
  If dbl.Range("A1") = 2 Then Prozentwertberechnung
  If dbl.Range("A1") = 3 Then Prozentsatzberechnung
End Sub

' Grundwert berechnen
Sub Grundwertberechnung()
 abbrechen = MsgBox _
  ("Prozentwert u. Prozentsatz sind einzugeben!", _
  1 + 64, "Grundwert berechnen - Schritt 1 von 4")
 If abbrechen = 2 Then GoTo Marke
 ' Prozentwert eingeben
 Prompt = "Geben Sie bitte den Prozentwert ein!"
 Title = "Prozentwerteingabe - Schritt 2 von 4"
 Werteingabe Prompt, Title      ' Prozeduraufruf
 If Eingabewert = False Then GoTo Marke
 Prozentwert = Eingabewert
 ' Prozentsatz eingeben
```

```
  Prompt = "Geben Sie bitte den Prozentsatz " & _
          "(ohne %-Zeichen) ein!"
  Title = "Prozentsatzeingabe - Schritt 3 von 4"
  Werteingabe Prompt, Title    ' Prozeduraufruf
  If Eingabewert = False Then GoTo Marke
  Prozentsatz = Eingabewert
  ' Berechnung
  Grundwert = Prozentwert * 100 / Prozentsatz
  ErgebnisZeigen    ' Prozeduraufruf
  Exit Sub
Marke:
  Fehlermeldung    ' Prozeduraufruf
End Sub


' Prozentwert berechnen
Sub Prozentwertberechnung()
  abbrechen = MsgBox("Grundwert und Prozentsatz " _
        "sind einzugeben!", 1 + 64, _
        "Prozentwert berechnen - Schritt 1 von 4")
  If abbrechen = 2 Then GoTo Marke
  ' Grundwert eingeben
  Prompt = "Geben Sie bitte den Grundwert ein!"
  Title = "Grundwerteingabe - Schritt 2 von 4"
  Werteingabe Prompt, Title    ' Prozeduraufruf
  If Eingabewert = False Then GoTo Marke
  Grundwert = Eingabewert
  ' Prozentsatz eingeben
  Prompt = "Geben Sie bitte den Prozentsatz ein!"
  Title = "Prozentsatzeingabe - Schritt 3 von 4"
  Werteingabe Prompt, Title    ' Prozeduraufruf
  If Eingabewert = False Then GoTo Marke
  Prozentsatz = Eingabewert
  ' Berechnung
  Prozentwert = Grundwert * Prozentsatz / 100
  ErgebnisZeigen                ' Prozeduraufruf
  Exit Sub
Marke:
  Fehlermeldung                ' Prozeduraufruf
End Sub
```

```
' Prozentsatz berechnen
Sub Prozentsatzberechnung()
   abbrechen = MsgBox ("Grundwert und " & _
   "Prozentwert sind einzugeben!", 1 + 64, _
   "Prozentsatz berechnen - Schritt 1 von 4")
   If abbrechen = 2 Then GoTo Marke
   ' Grundwert eingeben
   Prompt = "Geben Sie bitte den Grundwert ein!"
   Title = "Grundwerteingabe - Schritt 2 von 4"
   Werteingabe Prompt, Title    ' Prozeduraufruf
   If Eingabewert = False Then GoTo Marke
   Grundwert = Eingabewert
   ' Prozentwert eingeben
   Prompt = "Geben Sie bitte den Prozentwert ein!"
   Title = "Prozentwerteingabe - Schritt 3 von 4"
   Werteingabe Prompt, Title    ' Prozeduraufruf
   If Eingabewert = False Then GoTo Marke
   Prozentwert = Eingabewert
   ' Berechnung
   Prozentsatz = Prozentwert * 100 / Grundwert
   ErgebnisZeigen               ' Prozeduraufruf
   Exit Sub
Marke:
   Fehlermeldung                ' Prozeduraufruf
End Sub


' Dialogfeld mit Werten füllen und zeigen
Sub ErgebnisZeigen()
   Set ddl = ThisWorkbook. _
            DialogSheets("Ergebnisdialog")
   With ddl
      .EditBoxes("AusgabeGrundwert").Text = _
      Application.Fixed(Grundwert, 2)
      .EditBoxes("AusgabeProzentwert").Text = _
      Application.Fixed(Prozentwert, 2)
      .EditBoxes("AusgabeProzentsatz").Text = _
      Application.Fixed(Prozentsatz, 2)
   End With
   ' Dialogfeld zeigen
```

```
   ddl.Show
End Sub


' Eingabe von Grundwert, Prozentwert o. Prozentsatz
Sub Werteingabe(Prompt, Title)
   Eingabewert = Application. _
              InputBox(Prompt, Title, , , , , , 1)
End Sub


' Fehlermeldung
Sub Fehlermeldung()
   Beep
   abbrechen = MsgBox("Sie haben " & _
             "die Bearbeitung abgebrochen!", _
             0 + 48, "Statusmeldung")
End Sub


'Eingaberoutine
Sub Eingaberoutine()
 Dim EingabeRichtig As Variant
 EingabeRichtig = False
 Do
   Grundwert = InputBox _
        ("Geben Sie bitten den  Prozentwert ein!", _
        "Prozentwerteingabe - Schritt 2 von 4", 0)
   If Grundwert = "" Then GoTo Marke
   EingabeRichtig = IsNumeric(Grundwert)
 Loop Until EingabeRichtig = True
 Exit Sub
Marke:
 Fehlermeldung            'Prozeduraufruf
End Sub
```

9 Anwendung: Fakturierung im Kfz-Werkstattbereich

9.1 Situation

Im Werkstattbereich des Autohauses Flink & Flott, Neersdonker Straße 124, 41751 Viersen, wurde die Fakturierung bisher noch konventionell erledigt. Der wachsende Arbeitsanfall fordert eine Rationalisierung im Bürobereich. Der inzwischen in der Firma tätige Sohn Ralf des Mitinhabers Flink hat während seiner Ausbildungszeit gute PC-Kenntnisse erworben. Er erhält daher den Auftrag, die Fakturierung für den Werkstattbereich auf EDV umzustellen. Ralf will das Problem mit Hilfe des Tabellenkalkulationsprogramms Excel lösen.

In der Rechnung sollen im **Kopf** der *Firmenname* und ein Firmenlogo erscheinen.

Dann folgt das *Anschriftenfeld*. Die Anschriftsdaten sollen einer Kundentabelle entnommen werden.

Rechts unterhalb des Anschriftenfeldes ist der **Bezugsbereich** anzuordnen. Er enthält

- das *Rechnungsdatum*,
- das *Kennzeichen* des Fahrzeugs,
- dessen *Km-Stand* und
- einen *Typenschlüssel*.

Die Typenschlüssel werden zur Festlegung unterschiedlicher Preisklassen bei der Ermittlung der Arbeitswerte benötigt. Es soll hier nur zwischen den Fahrzeugtypenschlüsseln 1 und 2 unterschieden werden.

Im eigentlichen **Rechnungsteil** ist für jede Arbeitsposition eine Zeile aufzuführen. Sie enthält

- eine Arbeitspositionsnummer,
- die Bezeichnung des Arbeitsvorgangs und
- den Preis für diesen Arbeitsvorgang.

Im **Rechnungsfuß** werden die *Preise* der einzelnen *Arbeitsvorgänge* summiert.

Die für die Wartung bzw. Reparatur benötigten *Materialien* werden in einem besonderen Materialentnahmeschein einzeln erfaßt und als Summe im Rechnungsfuß aufgeführt. Über diese beiden Beträge wird eine *Zwischensumme* errechnet. Die *Mehrwertsteuer* ist mit 15 % zu ermitteln. Schließlich ist der *Gesamtrechnungsbetrag* aufzuführen.

Die **Materialentnahmescheine** sollen ebenfalls PC-gesteuert erstellt werden und ihre Summe automatisch an die entsprechende Rechnung liefern. Der Materialentnahmeschein soll neben den Kundenangaben für jeden benötigten Artikel folgende Daten ausweisen:

- Materialnummer (MNr)
- Materialbezeichnung
- Mengeneinheit
- Preis je Einheit
- Menge
- Betrag

Über eine **Menüsteuerung** soll das Programm möglichst einfach zu bedienen sein.

Zur Erzielung eines möglichst hohen Rationalisierungseffektes sollen die Daten der **Arbeitsvorgänge** und der **Stammkunden** sowie die **Materialdaten** in Listen gespeichert und verwaltet werden. Der Zugriff auf diese Daten soll lediglich durch Eingabe der jeweiligen Schlüsselnummer erfolgen. Eine Möglichkeit der Datenpflege (Löschen, Editieren, Neueingabe und Sortieren) ist vorzusehen.

Die **Kundenliste** soll für jeden Kunden folgende Felder aufnehmen:

- KundenNr.
- Kundenname (Nachname, Firmenname1)
- Vorname (Firmenname2)
- Straße
- Plz
- Ort
- Telefon
- Kennzeichen (es wird unterstellt, daß jeder Kunde nur ein Fahrzeug hat)
- Typenschlüssel

Für jeden Artikel sind in der **Artikelliste** folgende Daten zu speichern:
- MaterialNr.
- Materialbezeichnung
- Mengeneinheit
- Preis je Einheit

Die möglichen **Arbeitsvorgänge** sind in einer getrennten Tabelle zu führen. Hier wird für jede Arbeitsposition eine Zeile mit
- Positionsnummer,
- Arbeitsvorgangsbezeichnung,
- Arbeitswert 1 (AW1) und
- Arbeitswert 2 (AW2) eingetragen.

Außerdem ist der Preis für eine Arbeitseinheit zu speichern. Er beträgt z. Zt. 7,50 DM. Mit diesem Wert sind bei der Preisermittlung die Arbeitswerte (AW) der verschiedenen Positionen in der Rechnung zu multiplizieren. Dabei ist je nach Typenschlüssel auf AW1 bzw. AW2 zuzugreifen.

9.2 Programmentwurf planen

Sämtliche zu entwickelnden Tabellenblätter sollen in *einer* Arbeitsmappe gespeichert werden. Sie soll den Namen FAKTURA.XLS erhalten.

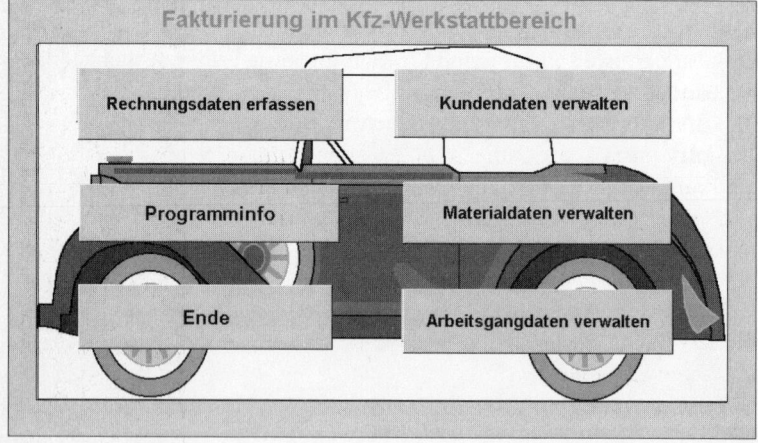

Das Blatt **Menü** soll über Schaltflächen die Tabellenblätter zur Verwaltung der Kunden-, Material- und Arbeitsgangdaten einblenden. Eine weitere Schaltfläche öffnet das Tabellenblatt zur Erfassung der Rechnungsdaten. Ferner soll eine Programminfo abrufbar sein und das Programm abgeschlossen werden können.

Im Blatt **Rechnungsdaten** werden die *KundenNr* und der *Km-Stand* erfaßt. Das *Tagesdatum* kann automatisch angezeigt werden. Anhand der *KundenNr* werden *Kundenname*, *Kfz-Kennzeichen* und *Typenschlüssel* aus der *Kundenliste* eingeblendet. Über Schaltflächen erfolgt eine Verzweigung in das *Rechnungsformular*, zum *Materialentnahmeschein* oder zurück in das *Menü*.

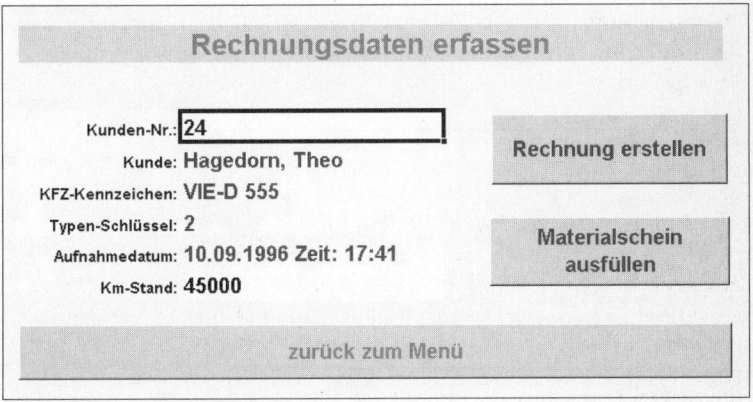

Im Blatt **Rechnung** wird die Kundenanschrift automatisch aufgrund der bereits erfaßten *KundenNr* in das Rechnungsformular eingetragen. Das gilt ebenfalls für *Kennzeichen*, *Typenschlüssel* und *Km-Stand*. Die Erfassung der Arbeitsgangdaten erfolgt durch Eingabe der betreffenden *Positionsnummern*. Die entstandenen Materialkosten werden als Summe aus dem Blatt *Materialschein* automatisch übernommen. Vier Schaltflächen ermöglichen

- die Aufbereitung eines leeren Rechnungsformulars,
- die Verzweigung zur Materialscheinerstellung,
- den Rechnungsdruck und
- den Aufruf des Menüs.

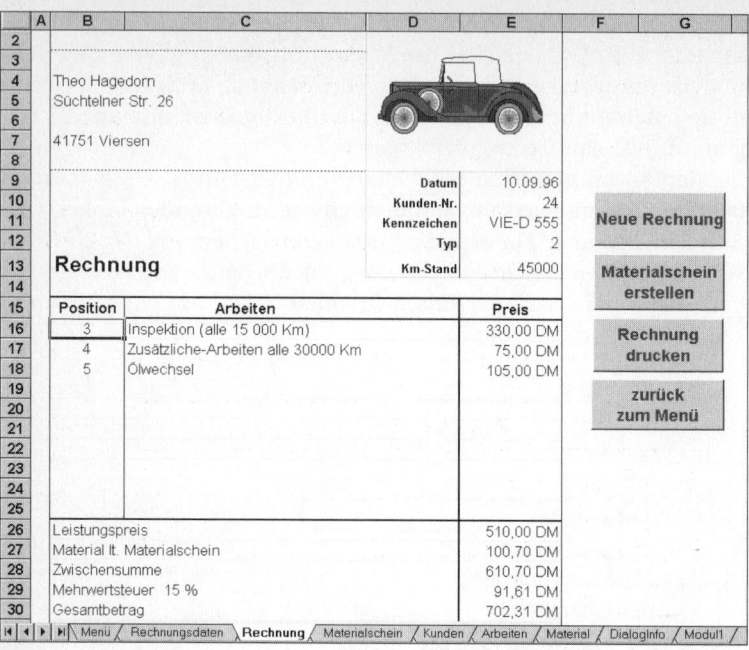

	A	B	C	D	E	F	G
2							
3							
4		Theo Hagedorn					
5		Süchtelner Str. 26					
6							
7		41751 Viersen					
8							
9				Datum	10.09.96		
10				Kunden-Nr.	24		**Neue Rechnung**
11				Kennzeichen	VIE-D 555		
12				Typ	2		
13		**Rechnung**		Km-Stand	45000		**Materialschein erstellen**
14							
15		Position	Arbeiten		Preis		
16		3	Inspektion (alle 15 000 Km)		330,00 DM		**Rechnung drucken**
17		4	Zusätzliche-Arbeiten alle 30000 Km		75,00 DM		
18		5	Ölwechsel		105,00 DM		
19							**zurück zum Menü**
20							
21							
22							
23							
24							
25							
26		Leistungspreis			510,00 DM		
27		Material lt. Materialschein			100,70 DM		
28		Zwischensumme			610,70 DM		
29		Mehrwertsteuer 15 %			91,61 DM		
30		Gesamtbetrag			702,31 DM		

Menü / Rechnungsdaten \ Rechnung / Materialschein / Kunden / Arbeiten / Material / DialogInfo / Modul1 /

	A	B	C	D	E	F	G	H
1		*Autohaus Flink & Flott*						
2							**Neuer Materialschein**	
3		**Materialentnahmeschein für Kunde Nr.:**	24					
4				Name:	Hagedorn, Theo			
5				Kennzeichen:	VIE-D 555			
6	MNr	Materialbezeichnung		Einheit	Preis	Menge	Betrag	
7	13004	Motoröl		l	12,80 DM	5	64,00 DM	**Materialschein drucken**
8	13003	Ventildeckel		Stck	22,70 DM	1	22,70 DM	
9	13007	Kühlflüssigkeit		l	3,50 DM	4	14,00 DM	
10								**Zurück zur Rechnung**
11								
12								
13								**Zurück zum Menü**
14								
15								
16								
17								
18								
19								
20								
21					Nettobetrag:		100,70 DM	
22								

Im Blatt **Materialschein** werden für jede Position die *MaterialNr* und die *Menge* eingegeben. Über drei Schaltflächen kann
▦ ein leerer Materialschein erstellt werden,
▦ ein bereits ausgefüllter Materialschein gedruckt werden und
▦ eine Verzweigung zum Menü erfolgen.

Die drei Arbeitsblätter zur Verwaltung der Kunden-, Material- und Arbeitsgangdaten enthalten neben den bereits beschriebenen Datenfeldern jeweils fünf Schaltflächen zum
▦ Erfassen eines neuen Datensatzes,

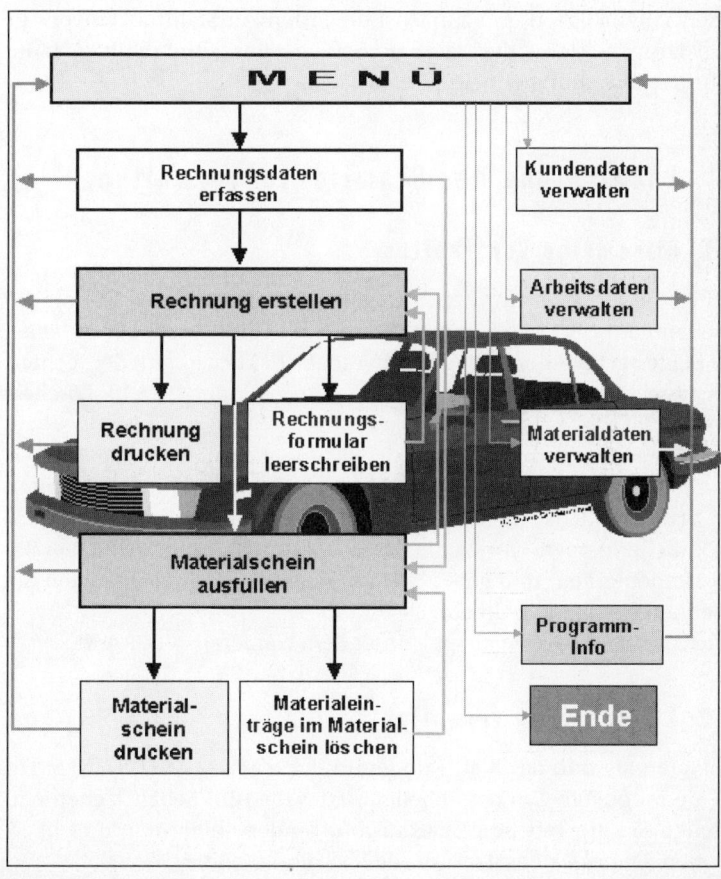

■ Löschen eines Datensatzes,
■ Drucken der erfaßten Datensätze,
■ Sortieren der Datensätze nach *Name, PositionsNr* bzw. *MaterialNr,*
■ Verzweigung zum Menü.

Die Zeichnung auf der vorigen Seite soll diese Zusammenhänge nochmals verdeutlichen.

Wo beginnt man nun mit der Programmierung?
Man könnte *Top-down* mit der Erstellung des Menüs anfangen und dann nacheinander die verschiedenen Unterpunkte abarbeiten. Sie sollten jedoch eher einem Mix aus *Buttom-up-* und *Top-down-Methode* den Vorzug geben und zunächst die Listen zur Stammdatenverwaltung, dann das Menü, die Materialscheinerstellung und schließlich die Rechnungserstellung entwickeln.

9.3   Entwicklung der Stammdatenverwaltung

9.3.1 Allgemeine Vorarbeiten

Richten Sie zunächst eine neue Arbeitsmappe ein. Löschen Sie dort die Tabellenblätter 8 bis 16, indem Sie in der Registerleiste auf *Tabelle7* und bei festgehaltener ⬆-Taste auf *Tabelle16* klicken, mit der rechten Maustaste das Kontextmenü öffnen und dort den Befehl **Löschen** wählen.
Geben Sie den verbleibenden sieben Tabellenblättern die Namen *Menü, Rechnungsdaten, Rechnung, Materialschein, Kunden, Arbeiten* und *Material*. Klicken Sie hierzu in der Registerleiste auf den betreffenden Tabellennamen, öffnen Sie das Kontextmenü, wählen Sie den Befehl **Umbenennen**, und geben Sie den neuen Namen ein. Richten Sie außerdem ein Modulblatt ein.
Speichern Sie die Arbeitsmappe unter dem Namen FAKTURA.XLS.

9.3.2 Kundendaten verwalten

Aktivieren Sie nun das Blatt Kunden in der Mappe FAKTURA.XLS. Fügen Sie im oberen Teil des Tabellenblattes die fünf Schaltflächen ein. Erstellen Sie die Tabelle gemäß nachfolgender Abbildung, und übernehmen Sie die Datensätze ab Zeile 8 in die Tabelle.

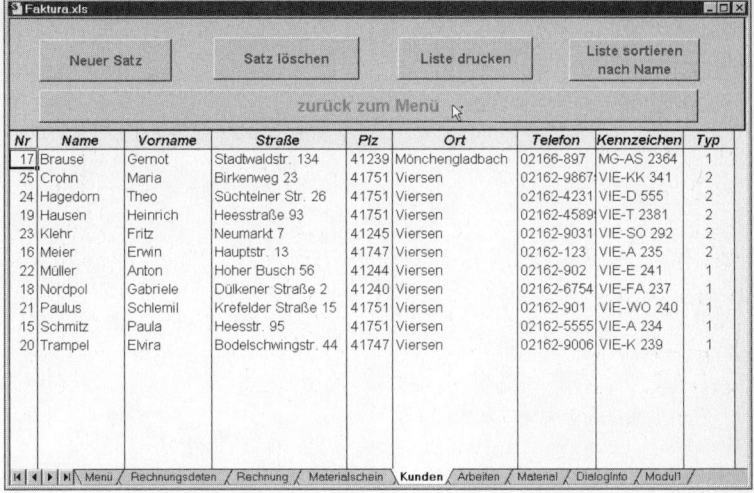

Nr	Name	Vorname	Straße	Plz	Ort	Telefon	Kennzeichen	Typ
17	Brause	Gernot	Stadtwaldstr. 134	41239	Mönchengladbach	02166-897	MG-AS 2364	1
25	Crohn	Maria	Birkenweg 23	41751	Viersen	02162-9867	VIE-KK 341	2
24	Hagedorn	Theo	Süchtelner Str. 26	41751	Viersen	o2162-4231	VIE-D 555	2
19	Hausen	Heinrich	Heesstraße 93	41751	Viersen	02162-4589	VIE-T 2381	2
23	Klehr	Fritz	Neumarkt 7	41245	Viersen	02162-9031	VIE-SO 292	2
16	Meier	Erwin	Hauptstr. 13	41747	Viersen	02162-123	VIE-A 235	2
22	Müller	Anton	Hoher Busch 56	41244	Viersen	02162-902	VIE-E 241	1
18	Nordpol	Gabriele	Dülkener Straße 2	41240	Viersen	02162-6754	VIE-FA 237	1
21	Paulus	Schlemil	Krefelder Straße 15	41751	Viersen	02162-901	VIE-WO 240	1
15	Schmitz	Paula	Heesstr. 95	41751	Viersen	02162-5555	VIE-A 234	1
20	Trampel	Elvira	Bodelschwingstr. 44	41747	Viersen	02162-9006	VIE-K 239	1

Nach dem Aufziehen der Schaltflächen erscheint jeweils das Dialogfeld *Zuweisen*, um der Schaltfläche eine Prozedur zuzuweisen. Da diese jedoch noch nicht vorhanden sind, sollten Sie das Dialogfeld über die Schaltfläche Abbrechen verlassen und dann zunächst die Schaltflächenbeschriftung vornehmen.

Entwicklung der Prozedur Neuer Satz

Eine zusammenhängende Menge von Zellen wie die Kundendatensätze erkennt Excel automatisch als Liste. Sobald in einer Liste auch nur ein einzelnes Feld markiert ist, prüft Excel die umliegenden Zellen und ermittelt den Listenbereich nebst Feldüberschriften. Anschließend lassen sich die Befehle des Menüs **Daten** auf diesen Listenbereich anwenden. So können Sie zur Erfassung von neuen Kundendaten die in Excel enthaltene Standarddatenmaske nutzen.

Excel unterstellt allerdings, daß der Listenbereich mit der Zelle *A1* beginnt. Im vorliegenden Fall beginnt der Listenbereich jedoch erst mit der Zelle *A8*. Damit Excel diesen Bereich als Liste erkennt, müssen Sie ihm den Namen *Datenbank* zuweisen. Dann kann die Maske zur Datenerfassung eingeblendet werden. Die Prozedur muß somit folgende Anweisungen enthalten:

```
' Kundenmaske einblenden
Sub KundenMaskeEinblenden()
    BlattListe("Kunden").Auswählen
    Bereich("A8").AktuelleRegion.Name = "Datenbank"
    AktivesBlatt.DatenmaskeZeigen
Ende Sub
```

Englisch

```
' Kundenmaske einblenden
Sub KundenMaskeEinblenden()
    WorkSheets("Kunden").Activate
    Range("A8").CurrentRegion.Name = "Datenbank"
    ActiveSheet.ShowDataForm
End Sub
```

Die erste Anweisung macht das Tabellenblatt *Kunden* zum aktiven
Blatt. Die zweite Anweisung weist dem die Zelle *A8* umgebenden Listenbereich den Namen *Datenbank* zu und markiert diesen Bereich.
Die dritte Anweisung blendet dann die Datenbankmaske ein.
Das Erfassen neuer Datensätze wird auch bei der Pflege der Material-
und Arbeitsgangdaten erforderlich. Es ist daher sinnvoll, die Prozedur
so umzuschreiben, daß sie für die Erfassung dieser Daten ebenfalls genutzt werden kann. Hierzu müssen in einer ersten Prozedur der Name
des Tabellenblattes, das den Listenbereich enthält, und der Bezug einer
Zelle aus dem Listenbereich an zwei Variablen übergeben werden.
Dann kann zur Einblendung der Datenmaske eine Unterprozedur aufgerufen werden, die anhand der übergebenen Daten den Listenbereich
erkennt und die Maske zur Dateneingabe öffnet. Nach Abschluß der
Dateneingabe und dem Schließen der Datenmaske wird die Unterprozedur *MaskeZeigen* geschlossen. Es folgt ein Rücksprung in die aufrufende Prozedur, die dann ebenfalls geschlossen wird.

```
' Kundenmaske einblenden
Sub KundenMaskeEinblenden()
   Dim db als ZeichenF; feld als ZeichenF
   db = "Kunden"
   feld = "A8"
   rufe MaskeZeigen(db; feld)
Ende Sub
```

```
Sub MaskeZeigen(db; feld)
   BlattListe(db).Auswählen
   Bereich(feld).AktuelleRegion.Name = "Datenbank"
   AktivesBlatt.DatenmaskeZeigen
Ende Sub
```

Englisch

```
' Kundenmaske einblenden
Sub KundenMaskeEinblenden()
   Dim db As String, feld As String
   db = "Kunden"
   feld = "A8"
   call MaskeZeigen(db; feld)
End Sub
```

```
Sub MaskeZeigen(db, feld)
   WorkSheets(db).Activate
   Range(feld).CurrentRegion.Name = "Datenbank"
   ActiveSheet.ShowDataForm
End Sub
```

Der Vorteil dieser Lösung besteht darin, daß die Prozedur *MaskeZeigen* nun generell zum Einblenden der Datenmaske genutzt werden kann, wobei die individuelle Anpassung an die jeweilige Liste in der überge-ordneten Prozedur ausgeführt wird. Der Aufruf der Unterprozedur *Mas-*

keZeigen erfolgt mit der *Rufe*- bzw. *Call*-Anweisung. Nach Abarbeitung dieser Prozedur geht die Steuerung wieder an die aufrufende Prozedur zurück.

Die Prozedur *KundenMaskeEinblenden* können Sie nun der Schalt-fläche `Neuer Satz` zuweisen. Klicken Sie hierzu mit der rechten Maus-taste auf die Schaltfläche, und öffnen Sie mit dem Befehl **Zuweisen** das gleichnamige Dialogfeld. Wählen Sie hier im Listenfeld den Makro-namen *KundenMaskeEinblenden*, und bestätigen Sie auf `OK`. Nun kann die Prozedur über die Schaltfläche gestartet werden.

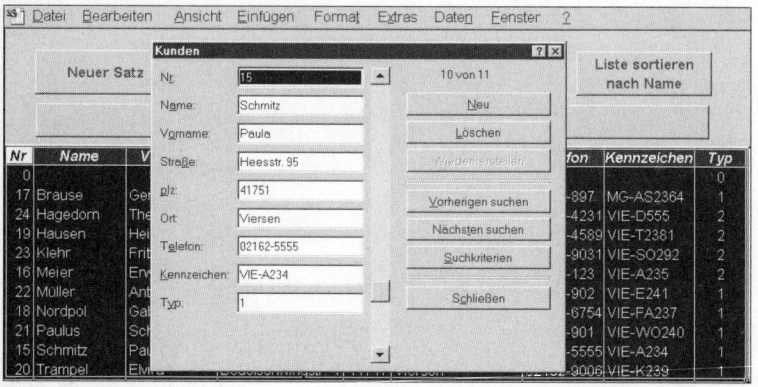

Entwicklung der Prozedur Satz löschen
Das Problem *Satz löschen* taucht bei allen drei Datenbeständen auf und sollte daher ebenfalls allgemeingültig gelöst werden. Das nachfolgende Struktogramm verdeutlicht das Problem.

Auch in diesem Fall sollte das Problem programmiertechnisch mit zwei Prozeduren gelöst werden. Die erste Prozedur ist für jeden der drei Da-tenbestände getrennt zu entwickeln. Für jeden dieser drei Datenbe-stände sind individuell Variablen zu definieren und mit Ausgangswer-ten zu besetzen. Dann ist die andere Prozedur als Unterprozedur aufzurufen. Sie enthält die Auswahl des zu löschenden Datensatzes und die Löschroutine.

Das die Liste enthaltende Tabellenblatt auswählen

Nummer der ersten Listenzeile definieren und der Variablen *listenanfang* zuweisen

Nummer der letzten Listenzeile definieren und der Variablen *listenende* zuweisen

Schalter *merker* für "Satz gelöscht" auf Null setzen

Das oberste Listenfeld in der Spalte *SatzNr* als Schüsselfeld auswählen

Meldung "Welchen Satz möchten Sie löschen?"

Eingabe: *suchbegriff*

Meldung "Wollen Sie den Satz wirklich löschen?"

Eingabe: *antw*

```
                                              antw = Ja
              Ja                                  ?        nein
─────────────────────────────────────────────────────────────
 Schüsselfeld als aktive Zelle aktivieren

  Von  z = listenanfang  bis  listenende  Schrittweite 1
  ┌──────────────────────────────────────────────────────┐
  │                          Aktive Zelle = suchbegriff   │
  │          Ja                         ?        nein      │
  ├──────────────────────────────────────────────────────┤
  │ Aktive Zeile (z) auswählen                            │
  │ Zeile löschen und                                     │
  │ nachfolgende Zeile nach oben schieben       */*       │
  │ merker auf 1 setzen                                   │
  │ die Zelle in der nächsten Zelle, gleiche Spalte       │
  │ zur aktiven Zelle machen                              │
  └──────────────────────────────────────────────────────┘
                                               */*

 Zelle in der obersten Listenzeile und in der Spalte satznr
 auswählen

                           merker = 1
        Ja                     ?                 nein
 ───────────────────────────────────────────────────────
 Meldung "Satz wurde erfolg-   Signal
 reich gelöscht!"
                               Meldung "Satz wurde nicht
                               gefunden!"
```

```
'Kundensatz löschen
' Mit dieser Prozedur kann innerhalb einer Excel-Liste
' ein über die Satz-Nr. spezifizierter Satz gelöscht
' werden.
Sub KundenSatzLöschen()
   Dim listenanfang als Ganz;listenende als Ganz
```

```
   Dim schlüsselfeld als ZeichenF; tbl als ZeichenF
   listenanfang = 8         ' Erste Zeile des Listenbereichs
   listenende = listenanfang + 30
                            ' Letzte Zeile des Listenbereichs
   tbl = "Kunden"          ' Spezifizierung des Blattnamens
   schlüsselfeld = "A8"
                           ' Position des Schlüsselfeldes in der
                           ' 1. Zeile des Listenbereichs
   Rufe LöscheSatz _
       (listenanfang; listenende; tbl; schlüsselfeld)
Ende Sub


' Unterprozedur zu KundensatzLöschen
Sub LöscheSatz _
    (listenanfang; listenende; tbl; schlüsselfeld)
   Dim suchbegriff als ZeichenF
   Dim z als Ganz; x als Ganz
   Dim antw als Variant; merker als Ganz
   merker = 0              ' Merker für Satz gelöscht
   Blattliste(tbl).Auswählen
                           ' Aktivierung des Tabellenblattes
   suchbegriff = Anwendung.Eingabefeld _
               ("Welchen Satz möchten Sie löschen?"; _
               "Satz-Nummer"; ; ; ; ; ; 1)
   antw = MeldungsDlg _
         ("Wollen Sie den Satz " + suchbegriff + _
         " wirklich löschen?"; vbJaNein + vbFrage; _
         "Hinweis")
   wenn antw = vbJa Dann
      Bereich(schlüsselfeld).Auswählen
      ' Schlüsselfeld ist die aktive Zelle
      Für z = listenanfang Bis listenende Schrittweite 1
         Wenn AktiveZelle.Wert = suchbegriff Dann
            ZeileListe(z).Auswählen
            Auswahl.Löschen verschieben := xlNachOben
            merker = 1
         Ende Wenn
         AktiveZelle.Versetzen(1; 0).Aktivieren
      Nächste z
```

```
        Bereich(schlüsselfeld).Auswählen
        Wenn merker = 1 Dann
          x = MeldungsDlg("Satz " + suchbegriff + _
              " wurde erfolgreich gelöscht!"; _
              vbNurOk + vbInformation; "Hinweis")
         Sonst
          Signal
          x = MeldungsDlg("Satz " + suchbegriff + _
              " wurde nicht gefunden!"; _
              vbNurOk + vbWarnung; "Hinweis")
        Ende Wenn
      Ende Wenn
Ende Sub
```

Englischsprachige Lösung

```
 Sub KundenSatzLöschen()
  Dim listenanfang As Integer,listenende As Integer, _
     schlüsselfeld As String; tbl As String
  listenanfang = 8      ' Erste Zeile des Listenbereichs
  listenende = listenanfang + 30
                        ' Letzte Zeile des Listenbereichs
  tbl = "Kunden"        ' Spezifizierung des Blattnamens
  schlüsselfeld = "A8"
                        ' Position des Schlüsselfeldes in
                        ' der 1. Zeile des Listenbereichs
  Call LöscheSatz _
       (listenanfang, listenende, tbl, schlüsselfeld)
 Ende Sub


 ' Unterprozedur zu KundensatzLöschen
 Sub LöscheSatz _
      (listenanfang, listenende, tbl, schlüsselfeld)
   Dim suchbegriff As String, z As Integer
   Dim x As Integer
   Dim antw As Variant, merker As Integer
   merker = 0                   ' Merker für Satz gelöscht
   WorkSheets(tbl).Activate
```

```
                         ' Aktivierung des Tabellenblattes
    suchbegriff = _
      Application.InputBox _
                  ("Welchen Satz möchten Sie löschen?", _
                  "Satz-Nummer", , , , , , , 1)
    antw = MsgBox _
            ("Wollen Sie den Satz " + suchbegriff + _
            " wirklich löschen?", vbYesNo + vbQuestion, _
            "Hinweis")
    If antw = vbYes Then
        Range(schlüsselfeld).Select
        ' Schlüsselfeld ist die aktive Zelle
        For z = listenanfang To listenende Step 1
            If ActiveCell.Value = suchbegriff Then
                Rows(z).Select
                Selection.Delete shift := xlUp
                merker = 1
            End If
            ActiveCell.Offset(1; 0).Activate
        Next z
        Range(schlüsselfeld).Select
        If merker = 1 Then
            x = MsgBox("Satz " + suchbegriff + _
                " wurde erfolgreich gelöscht!", _
                vbOKOnly + vbInformation, "Hinweis")
        Else
          Beep
          x = MsgBox("Satz " + suchbegriff + _
                " wurde nicht gefunden!", _
                vbOKOnly + vbCritical, "Hinweis")
        End If
    End If
End Sub
```

In der ersten Prozedur wird der Listenbereich durch Angabe der Zeilen-
nummern der ersten und der letzten Zeile festgelegt. Für die Kundentabelle sind das die Zeilen 8 und 38. Ferner werden der Tabellenblatt-
name (hier *Kunden*) und die Position des Schlüsselfeldes in der ersten

Zeile des Listenbereichs (hier A8) den Variablen *tbl* und *schlüsselfeld* zugewiesen.

Dann wird die zweite Prozedur mit der **Rufe**- bzw. **Call**-Anweisung aufgerufen. Hier wird nach Eingabe des Suchbegriffes das in der übergeordneten Prozedur definierte Tabellenblatt aktiviert. Dann beginnt die Suche nach dem zu löschenden Satz im Listenbereich ab der ersten Zeile. Die Position dieser Zeile geht aus dem Inhalt der Variablen *schlüsselfeld* hervor. Sobald das Schlüsselfeld der gerade aktuellen Zeile mit dem Suchbegriff übereinstimmt, ist der zu löschende Satz bzw. die zu löschende Zeile gefunden. Der Zeileninhalt wird gelöscht, und die nachfolgenden Zeilen werden um eine Zeile nach oben versetzt. Im anderen Falle wird das Schlüsselfeld der nächsten Zeile geprüft usw., bis der gesamte Listenbereich durchsucht ist. Ein vorzeitiger Abbruch der zählergesteuerten Schleife wurde in diesem Beispiel nicht vorgesehen, ist aber bei umfangreichen Listenbereichen sinnvoll.

Damit der Anwender erfährt, ob der gewählte Satz gelöscht wurde, wird in einem Dialogfeld eine entsprechende Meldung angezeigt. Es erfolgt ebenfalls eine Meldung, wenn ein ungültiger oder nicht vorhandener Suchbegriff eingegeben wurde. Nach Bestätigung dieser Information erfolgt ein Rücksprung in die übergeordnete Prozedur, die dann ebenfalls geschlossen wird.

Weisen Sie abschließend die Prozedur *KundensatzLöschen* der Schaltfläche `Satz löschen` in der Tabelle *Kunden* zu.

Entwicklung der Prozedur Liste sortieren

Die Kundenliste sollte zweckmäßigerweise nach Kundennamen sortiert sein. Da die Kunden aber sicherlich nicht in alphabetischer Reihenfolge in der Werkstatt erscheinen, bietet die Schaltfläche `Liste nach Namen sortieren` die Möglichkeit, neu erfaßte Kunden in den Bestand einzusortieren. Dies gilt entsprechend auch für die Materialbestände und Arbeitsgänge. Es empfiehlt sich somit auch hier, in einer ersten Prozedur die Parameter für die zu sortierende Liste bereitzustellen und an die zweite Prozedur zu übergeben, die dann die eigentliche Sortierung durchführt. Im Falle der Kundenliste sind der Tabellenname *Kunde* und der Feldbezug *B8* zu benennen. An diesem Bezug erkennt Excel den Datenbankbereich und die als Sortierkriterium dienende Spalte. Diese beiden Werte werden den Variablen *db* und *feld* zugeordnet und dann mit einem Prozeduraufruf als Argumente an die untergeordnete Sortierprozedur übergeben.

```
' Kundenliste nach Namen sortieren
Sub KuSort()
    Dim db Als ZeichenF; feld Als ZeichenF
    db = "Kunden"
    feld = "B8"
    Rufe ListeSortieren(db; feld)
Ende Sub
```

Englisch

```
Sub KuSort()
    Dim db As String, feld As String
    db = "Kunden"
    feld = "B8"
    Call ListeSortieren(db, feld)
End Sub
```

In der Sortierprozedur sind zunächst die übergebenen Werte entgegen-
zunehmen. Die in der Variablen *feld* benannte Zelle ist mit der Aus-
wahl-Methode zur aktiven Zelle zu machen. Dann kann die Sortierrou-
tine mit dem Macro-Recorder aufgezeichnet werden. Setzen Sie den
Mauszeiger in die nächste freie Zeile, und starten Sie den Recorder mit
dem Befehl **Extras/Makro aufzeichnen/Ab Position aufzeichnen**. Klik-
ken Sie im Menü **Daten** auf **Sortieren**, und schließen Sie das Dialogfeld
Sortieren mit OK. Beenden Sie die Aufzeichnung. Damit der aufgezeichnete Code auch zur Sortierung der anderen Tabellen nutzbar
wird, sollten Sie den Eintrag bei Schlüssel1:= in AktiveZelle abändern.

```
' Unterprozedur: Sortieren
Sub ListeSortieren(db; feld)
    Blattliste(db).Bereich(feld).Auswählen
    Auswahl.Sortieren Schlüssel1:=AktiveZelle; _
      Reihenfolge1:=xlAufsteigend; _
      Zeilenkopf:=xlSchätzen; _
      BenutzerdefReihenfolge:=1; GrossKlein:=Falsch; _
      Ausrichtung:=xlObenNachUnten
Ende Sub
```

Englisch

```
' Unterprozedur: Sortieren
Sub ListeSortieren(db, feld)
    Sheets(db).Range(feld).Select
    Selection.Sort Key1:=ActiveCell, _
    Order1:=xlAscending, Header:=xlGuess, _
    OrderCustom:=1, MatchCase:=False, _
    Orientation:=xlTopToBottom
End Sub
```

Weisen Sie der Schaltfläche `Liste nach Namen sortieren` in der Tabelle *Kunden* die Prozedur *KuSort* zu.

Entwicklung der Prozedur Liste drucken

Mit dieser Prozedur sollen alle in dieser Anwendung erforderlichen Ausdrucke durchgeführt werden können. Da der Druck stets aus dem aktuellen Tabellenblatt erfolgt, ist dessen besondere Aktivierung in der Prozedur nicht mehr erforderlich. Sie müssen lediglich im aktiven Fenster mit der BlattListe-Auflistung das aktive Blatt auswählen und den Druck starten.

```
Sub FormDrucken()
    AktivesFenster.AusgewähltesBlattListe. _
    Ausdrucken Kopien:=1
Ende Sub
```

Englisch

```
SubFormDrucken()
    ActiveWindow.SelectedSheets.PrintOut copies:=1
End Sub
```

Weisen Sie die Prozedur der Schaltfläche `Liste drucken` in der Tabelle *Kunden* zu.

Entwicklung der Prozedur *Zurück zum Menü*

Diese Prozedur soll aus allen Tabellenblättern der Anwendung einen Rücksprung zum Tabellenblatt *Menü* ermöglichen. Dies gelingt, indem Sie mit der BlattListe-Auflistung das Blatt *Menü* auswählen.

```
' Rücksprung zum Tabellenblatt Menü
Sub ZumMenü()
    BlattListe("Menü").Auswählen
Ende Sub
```

Englisch

```
Sub ZumMenü()
    Sheets("Menü").Select
End Sub
```

Weisen Sie diese Prozedur der Schaltfläche ⌜Zurück zum Menü⌟ zu.

9.3.3 Materialdaten verwalten

Die Verwaltung der Materialdaten erfolgt in dem Tabellenblatt *Material*. Erstellen Sie die Tabelle gemäß nachfolgender Abbildung. Der Listenbereich erstreckt sich von Zeile 8 bis Zeile 38. Übernehmen Sie die Datensätze ab Zeile 8 in die Tabelle.

Richten Sie im oberen Teil des Tabellenblattes die Schaltflächen ein, und nehmen Sie deren Beschriftung vor. Die zu entwickelnden Prozeduren entsprechen weitgehend den bereits für die Verwaltung der Kundendaten erstellten Prozeduren. Die Prozeduren *ZumMenü* und *FormDrucken* können den entsprechenden Schaltflächen unverändert zugewiesen werden. Die übrigen Prozeduren bedürfen einer Anpassung bei der Festlegung der Tabellennamen, Schlüsselbegriffe und Argumente.

Erstellen Sie diese Prozeduren mit den Namen *MaterialMaskeEinblenden*, *MaterialSatzLöschen* und *MatSort*. Die Lösung finden Sie am Ende dieses Beispiels in der Gesamtdarstellung des Moduls. Weisen Sie die Prozeduren den Schaltflächen zu.

MNr	Materialbezeichnung	Mengeneinheit	Preis je Einheit
2001	Bremsscheibe	Stck	25,00 DM
2002	Bremstrommel	Stck	120,50 DM
2003	Bremsflüssigkeit	l	25,90 DM
5001	Batterie	Stck	210,00 DM
5002	Halogen-Lampe	Stck	15,00 DM
5003	Blinker-Relais	Stck	12,99 DM
5004	Bremsleuchte	Stck	8,90 DM
7012	Getriebe-Öl	l	35,00 DM
13001	Kühlerthermostat	Stck	54,00 DM
13002	Kühler	Stck	180,00 DM
13003	Ventildeckel	Stck	22,70 DM
13004	Motoröl	l	12,80 DM
13005	Kupplungsautomat	Stck	230,00 DM
13006	Kühlflüssigkeit	l	3,50 DM

Faktura.xls — Neuer Satz | Satz löschen | Liste drucken | Liste nach MNr sortieren | zurück zum Menü

Menü / Rechnungsdaten / Rechnung / Materialschein / Kunden / Arbeiten \ **Material**

9.3.4 Arbeitsgangdaten verwalten

Die Verwaltung der Arbeitsgangdaten erfolgt in dem Tabellenblatt *Arbeiten*. Erstellen Sie die Tabelle gemäß der Abbildung auf der nächsten Seite. Der Listenbereich erstreckt sich von Zeile 9 bis Zeile 50. Übernehmen Sie die Datensätze ab Zeile 8 in die Tabelle. Außerdem ist zwischen den Schaltflächen und dem Listenbereich ein Feld zur Aufnahme des Preises für eine Arbeitswerteinheit vorzusehen.

Richten Sie im oberen Teil des Tabellenblattes die Schaltflächen ein, und nehmen Sie deren Beschriftung vor. Die zu entwickelnden Prozeduren entsprechen weitgehend den bereits für die Verwaltung der Kunden- und Materialdaten erstellten Prozeduren. Die Prozeduren *ZumMenü* und *FormDrucken* können ebenfalls den entsprechenden Schaltflächen unverändert zugewiesen werden. Die übrigen Prozeduren bedürfen einer Anpassung bei der Festlegung der Tabellennamen, Schlüsselbegriffe und Argumente.

Erstellen Sie diese Prozeduren mit den Namen *ArbeitsgangMaskeEinblenden*, *ArbeitenSatzLöschen* und *ArbeitSort*. Die Lösung finden Sie

Position	Arbeitsgang	AW1	AW2
3	Inspektion (alle 15 000 Km)	40	44
4	Zusätzliche-Arbeiten alle 30000 Km	8	10
5	Ölwechsel	12	14
6	Sicherheitstest	12	12
7	Ventilspiel einstellen	6	10
8	Wasserpumpe ersetzen	18	18
9	Kühlwasser-Thermostat ersetzen	6	6
10	Zündanlage prüfen	12	18
11	Zündverteiler ersetzen	6	6
12	Unterbrecherkontakte ersetzen	4	6
13	Alle Zündkerzen austauschen	3	4
14	Keilriemen spannen	3	3
15	Kühlsystem prüfen	2	2
16	Auspuffanlage komplett ersetzen	13	16
17	Schalldämpfer ersetzen	8	10
18	Kupplungshydraulik entlüften	2	2
19	Kupplung ersetzen	30	32
20	Handbremse einstellen	2	2
21	Bremsklötze vorne ersetzen	6	8
22	Vordere Bremsscheibe ersetzen	17	17
23	Bremsklötze hinten ersetzen	6	8

am Ende dieses Beispiels in der Gesamtdarstellung des Moduls. Weisen Sie die Prozeduren den Schaltflächen zu.

9.3.5 Das Tabellenblatt Menü erstellen

Öffnen Sie nun das Tabellenblatt *Menü* (s. Abb. im Kapitel *Programmentwurf*). Zur Dekoration können Sie hier eine Grafikdatei mit einem Auto einfügen. Ordnen Sie darüber sechs Schaltflächen an. Beschriften Sie die drei rechts angeordneten Schaltflächen mit *Kundendaten verwalten*, *Materialdaten verwalten* und *Arbeitsgangdaten verwalten*. Erstellen Sie nun drei Prozeduren zur Ansteuerung der Tabellen *Kunden*, *Material* und *Arbeiten*. Weisen Sie die Prozeduren den Schaltflächen zu. Diese Prozeduren entsprechen im Aufbau der Prozedur *ZumMenü*, nämlich Auswahl der gewünschten Tabelle und einer Zelle im Listenbereich.

```
' Kundendaten verwalten
Sub KuDatVerwalten()
    BlattListe("Kunden").Auswählen
    Bereich("A8").Auswählen
Ende Sub

' Arbeitsgangdaten verwalten
Sub ArbDatVerwalten()
    BlattListe("Arbeiten").Auswählen
    Bereich("A9").Auswählen
Ende Sub

' Materialdaten verwalten
Sub MatDatVerwalten()
    BlattListe("Material").Auswählen
    Bereich("A8").Auswählen
Ende Sub
```

Englisch

```
Sub KuDatVerwalten()
    Sheets("Kunden").Select
    Range("A8").Select
End Sub

Sub ArbDatVerwalten()
    Sheets("Arbeiten").Select
    Range("A9").Select
End Sub

Sub MatDatVerwalten()
    Sheets("Material").Select
    Range("A8").Select
End Sub
```

Nun können Sie aus dem Blatt *Menü* durch Anklicken einer der drei Schaltflächen eines der Tabellenblätter zur Verwaltung der Stammdaten einblenden, dort die gewünschten Operationen durchführen und anschließend über die Schaltfläche [Zum Menü] wieder in das Menüblatt zurückverzweigen.

Damit ist die Verwaltung der Stammdaten abgeschlossen, und wir können uns nun dem Hauptproblem dieser Anwendung, der Fakturierung, zuwenden.

9.3.6 Das Tabellenblatt Rechnungsdaten entwickeln

Zur Erstellung der Rechnung muß man zunächst wissen,

- für welchen Kunden die Rechnung zu erstellen ist,
- welches Datum in die Rechnung einzutragen ist und
- wie der Km-Stand des Fahrzeugs ist.

Diese Daten sollen in dem Tabellenblatt *Rechnungsdaten* erfaßt und für die Fakturierung bereitgestellt werden.

Dabei kann der Kunde allein durch Eingabe der **Kundennummer** identifiziert werden. Zur Kontrolle sollen dann der Kundenname, das Kennzeichen des Kundenfahrzeugs und der Typenschlüssel im Tabellenblatt angezeigt werden. Diese Daten können anhand der Kundennummer aus der Tabelle *Kunden* übernommen werden. Das **Rechnungsdatum** wird als Tagesdatum mit der Excel-Funktion *Jetzt()* ermittelt.

Der **Km-Stand** ist über die Tastatur einzugeben.

Rechnungsdaten erfassen

Kunden-Nr.: 24

Kunde: Hagedorn, Theo

KFZ-Kennzeichen: VIE-D 555

Typen-Schlüssel: 2

Aufnahmedatum: 10.09.1996 Zeit: 17:41

Km-Stand: 45000

Rechnung erstellen

Materialschein ausfüllen

zurück zum Menü

Entwickeln Sie das Tabellenblatt *Rechnungsdaten* entsprechend der vorstehenden Abbildung. Nach Eingabe der Kunden-Nr. sollen in der darunterliegenden Zelle C8 Name und Vorname des Kunden erscheinen. Hierzu ist die folgende Formel einzugeben. Geben Sie jedoch zuvor zwecks einfacherer Handhabung der Verweistabelle dem Bereich *A8:I33* in der Tabelle *Kunden* den Namen *Kunde*.

```
=WENN(C7=0;"";SVERWEIS(C7;Kunde;2;FALSCH) & ", " &
  SVERWEIS(C7;Kunde;3;FALSCH))
```

Dies bedeutet: Wenn die Zelle C7 den Wert 0 enthält (es wurde also keine Kunden-Nr. eingegeben), dann soll in der Zelle C8 nichts ("") erscheinen. Im anderen Falle soll mit Hilfe der Funktion SVERWEIS dem Tabellenblatt *Kunden* anhand des in Zelle C7 eingegebenen Suchbegriffs in der 2. Spalte des Listenbereichs der Kundenname entnommen, ein Komma angefügt und ebenfalls mit Hilfe der SVERWEIS-Funktion der Vorname aus der 3. Spalte des Listenbereichs entnommen und in die Zelle C8 übertragen werden.

Zur Übernahme des Kfz-Kennzeichens benötigen Sie in Zelle C9 die Formel:

```
=WENN(C7=0;"";SVERWEIS(C7;Kunde;8;FALSCH))
```

In der Zelle C10 tragen Sie zur Darstellung des Typenschlüssels folgende Formel ein:

```
=WENN(C7=0;"";SVERWEIS(C7;Kunde;9;FALSCH))
```

Das Argument FALSCH in den Funktionen bedeutet, daß der Listenbereich nicht nach dem Suchkriterium sortiert sein muß.
Die Anzeige des Tagesdatums erreichen Sie mit der Formel

```
=WENN(C7=0;"";JETZT()).
```

Richten Sie nun die drei Schaltflächen mit den entsprechenden Beschriftungen auf dem Tabellenblatt ein. Weisen Sie der Schaltfläche Zurück zum Menü die bereits erstellte Prozedur *ZumMenü* zu.
Bevor Sie sich mit den Prozeduren für die beiden übrigen Schaltflächen beschäftigen, sollten Sie zunächst die Prozedur erstellen, die für den

Aufruf des Tabellenblattes *Rechnungsdaten* über die Schaltfläche Rechnungsdaten erfassen im Tabellenblatt *Menü* erforderlich ist.

Diese Prozedur muß das Tabellenblatt *Rechnungsdaten* mit der Blatt-Liste-Methode auswählen und dort den Zellen zur Aufnahme der Kunden-Nr. und des Km-Standes den Wert 0 zuweisen. Außerdem sollte eine Unterprozedur aufgerufen werden, die alle eventuell im Rechnungs- und Materialscheinformular enthaltenen Einträge löscht. Dann ist die Zelle C7 im Tabellenblatt *Rechnungsdaten* als aktuelle Zelle auszuwählen, da dort die Eingabe der Kunden-Nr. erfolgt. Bei diesen Operationen werden verschiedene Tabellenblätter angesprochen. Um dabei auf dem Bildschirm kein «nervöses Geflackere» entstehen zu lassen, sollten Sie die Bildschirmaktualisierung während dieser Zeit ausschalten. Setzen Sie deshalb zu Beginn der Prozedur die Eigenschaft *Bildschirmaktualisierung* auf *Falsch* und am Ende wieder auf *Wahr*.

```
' Erfassen der Rechnungsdaten
Sub Rechnungsdaten()
    Anwendung.BildschirmAktualisierung = Falsch
    ' Felder Kunden-Nr. u. Km-Stand löschen
    BlattListe("Rechnungsdaten").Auswählen
    Bereich("C7").Auswählen
    AktiveZelle.Wert = 0
    Bereich("C12").Auswählen
    AktiveZelle.Wert = 0
    ' Unterprozeduraufruf zur Erzeugung eines leeren
    ' Rechnungs- u. Materialscheinformulars
    FakturaNeu
    BlattListe("Rechnungsdaten").Bereich("C7"). _
            Auswählen
    Anwendung.BildschirmAktualisierung = Wahr
Ende Sub
```

Englisch

```
' Erfassen der Rechnungsdaten
Sub Rechnungsdaten()
    Application.ScreenUpdating = False
    ' Felder Kunden-Nr. u. Km-Stand löschen
    Sheets.("Rechnungsdaten").Select
    Range("C7").Select
```

```
    ActiveCell.Value = 0
    Range("C12").Select
    ActiveCell.Value = 0
    ' Unterprozeduraufruf zur Erzeugung eines leeren
    ' Rechnungs- u. Materialscheinformulars
    FakturaNeu
    Sheets("Rechnungsdaten").Range("C7").Select
    Application.ScreenUpdating = True
End Sub
```

Weisen Sie diese Prozedur der Schaltfläche [Rechnungsdaten erfassen]
im Tabellenblatt *Menü* zu.
Die Prozeduren für die beiden Schaltflächen [Rechnung erstellen] und
[Materialschein ausfüllen] im Tabellenblatt *Rechnungsdaten* haben
die Funktion, das entsprechende Tabellenblatt einzublenden und dort
die Zelle zu aktivieren, bei der die erste Positions- bzw. Materialnummer einzugeben ist.

```
' Rechnungsblatt zur Fakturierung öffnen
Sub ErstelleRechnung()
    BlattListe("Rechnung").Auswählen
    ' Zelle zur Aufnahme der 1. Positions-Nr.
    Bereich("B16").Auswählen
Ende Sub


' Materialschein erstellen
Sub MscheinErstellen()
    BlattListe("Materialschein").Auswählen
    ' Zelle zur Eingabe der 1. MNr
    Bereich("A7").Auswählen
Ende Sub
```

Englisch

```
' Rechnungsblatt zur Fakturierung öffnen
Sub ErstelleRechnung()
    Sheets("Rechnung").Select
    ' Zelle zur Aufnahme der 1. Positions-Nr.
```

```
    Range("B16").Select
End Sub


' Materialschein erstellen
Sub MscheinErstellen()
    Sheets("Materialschein").Select
    ' Zelle zur Eingabe der 1. MNr
    Range("A7").Select
End Sub
```

9.3.7 Das Tabellenblatt Rechnung entwickeln

Das Rechnungsformular

Vor der Erstellung der Prozedur zum «Leerschreiben» der Rechnung und des Materialscheins müssen diese beiden Formulare erst einmal erstellt werden. Das Rechnungsformular im Tabellenblatt *Rechnung* soll folgenden Aufbau erhalten:

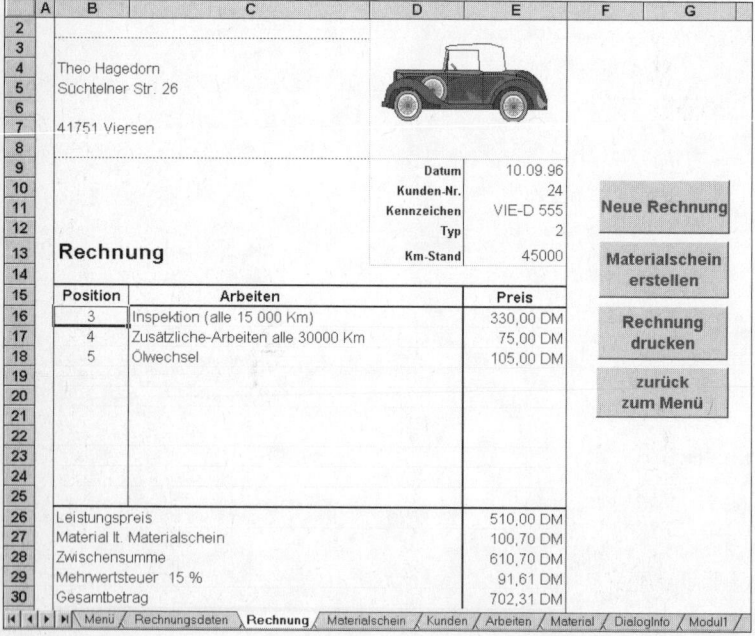

Die Eintragungen in diesem Formular sollen möglichst automatisch erfolgen. So können die Daten im Anschriften- und Bezugsbereich auf Grund der bereits im Tabellenblatt *Rechnungsdaten* getätigten Eingaben mit Hilfe von Verweisfunktionen übernommen werden.

Die durchgeführten Arbeiten und deren Preise werden nach Eingabe der Positions-Nr. (beginnend in Zelle B16) aus der Tabelle *Arbeiten* mit Verweisfunktionen abgerufen. Die Rechnung kann zehn Arbeitspositionen aufnehmen. Über diese Beträge ist eine Zwischensumme zu bilden und in der Zeile *Leistungspreis* in Zelle E26 einzutragen.

Der Preis der benötigten Materialien ist als Summe aus dem Materialschein in die Zelle E27 zu übernehmen. Aus Leistungs- und Materialpreis ist in Zelle E28 eine Zwischensumme zu bilden, die dann als Grundwert für die Berechnung der Mehrwertsteuer in Zelle E29 dient. Schließlich ist in Zelle E30 aus der Addition von Zwischensumme und Mehrwertsteuer der Gesamtbetrag der Rechnung zu ermitteln. Hierfür werden folgende Formeln erforderlich:

Formeln im Anschriftenfeld der Rechnung:

Zelle B4: `=SVERWEIS(E10;Kunde;3;FALSCH) & " " &`
`              SVERWEIS(E10;Kunde;2;FALSCH)`

Zelle B5: `=SVERWEIS(E10;Kunde;4;FALSCH)`

Zelle B7: `=SVERWEIS(E10;Kunde;5;FALSCH) & " " &`
`              SVERWEIS(E10;Kunde;6;FALSCH)`

Formeln im Bezugsbereich der Rechnung:

Zelle E9:   `=JETZT()`

Zelle E10: `=Rechnungsdaten!C7`
           (Übernahme der Kunden-Nr. aus der Tabelle
            Rechnungsdaten)

Zelle E11: `=SVERWEIS(E10;Kunde;8;FALSCH)`

Zelle E12: `=SVERWEIS(E10;Kunde;9;FALSCH)`

Zelle E13: `=Rechnungsdaten!C12`

Geben Sie im Rechnungsformular der Zelle E12 den Namen *Typ* und dem Bereich B16:B25 den Namen *Position*.

Weisen Sie in der Tabelle *Material* dem Bereich A9:A38 den Namen *awert* und der Zelle C6 den Namen *apreis* zu.

Formel zur Darstellung des Arbeitstextes:

Zelle C16: `=WENN(B16=0;"";SVERWEIS(Position;awert;2))`

Kopieren Sie diese Formel nach unten bis in die Zelle C25.

Formel zur Darstellung des Arbeitspreises:

Zelle E16: `=WENN(C16="";"";WENN(Typ=1;SVERWEIS`
`(Position;awert;3)*apreis;`
`SVERWEIS(Position;awert;4)*apreis))`

Kopieren Sie auch diese Formel nach unten bis in die Zelle E25.

Formeln im Rechnungsfuß:

Zelle E26: `=SUMME(E16:E25)`

Zelle E27: `=Materialschein!F21`

(Übernahme der Materialkosten aus Tabelle *Materialschein*)

Zelle E28: `=SUMME(E26:E27)`

Zelle E29: `=E28/100*15`

Zelle E30: `=E28+E29`

Prozeduren für das Tabellenblatt *Rechnung*

Wie die Abbildung des Tabellenblattes *Rechnung* zeigt, sind dort vier Schaltflächen anzuordnen.

Die Schaltfläche Neue Rechnung soll die bereits erwähnte Prozedur *FakturaNeu* starten, um in der Rechnung und im Materialschein eventuell noch vorhandene Einträge zu löschen. Dabei geht es konkret im Rechnungsformular um den Zellbereich *Position*, das ist der Bereich B16:B25. Wenn hier keine anderen Werte als 0 stehen, ist der Rechnungsrumpf leer. Das Löschen im *Materialschein* soll an eine Unterprozedur verwiesen werden, da dieser Vorgang später auch im Tabellenblatt *Material* benötigt wird. Nach Abschluß dieser Aktionen soll die Zelle C7 im Tabellenblatt *Rechnungsdaten* aktiviert werden.

```
' Leeres Rechnungs- u. Mat.-scheinformular erzeugen
Sub FakturaNeu()
    ' Zellinhalte in der Positionsspalte
    ' Bereich B16 bis B25 löschen
    BlattListe("Rechnung").Auswählen
    Bereich("B16:B25").Auswählen
    Auswahl.InhalteLöschen
```

```
' Einen leeren Materialschein erzeugen
MScheinNeu  Prozeduraufruf ohne Argumentübergabe
BlattListe("Rechnungsdaten").Auswählen
Bereich("C7").Auswählen
Ende Sub
```

Englisch

```
' Leeres Rechnungs- u. Mat.-scheinformular erzeugen
Sub FakturaNeu()
   ' Zellinhalte in der Positionsspalte
   ' Bereich B16 bis B25 löschen
   Sheets("Rechnung").Select
   Range("B16:B25").Select
   Selection.ClearContents
   ' Einen leeren Materialschein erzeugen
   MScheinNeu 'Prozeduraufruf ohne Argumentübergabe
   Sheets("Rechnungsdaten").Select
   Range("C7").Select
End Sub
```

Weisen Sie diese Prozedur der Schaltfläche [Neue Rechnung] zu.
Die Schaltfläche [Materialschein erstellen] im Tabellenblatt *Rechnung*
soll das Tabellenblatt *Material* mit dem Materialschein einblenden und
dort die Zelle *A7* aktivieren.

```
' Materialschein erstellen
Sub MScheinErstellen()
   BlattListe("Materialschein").Auswählen
   Bereich("A7").Auswählen
Ende Sub
```

Englisch

```
' Materialschein erstellen
Sub MScheinErstellen()
   Sheets("Materialschein").Select
```

```
    Range("A7").Select
End Sub
```

Ordnen Sie diese Prozedur der Schaltfläche zu.
Die Prozeduren für die dritte und vierte Schaltfläche existieren bereits.
Weisen Sie der Schaltfläche [Rechnung drucken] die Prozedur *Form-Drucken* und der Schaltfläche [zurück zum Menü] die Prozedur *Zum-Menü* zu.

9.3.8 Tabellenblatt Materialschein entwickeln

Der Materialschein

Das Tabellenblatt *Materialschein* enthält im Kopf die Kunden-Nr, den Namen des Kunden und das Kennzeichen des Fahrzeuges. Diese Daten können Sie aus dem Tabellenblatt *Rechnungsdaten* übernehmen. Nach Eingabe einer Materialnummer in der Spalte *MNr* können die Materialbezeichnung, die Mengeneinheit und der Preis über Verweisfunktionen im Tabellenblatt *Material* gesucht und übernommen werden. Der Betrag wird nach Eingabe der Menge errechnet. Der Materialschein kann 14 Materialeinträge in den Zeilen 7 bis 20 aufnehmen. Die Summe aller Beträge wird in Zelle F21 errechnet und von dort in das

	A	B	C	D	E	F	G	H
1	**Autohaus Flink & Flott**							
2							Neuer Materialschein	
3	Materialentnahmeschein für Kunde Nr.:		24					
4			Name: Hagedorn, Theo					
5			Kennzeichen: VIE-D 555					
6	MNr	Materialbezeichnung	Einheit	Preis	Menge	Betrag	Materialschein drucken	
7	13004	Motoröl	l	12,80 DM	5	64,00 DM		
8	13003	Ventildeckel	Stck	22,70 DM	1	22,70 DM		
9	13007	Kühlflüssigkeit	l	3,50 DM	4	14,00 DM		
10							Zurück zur Rechnung	
11								
12								
13							Zurück zum Menü	
14								
15								
16								
17								
18								
19								
20								
21					Nettobetrag:	100,70 DM		
22								

Rechnungsformular übertragen. Entwickeln Sie den Materialschein
nach vorstehendem Muster.

Belegen Sie den Bereich A7:A20 mit dem Namen *MNr* und im Tabellenblatt *Material* den Bereich A8:D36 mit dem Namen *Material.*

Tragen Sie im Tabellenblatt *Materialschein* folgende Formeln ein:

Zelle C3: `=Rechnungsdaten!C7`

Zelle D4: `=WENN(C3=0;"";SVERWEIS(C3;Kunde;2;FALSCH)`
          `& ", " & SVERWEIS(C3;Kunde;3;FALSCH))`
          oder `=Rechnungsdaten!C8`

Zelle D5: `=SVERWEIS(C3;Kunde;8;FALSCH)`   oder
          `=Rechnungsdaten!C9`

Zelle B7: `=WENN(MNr=0;"";SVERWEIS(MNr;Material;2;FALSCH))`

Zelle C7: `=Wenn(MNr=0;"";SVERWEIS(MNr;Material;3;FALSCH))`

Zelle D7: `=Wenn(MNr=0;"";SVERWEIS(MNr;Material;4;FALSCH))`

Zelle F7: `=D7*E7`

Kopieren Sie die letzten vier Formeln nach unten bis in die Zeile 20.

Zelle F21: `=Summe(F7:F20)`

Prozeduren für das Tabellenblatt *Materialschein*

Zwei der drei Prozeduren, die den Schaltflächen im Tabellenblatt *Materialschein* zuzuweisen sind, wurden bereits erstellt. Weisen Sie der
Schaltfläche [Materialschein drucken] die Prozedur *FormDrucken* und
der Schaltfläche [zurück zum Menü] die Prozedur *ZumMenü* zu.

Noch zu erstellen ist die Prozedur zum Löschen der Materialeinträge.
Dazu sind lediglich eventuelle Einträge in der Spalte *MNr* (A7:A20) und
Menge (E7:E20) zu löschen. Anschließend ist die Zelle A7 in der Spalte
MNr wieder zu aktivieren.


```
' Materialeinträge im Materialschein löschen
Sub MScheinNeu()
    BlattListe("Materialschein").Auswählen
    ' Inhalte in Spalte MNr A7:A20 löschen
    Bereich("A7:A20").Auswählen
    Auswahl.InhalteLöschen
```

```
    ' Inhalte in Mengenspalte E7:E20 löschen
    Bereich("E7:E20").Auswählen
    Auswahl.InhalteLöschen
    Bereich("A7").Auswählen
Ende Sub
```

Englisch

```
' Materialeinträge im Materialschein löschen
Sub MScheinNeu()
    Sheets("Materialschein").Select
    ' Inhalte in Spalte MNr A7:A20 löschen
    Range("A7:A20").Select
    Selection.ClearContents
    ' Inhalte in Mengenspalte E7:E20 löschen
    Range("E7:E20").Select
    Selection.ClearContents
    Range("A7").Select
End Sub
```

Weisen Sie diese Prozedur der Schaltfläche Neuer Materialschein zu.

9.3.9 Programminfo anzeigen

Die meisten Programme enthalten an irgendeiner Stelle Informationen über den Programmnamen, die Versionsnummer, das Erstellungsjahr und den Autor. Dies soll hier auch geschehen, um die Einbindung eines Dialogfensters zu zeigen.

Fügen Sie mit dem Befehl **Einfügen/Makro/Dialog** ein Dialogblatt in die Arbeitsmappe ein, und geben Sie ihm den Namen *DialogInfo*. Das Dialogblatt enthält bereits ein Dialofeld mit den beiden Schaltflächen OK und Abbrechen. Ordnen Sie in dem Dialogfeld die zuvor beschriebenen Daten an. Nutzen Sie dabei die Möglichkeiten der Symbolleiste *Zeichnen*. Sie könnten zu folgendem Ergebnis kommen:

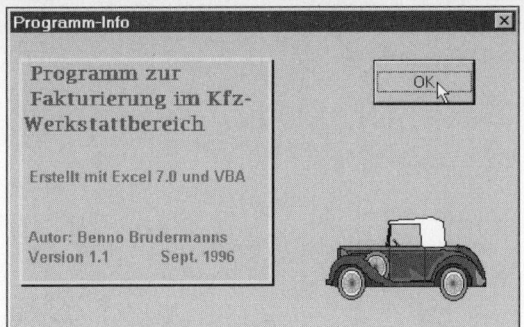

Weisen Sie der Schaltfläche $\boxed{\text{Programminfo}}$ die nachfolgende Prozedur im Tabellenblatt *Menü* zu.

```
' Selbstdefiniertes Dialogfenster
Sub InfoDialog()
    DieseArbeitsmappe.DialogblattListe("Dialoginfo"). _
    Zeigen
Ende Sub
```

Englisch

```
' Selbstdefiniertes Dialogfenster
Sub InfoDialog()
    ThisWorkbook.DialogSheets("Dialoginfo").Show
End Sub
```

9.3.10 Programm beenden

Bei Anklicken der Schaltfläche $\boxed{\text{Ende}}$ im Tabellenblatt *Menü* soll die Arbeitsmappe FAKTURA.XLS gespeichert werden. Dann wird der Anwender in einem Meldungsdialog gefragt, ob er auch Excel beenden möchte. Im Falle *Ja* wird das Programm beendet. Im anderen Fall wird nur die aktive Arbeitsmappe geschlossen.

Weisen Sie die folgende Prozedur der Schaltfläche $\boxed{\text{Ende}}$ zu.

```
' Das Programm speichern u. beenden
Sub Beenden()
   Dim schluss Als Variant
   Schließen  ' startet Bildschirmreorganisation
   AktiveArbeitsmappe.Speichern
   Signal
   schluss = MeldungsDlg _
            ("Wollen Sie auch Excel beenden?"); _
            vbJaNein + vbFrage; "Excel beenden")
   Wenn schluss = vbJa Dann
      Anwendung.Beenden
   Sonst
      AktiveArbeitsmappe.Schliessen
   Ende Wenn
Ende Sub
```

Englisch

```
' Das Programm speichern u. beenden
Sub Beenden()
   Dim schluss As Variant
   Schließen  ' startet Bildschirmreorganisation
   AktiveWorkbook.Save
   Beep
   schluss = MsgBox _
            ("Wollen Sie auch Excel beenden?"); _
            vbYesNo + vbQuestion; "Excel beenden")
   If schluss = vbYes Then
      Application.Quit
   Else
      AktiveWorkbook.Close
   End If
End Sub
```

Zu Beginn dieser Prozedur wird die Unterprozedur *Schließen* aufgerufen. Der Inhalt dieser Prozedur wird im nächsten Kapitel behandelt.

9.3.11 Bildschirmorganisation

Wenn Sie einer Prozedur den Namen *Auto_Öffnen()* geben, wird diese
Prozedur automatisch beim Öffnen der Arbeitsmappe gestartet. In eine
solche Prozedur kann man alle Anweisungen zur individuellen Gestaltung des Bildschirms einstellen. Dazu gehört beispielsweise das Ausblenden von Menü-, Status-, Bearbeitungs- und Symbolleisten. Die folgende Prozedur bedarf wohl keiner besonderen Erklärung.

```
' Bildschirmaufbau organisieren
Sub Auto_Öffnen()
    Anwendung.BildschirmAktualisierung = Falsch
    Anwendung.BearbeitungsleisteAnzeigen = Falsch
    Anwendung.StatusleisteAnzeigen = Falsch
    SymbolleisteListe(1).Sichtbar = Falsch
    SymbolleisteListe(2).Sichtbar = Falsch
    Mit AktivesFenster
        .KopfzeilenAnzeigen = Falsch
        .HorizontaleBildlaufleiste = Falsch
        .VertikaleBildlaufleiste = Falsch
        .ArbeitsmappenregAnzeigen = Falsch
    Ende Mit
    ZumMenü
    Anwendung.BildschirmAktualisierung = Wahr
Ende Sub
```

Diese Einstellungen müssen selbstverständlich beim Beenden des Programms wiederaufgehoben werden. Dies geschieht in unserem Beispiel
in der Prozedur *Schließen*, die als Unterprozedur in der Prozedur *Beenden* aufgerufen wird.

```
' Bildschirmaufbau reorganisieren
Sub Schließen()
    Anwendung.BildschirmAktualisierung = Falsch
    Mit AktivesFenster
        .KopfzeilenAnzeigen = Wahr
        .HorizontaleBildlaufleiste = Wahr
        .VertikaleBildlaufleiste = Wahr
```

```
            .ArbeitsmappenregAnzeigen = Wahr
    Ende Mit
    Anwendung.BearbeitungsleisteAnzeigen = Wahr
    Anwendung.StatusleisteAnzeigen = Wahr
    SymbolleisteListe(1).Sichtbar = Wahr
    SymbolleisteListe(2).Sichtbar = Wahr
    Mit Anwendung
        .QuickInfoZeigen = Wahr
        .GrosseSchaltflächen = Falsch
        .FarbigeSchaltflächen = Wahr
    Ende Mit
    Anwendung.BildschirmAktualisierung = Wahr
Ende Sub
```

Englisch

```
' Bildschirmaufbau organisieren
Sub Auto_Öffnen()
    Application.Screenupdating = False
    Application.DisplayFormularBar = False
    Application.DisplayStatusBar = False
    Toolbars(1).visible = False
    Toolbars(2).visible = False
    With AktiveWindow
        .DisplayHeadings = False
        .HorizontalScrollBar = False
        .VertikalScrollBar = False
        .DisplayWorkbookTabs = False
    End With
    ZumMenü
    Application.ScreenUpdating = True
End Sub


' Bildschirmaufbau reorganisieren
Sub Schließen()
    Application.SreenUpdating = False
    With AktiveWindows
        .DisplayHeadings = True
```

```
            .HorizontalScrollBar = True
            .VertikalScrollBar = True
            .DisplayWorkbookTabs = True
    End With
    Application.DisplayFormulaBar = True
    Application.DisplayStatusBar = True
    Toolbars(1).visible = True
    Toolbars(2).visible = True
    With Application
        .ShowToolTips = True
        .LargeButtons = False
        .ColorButtons = True
    End With
    Application.ScreenUpdating = True
End Sub
```

9.3.12 Gesamtlösung

Zum Abschluß soll nochmals die gesamte Anwendung in der deutschen
Fassung zusammenhängend dargestellt werden.

```
' FAKTURIERUNG IM KFZ-WERKSTATTBEREICH
'
Option Explizit
' Erfassen der Rechnungsdaten
Sub Rechnungsdaten()
    Anwendung.BildschirmAktualisierung = Falsch
    ' Felder Kunden-Nr. u. Km-Stand löschen
    BlattListe("Rechnungsdaten").Auswählen
    Bereich("C7").Auswählen
    AktiveZelle.Wert = 0
    Bereich("C12").Auswählen
    AktiveZelle.Wert = 0
    ' Unterprozeduraufruf zur Erzeugung eines
    ' leeren Rechnungs- u. Materialscheinformulars
    FakturaNeu
    BlattListe("Rechnungsdaten"). _
```

```
         Bereich("C7").Auswählen
      Anwendung.BildschirmAktualisierung = Wahr
Ende Sub
'
' Rechnungsblatt zur Fakturierung öffnen
Sub ErstelleRechnung()
      BlattListe("Rechnung").Auswählen
      Bereich("B16").Auswählen
Ende Sub
'
' Materialschein erstellen
Sub MScheinErstellen()
      BlattListe("Materialschein").Auswählen
      Bereich("A7").Auswählen
Ende Sub
'
' Rücksprung zum Tabellenblatt Menü
Sub ZumMenü()
      BlattListe("Menü").Auswählen
Ende Sub
' *******************************************************
' Das Programm speichern und beenden
Sub Beenden()
      Dim schluss Als Variant
      Schließen     ' startet Bildschirmreorganisation
      AktiveArbeitsmappe.Speichern
      Signal
      schluss = MeldungsDlg _
              ("Wollen Sie auch Excel beenden?"; _
              vbJaNein + vbFrage; "Beenden")
      Wenn schluss = vbJa Dann
        Anwendung.Beenden      ' Excel wird beendet
      Sonst
        AktiveArbeitsmappe.Schliessen
      Ende Wenn
Ende Sub
' *******************************************************
' Ein leeres Rechnungs- und Materialformular
' erzeugen
```

```
Sub FakturaNeu()
    ' In Positionsspalte B16 bis B25 Feldinhalte löschen
    BlattListe("Rechnung").Auswählen
    Bereich("B16:B25").Auswählen
    Auswahl.InhalteLöschen
    ' Einen leeren Materialentnahmeschein erzeugen
    MScheinNeu 'Prozeduraufruf ohne Argumentübergabe
    BlattListe("Rechnungsdaten").Auswählen
    Bereich("C7").Auswählen
Ende Sub
'
' Materialeinträge im Mat.-Entnahmeschein löschen
Sub MScheinNeu()
    BlattListe("Materialschein").Auswählen
    ' In Spalte MNr A7:A20 Inhalte löschen
    Bereich("A7:A20").Auswählen
    Auswahl.InhalteLöschen
    ' In Mengenspalte E7:E20 Inhalte löschen
    Bereich("E7:E20").Auswählen
    Auswahl.InhalteLöschen
    Bereich("A7").Auswählen
Ende Sub
' ****************************************************
' Aufruf der Tabellenblätter zur
' Stammdatenverwaltung
' Kundendaten verwalten
Sub KuDatVerwalten()
    BlattListe("Kunden").Auswählen
    Bereich("A8").Auswählen
Ende Sub
'
' Arbeitsgangdaten verwalten
Sub ArbDatVerwalten()
    BlattListe("Arbeiten").Auswählen
    Bereich("A9").Auswählen
Ende Sub
'
' Materialdaten verwalten
Sub MatDatVerwalten()
```

```
        BlattListe("Material").Auswählen
        Bereich("A8").Auswählen
Ende Sub
'   ******************************************************

' Prozeduren zum Sortieren der Stammdaten
'

' Kundenliste nach Namen sortieren
Sub KuSort()
    Dim db Als ZeichenF; feld Als ZeichenF
    db = "Kunden"
    feld = "B8"
    Rufe ListeSortieren(db; feld)
Ende Sub
'

' Sortieren der Arbeitsgänge nach PositionsNr
Sub ArbeitSort()
    Dim db Als ZeichenF; feld Als ZeichenF
    db = "Arbeiten"
    feld = "A9"
    Rufe ListeSortieren(db; feld)
Ende Sub
'

' Sortieren der Materialliste nach MNr
Sub MatSort()
    Dim db Als ZeichenF; feld Als ZeichenF
    db = "Material"
    feld = "A8"
    Rufe ListeSortieren(db; feld)
Ende Sub
'

' Unterprozedur: Sortierroutine
Sub ListeSortieren _
            (db Als ZeichenF; feld Als ZeichenF)
    BlattListe(db).Auswählen
    Bereich(feld).Auswählen
    Auswahl.Sortieren Schlüssel1:=AktiveZelle; _
        Reihenfolge1:=xlAufsteigend; _
        Zeilenkopf:=xlSchätzen; _
        BenutzerdefReihenfolge:=1; GrossKlein:=Falsch; _
```

```
          Ausrichtung:=xlObenNachUnten
Ende Sub
' ******************************************************
' Infofenster als Standarddialogfenster
' (Alternativ zu InfoDialog)
Sub InfoFenster()
 MeldungsDlg _
  ("Programm zur Erstellung von Rechnungen " & _
   "im Kfz-Betrieb." _& Zn(13) & Zn(10) & _
  " Erstellt mit EXCEL 7.0 und VBA." _
  & Zn(13) & Zn(10) & Zn(169) & _
  " Benno Brudermanns"); 0 + 64;("Programm-Info")
Ende Sub
'
' Selbstdefiniertes Dialogfenster
Sub InfoDialog()
DieseArbeitsmappe.DialogblattListe("DialogInfo"). _
  Zeigen
Ende Sub
' ******************************************************
' Prozeduren zum Erfassen neuer Stammdatensätze
'
' Kundenmaske einblenden
Sub KundenMaskeEinblenden()
    Dim db Als ZeichenF; feld Als ZeichenF
    db = "Kunden"
    feld = "A8"
    Rufe MaskeZeigen(db; feld)
Ende Sub
'
' Materialmaske einblenden
Sub MaterialMaskeEinblenden()
    Dim db Als ZeichenF; feld Als ZeichenF
    db = "Material"
    feld = "A7"
    Rufe MaskeZeigen(db; feld)
Ende Sub
'
' Arbeitsgangmaske einblenden
```

```
Sub ArbeitsgangMaskeEinblenden()
    Dim db Als ZeichenF; feld Als ZeichenF
    db = "Arbeiten"
    feld = "A8"
    Rufe MaskeZeigen(db; feld)
Ende Sub
'
' Unterprozedur zum Einblenden der Erfassungsmasken
Sub MaskeZeigen(db Als ZeichenF; feld Als ZeichenF)
    BlattListe(db).Auswählen
    Bereich(feld).AktuelleRegion.Name = "Datenbank"
    AktivesBlatt.DatenmaskeZeigen
Ende Sub
' ****************************************************
' Tabellen drucken
' Diese Routine erledigt alle Druckaufträge
Sub FormDrucken()
AktivesFenster.AusgewähltesBlattListe.Ausdrucken Kopi-
en:=1
Ende Sub
' ****************************************************
' Stammdaten löschen
' Mit dieser Prozedur kann innerhalb einer Excel-Liste
ein
' über die SatzNr. spezifizierter Satz gelöscht werden.
'
' Löschen eines Satzes aus der Tabelle Kunden
Sub KundenSatzLöschen()
    Dim listenanfang Als Ganz; listenende Als Ganz
    Dim tbl Als ZeichenF
    Dim schlüsselfeld Als ZeichenF
    listenanfang = 8     ' Erste Zeile der Datenbank
    listenende = listenanfang + 30
                            ' Letzte Zeile der Datenbank
    tbl = "Kunden" ' Spezifizierung des Blattnamens
    schlüsselfeld = "A8"
    ' Position des Schlüsselfeldes in der 1. Zeile des
     ' Listenbereichs
    Rufe löscheSatz _
```

```
        (listenanfang; listenende; tbl; schlüsselfeld)
Ende Sub
'
' Löschen eines Satzes aus der Tabelle Arbeiten
Sub ArbeitenSatzLöschen()
    Dim listenanfang Als Ganz; listenende Als Ganz
    Dim tbl Als ZeichenF
    Dim schlüsselfeld Als ZeichenF
    listenanfang = 9     ' Erste Zeile der Datenbank
    listenende = listenanfang + 41
                         ' Letzte Zeile der Datenbank
    tbl = "Arbeiten"     ' Spezifizierung des Blattnamens
    schlüsselfeld = "A9"
    ' Position des Schlüsselfeldes in der 1. Zeile
    ' des Listenbereichs
     Rufe löscheSatz _
     (listenanfang; listenende; tbl; schlüsselfeld)
Ende Sub
'
' Löschen eines Satzes aus der Tabelle Material
Sub MatSatzLöschen()
    Dim listenanfang Als Ganz; listenende Als Ganz
    Dim tbl Als ZeichenF
    Dim schlüsselfeld Als ZeichenF
    listenanfang = 8     ' Erste Zeile der Datenbank
    listenende = listenanfang + 30
                         ' Letzte Zeile der Datenbank
    tbl = "Material"     ' Spezifizierung des Blattnamens
    schlüsselfeld = "A8"
    ' Position des Schlüsselfeldes in der 1. Zeile
    ' des Listenbereichs
     Rufe löscheSatz _
     (listenanfang; listenende; tbl; schlüsselfeld)
Ende Sub
'
' Unterprozedur zu Kunden-, Arbeits- und
' Materialsatz löschen
Sub löscheSatz _
     (listenanfang Als Ganz; listenende Als Ganz; _
```

```
tbl Als ZeichenF; schlüsselfeld Als ZeichenF)
Dim suchbegriff Als ZeichenF
Dim z Als Ganz; x Als Ganz
Dim antw Als Variant; merker Als Ganz
merker = 0                ' Merker für Satz gelöscht
BlattListe(tbl).Auswählen
suchbegriff = Anwendung.Eingabefeld _
          ("Welchen Satz möchten Sie löschen?"; _
           "Satz-Nummer"; ; ; ; ; 1)
antw = MeldungsDlg("Wollen Sie den Satz " + _
 suchbegriff + _
 " wirklich löschen?"; vbJaNein + vbFrage; _
 "Hinweis")
Wenn antw = vbJa Dann
      Bereich(schlüsselfeld).Auswählen
      ' Schlüsselfeld ist die aktive Zelle
      Für z = listenanfang Bis listenende _
              Schrittweite 1
        Wenn AktiveZelle.Wert = suchbegriff Dann
           ZeileListe(z).Auswählen
           Auswahl.Löschen verschieben:=xlNachOben
           merker = 1
         Ende Wenn
         AktiveZelle.Versetzen(1; 0).Aktivieren
      Nächste z
      Bereich(schlüsselfeld).Auswählen
      Wenn merker = 1 Dann
        x = MeldungsDlg("Satz " + suchbegriff + _
            " wurde erfolgreich gelöscht!"; _
            vbNurOK + vbInformation; "Hinweis")
       Sonst
        Signal
        x = MeldungsDlg("Satz " + suchbegriff + _
            " wurde nicht gefunden!"; _
            vbNurOK + vbWarnung; "Hinweis")
      Ende Wenn
   Ende Wenn
Ende Sub
   ' *********************************************************
```

```
'
' Bildschirmaufbau organisieren
Sub Auto_Öffnen()
    Anwendung.BildschirmAktualisierung = Falsch
    Anwendung.BearbeitungsleisteAnzeigen = Falsch
    Anwendung.StatusleisteAnzeigen = Falsch
    SymbolleisteListe(1).Sichtbar = Falsch
    SymbolleisteListe(2).Sichtbar = Falsch
    Mit AktivesFenster
        .KopfzeilenAnzeigen = Falsch
        .HorizontaleBildlaufleiste = Falsch
        .VertikaleBildlaufleiste = Falsch
        .ArbeitsmappenregAnzeigen = Falsch
    Ende Mit
    ZumMenü
    Anwendung.BildschirmAktualisierung = Wahr
Ende Sub
'
' Bildschirmaufbau reorganisieren
Sub Schließen()
    Anwendung.BildschirmAktualisierung = Falsch
    Mit AktivesFenster
        .KopfzeilenAnzeigen = Wahr
        .HorizontaleBildlaufleiste = Wahr
        .VertikaleBildlaufleiste = Wahr
        .ArbeitsmappenregAnzeigen = Wahr
    Ende Mit
    Anwendung.BearbeitungsleisteAnzeigen = Wahr
    Anwendung.StatusleisteAnzeigen = Wahr
    SymbolleisteListe(1).Sichtbar = Wahr
    SymbolleisteListe(2).Sichtbar = Wahr
    Mit Anwendung
        .QuickInfoZeigen = Wahr
        .GrosseSchaltflächen = Falsch
        .FarbigeSchaltflächen = Wahr
    Ende Mit
    Anwendung.BildschirmAktualisierung = Wahr
Ende Sub
```

10 Anwendung: Autofinanzierung

10.1 Situation

Herr Flink, Mitinhaber des Autohauses Flink & Flott, wünscht sich rechnergestützte Hilfe bei seiner Verkaufstätigkeit. So möchte er seinen Kunden im Verlaufe eines Verkaufsgespräches sofort ein Finanzierungsangebot machen können. Hierzu sollen die zur Ermittlung des Kreditbetrages erforderlichen Daten, wie der *Listenpreis* des Fahrzeugs, ein *Rabattsatz* für einen eventuell zu gewährenden Preisnachlaß, der zu leistende *Anzahlungsbetrag* und die *Kreditlaufzeit* in eine Excel-Tabelle eingegeben werden. Berechnet werden sollen der monatlich zu zahlende *Betrag*, die *Kreditlaufzeit* in Monaten, der *Zinssatz* p. a., die zu zahlenden *Gesamtzinsen* und der *Gesamtzahlungsbetrag* einschließlich Zinsen. So ergibt sich der folgende Tabellenaufbau:

	A	B	C	D
1				
2			**Monatliche Belastung beim Ratenkauf**	
3				
4			35.700,00 DM	Listenpreis
5			1.785,00 DM	Rabatt
6			20.000,00 DM	Anzahlung
7			13.915,00 DM	Darlehensbetrag
8		→	424,18 DM	Monatliche Zahlung
9			36	Monate Kreditlaufzeit
10		bei 6,50 % p.a.	1.355,60 DM	Gesamtzinsen
11			35.270,60 DM	Gesamtzahlung

Zur Vermeidung von Fehleingaben sollen die einzugebenden Daten möglichst nicht über die Tastatur, sondern über Listen- und Drehfelder oder Bildlaufleisten auswählbar sein.

Der Listenpreis des Fahrzeugs soll nach Auswahl des Fahrzeugtyps in einem Listenfeld automatisch in das entsprechende Tabellenfeld übertragen werden. Voraussetzung dafür ist die Einrichtung einer Liste, welche die verschiedenen Fahrzeugtypen und deren Preise enthält. Die Liste soll weitere Einträge aufnehmen und alphabetisch einsortieren können. Ebenfalls soll das Löschen nicht mehr benötigter Listeneinträge möglich sein.

Die jeweiligen Verkaufs- und Finanzierungskonditionen wie *Anzahlungsbetrag*, *Rabattsatz*, *Zinssatz* und *Monate Kreditlaufzeit* werden über Drehfelder in einem Dialogfeld eingestellt und anschließend in die Zellen der Tabelle übertragen.

Dem Kunden sollen diese Daten als Ergebnis des Verkaufsgesprächs in einem Angebotsschreiben ausgehändigt werden können. Die Druckausgabe soll nach Eingabe des Kundennamens über eine Schaltfläche gestartet werden.

Das Tabellenblatt soll den Namen *Autofinanz* erhalten und in der Arbeitsmappe **Autofinanzierung.xls** gespeichert werden. Die folgende Abbildung zeigt die Gestaltung des Tabellenblattes.

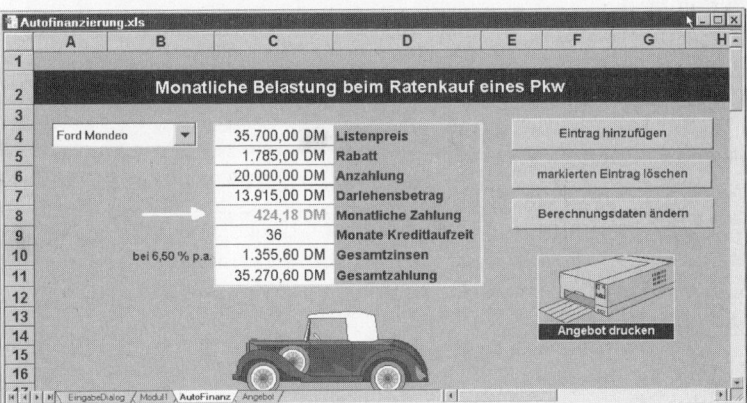

Aufgabe

Öffnen Sie eine neue Arbeitsmappe. Benennen Sie das Blatt *Tabelle1* um in *Autofinanz*, und richten Sie den Tabellenbereich C4:D11 ein.

10.2 Das Listenfeld einrichten

Die in dem Listenfeld auswählbaren Fahrzeuge müssen zunächst in
einem Bereich der Tabelle als Liste angelegt werden. Dazu wählt man
zweckmäßigerweise Zellen, die außerhalb des sichtbaren Tabellenbe-
reichs liegen. In diesem Beispiel soll dies der Bereich C40:D60 sein.

	A	B	C	D	E
40			Wagentyp	Stückpreis	
41	1		Audi A3	36500	
42	2		Citroen XM	60700	
43	3		Fiat Panda	5000	
44	4		Fiat Punto	34800	
45	5		Ford Mondeo	35700	
46	6		Ford Scorpio	59890	
47	7		Ford Sierra	24000	
48	8		Golf CL	29500	
49	9		Mazda 626	56900	
50	10		Mercedes 500SL	110900	
51	11		Opel Astra	33000	
52	12		Opel Frontera	55300	
53	13		Opel Vectra	45000	
54	14		Porsche 911	91800	
55	15		Renault Clio	20900	
56	16		Renault Laguna	25300	
57	17		Renault Safrane V	61800	
58	18		SEAT Toledo	37800	
59	19				

Zur Erleichterung der späteren Arbeit soll dieser Listenbereich den Na-
men *Autoliste* erhalten. Aus dem gleichen Grund erhält der Bereich
C41:C60 den Namen *Stückpreis* und der Bereich D41:D60 den Namen
Wagentyp.

Aufgabe
Tragen Sie die Typenbezeichnungen und Preise gemäß vorstehen-
der Abbildung in diesen Bereich ein, und definieren Sie im Namensfeld die Bereichsnamen.

Die Fahrzeugliste soll über die rechts im Tabellenblatt angeordneten
Schaltflächen Eintrag hinzufügen und markierten Eintrag löschen

dynamisch verwaltet werden. Das heißt, es sollen Einträge gelöscht
oder hinzugefügt werden können. Aus diesem Grunde muß die aktuelle Position (= Zelladresse) des letzten Eintrags stets bekannt sein, da sie
sich abhängig von der Anzahl der jeweils in der Liste geführten Fahrzeuge ständig ändert. Diese und einige andere Vormerkungen enthält
der nachfolgend dargestellte Tabellenbereich, der ebenfalls wie die
Fahrzeugliste außerhalb des sichtbaren Bildschirmausschnitts angeordnet ist.

	M	N	O
1	Position	Rabattsatz	
2	1	5	
3	Einträge	Zinssatz	
4	18	650	
5	letzte Zeile	Jahre Laufzeit	
6	58	3	
7	1. freie Zeile		
8	59		
9	Aktuelle Zeile		
10	41		
11			
12			

Aufgabe:
Richten Sie diesen Tabellenbereich mit den angegebenen Werten
ein.

Die Zelle M4 nimmt die Anzahl der Listeneinträge auf. Tragen Sie die
Anzahl der in der Liste erfaßten Fahrzeuge hier ein, also **18**. Wenn Sie
später weitere Fahrzeuge erfassen oder löschen, muß dieser Wert über
die VBA-Programmierung angepaßt werden. Die Zelle M6 erhält die
Formel = **M4 + 40**. Sie ermittelt die Zeile mit dem letzten Listeneintrag.
In der Zelle M8 wird mit der Formel = **M6 + 1** die erste freie Listenzeile
berechnet. Die Bedeutung der übrigen Zellen wird später erläutert.
Nun kann mit der Einrichtung des Listenfeldes begonnen werden.
Blenden Sie die Symbolleiste *Dialog* ein, und klicken Sie auf das Steuerelement *Dropdown*. Der Mauszeiger ändert sein Aussehen in ein kleines Pluszeichen. Ziehen Sie nun mit gedrückter linker Maustaste über

die Zellen A4 und B4 ein Rechteck auf. Sobald Sie die Maustaste loslassen, bildet sich dort das Listenfeld, dessen Größe Sie durch Verschieben der Anfaßpunkte ändern können.

Klicken Sie dann mit der rechten Maustaste auf das Listenfeld, um das Kontextmenü zu öffnen. Wählen Sie dort den Befehl **Objekt formatieren**. Daraufhin erscheint das Dialogfeld *Objekt* mit der Registerkarte *Steuerung*, deren drei Eingabefelder für die Verknüpfung zwischen der Autoliste, dem Listenfeld und einer Zelle in der Tabelle sorgen.

- Geben Sie im Eingabefeld *Listenbereich* den Namen *Autoliste* oder den Bereich $C$41:$D$60 ein. Wünschen Sie mehr als 20 Fahrzeuge zu verwalten, so ist der Listenbereich nach unten entsprechend zu verlängern. Die Elemente dieses Bereichs können im Listenfeld angezeigt werden.

- Im Eingabefeld *Ausgabeverknüpfung* ist ein Zellbezug einzugeben. Er gibt die Position an, an der das im Listenfeld gewählte Element innerhalb der Auswahlliste steht. In unserem Beispiel ist dies die Zelle **M2**. Wurde also in dem Listenfeld der Wagentyp *Audi A3* ausgewählt, so wird der Zelle M2 der Wert 1 zugewiesen. Das heißt, es wurde der erste Wagen aus der Fahrzeugliste ausgewählt. Diese Positionsangabe ist als Argument für die Funktion **=INDEX(Stückpreis;M2)** erforderlich. Diese Funktion ist in die Zelle **C4** einzugeben. Sie ermittelt dort den Listenpreis des gewählten Fahrzeugtyps.

- Das Eingabefeld *Zeilen* enthält eine Ziffer, welche die Anzahl der im aufgeklappten Listenfeld angezeigten Zeilen festlegt. Standardmäßig wird der Wert 8 vorgegeben.

Aufgabe

Nehmen Sie die entsprechenden Eingaben vor. Testen Sie die Funktionsweise des Listenfeldes. Wenn Sie beispielsweise im Listenfeld den *Golf CL* auswählen, sollte die Zelle M2 den Wert *8* und die Zelle C4 den Listenpreis *29500* enthalten.

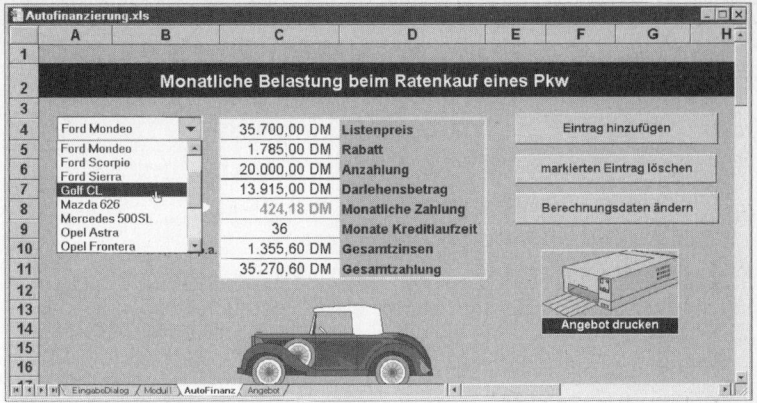

10.3 Die Liste erweitern

Da sich die Anzahl der bei Flink & Flott geführten Fahrzeugtypen
sicherlich häufig ändern wird, sollte dem Anwender die Änderung der
Fahrzeugliste im Tabellenblatt möglichst einfach gemacht werden.

Für das Hinzufügen eines Elements soll nach Anklicken der Schaltfläche ⸤Eintrag hinzufügen⸥ ein Dialogfeld zur Eingabe des Fahrzeugtyps und ein weiteres Dialogfeld zur Eingabe des Stückpreises eingeblendet werden. Die Dialogfelder enthalten neben dem Eingabefeld die
Schaltflächen ⸤OK⸥ und ⸤Abbrechen⸥. Bei einem Abbruch erfolgt kein Listeneintrag. Nach Bestätigung auf ⸤OK⸥ werden die Eingaben in die Liste
übernommen. Die Liste muß anschließend neu organisiert werden.
Das heißt, der Listenbereich muß um ein Element vergrößert werden.
Außerdem sollte der Neuzugang alphabetisch richtig einsortiert werden. Hierzu ist die Prozedur **ListeneintragNeu** zu schreiben und der
Schaltfläche ⸤Eintrag hinzufügen⸥ zuzuweisen. Da das *Reorganisieren*
und *Sortieren* der Liste auch beim Löschen eines Listeneintrages erfolgen muß, sollen für diese beiden Probleme eigene Prozeduren entwickelt werden, die dann bei Bedarf als Unterprozeduren aufgerufen
werden können.

Die Ablauflogik der Prozedur ListeneintragNeu wird nachfolgend als
Struktogramm dargestellt.

| Variablen vereinbaren |
| Listenpositionen definieren |
| Parameter für den Eingabedialog 'Wagentyp' festlegen |
| Dialogfeld zur Eingabe des 'Wagentyps' einblenden |

Wurde 'Abbrechen' gedrückt
Nein ? Ja

| Eingabe in die Liste 'Wagentyp' übernehmen |
| Parameter für den Eingabedialog 'Stückpreis' festlegen |
| Dialogfeld zur Eingabe von 'Stückpreis' einblenden |

Wurde 'Abbrechen' gedrückt
Nein ? Ja

Stückpreis in die Liste 'Stückpreis' übernehmen	Eintrag des Wagentyps in der Liste 'Wagentyp' löschen
Merker 'Anzahl Listeneinträge' auf '1' setzen	
Prozedur 'Liste neu organisieren' aufrufen und den Merker als Argument übergeben	
Prozedur 'Wagenliste neu sortieren' aufrufen	Prozedur abbrechen

Prozedur abbrechen

Bevor Sie nun mit der Erstellung des VBA-Codes beginnen können, müssen Sie zunächst ein Modulblatt in die Arbeitsmappe einfügen. Klicken Sie hierzu im Menü **Einfügen** auf **Makro** und dann im Untermenü auf **Visual-Basic-Modul**.

Zu Beginn sollten Sie mit der Anweisung *Option Explizit* die Definition von Variablen erzwingen und dann einige Variablen definieren, die in allen Prozeduren des Modulblattes benötigt werden.

```
Option Explizit
Dim ErsteZeile Als Ganz; _
    LetzteZeile Als Ganz; _
    Czeile Als Ganz; _
    Cspalte Als Ganz; _
    Dspalte Als Ganz; _
    Distanz Als Ganz; _
```

```
    Merker Als Ganz; _
    TBL Als Variant; _
    BildschirmAktualisierung Als Variant; _
    eing Als Variant; _
    Meldung Als ZeichenF; _
    Titel Als ZeichenF; _
    Standard Als ZeichenF
```

Englisch

```
Option Explicit
Dim ErsteZeile As Integer; _
    LetzteZeile As Integer; _
    Czeile As Integer; _
    Cspalte As Integer; _
    Dspalte As Integer; _
    Distanz As Integer; _
    Merker As Integer; _
    TBL As Variant; _
    BildschirmAktualisierung As Variant; _
    eing As Variant; _
    Meldung As String; _
    Titel As String; _
    Standard As String
```

Zu Beginn der Prozedur ListeneintragNeu sind weitere lokale Variablen zu definieren.

```
' Neuen Wagentyp und Listenpreis eingeben
Sub ListeneintragNeu()
    Dim NeuerWagen Als Variant; _
    NeuerPreis Als Variant
```

Dann ist das Blatt *Autofinanz* zu aktivieren.

```
    BlattListe("AutoFinanz").Auswählen
```

Weitere Variablen sind mit Anfangswerten zu belegen.

```
Distanz = 40         ' = Zeilenanzahl vor dem 1. Listeneintrag
ErsteZeile = Distanz + 1 '= Zeile mit dem 1. Listeneintrag
LetzteZeile = [M6] ' = Zeile mit dem letzten Listeneintrag
Czeile = [M8]        ' = Zeile hinter dem letzten
                     '   Listeneintrag
Cspalte = 3          ' = Spalte der Liste Wagentyp
Dspalte = 4          ' = Spalte der Liste Stückpreis
```

Nun kann das erste Dialogfeld zur Eingabe des Wagentyps erzeugt werden.

```
Meldung = "Bitte Wagentyp eingeben!"
Titel = "Neuer Listeneintrag"
Standard = ""
Signal
' Dialogfeld zur Eingabe des Wagentyps zeigen
NeuerWagen = Anwendung.Eingabefeld(Meldung; _
    Titel; Standard; Typ:=2)
```

Den Argumenten *Meldung, Titel* und *Standard* werden Werte zugewiesen. Das Argument type:=2 weist den eingegebenen Daten den Typ *Text* zu. Sie erhalten so das folgende Dialogfeld:

Der Inhalt des Eingabefeldes wird der Variablen *NeuerWagen* zugewiesen. Wird zum Verlassen des Dialogfeldes jedoch die Schaltfläche Abbrechen betätigt, so wird der Variablen *NeuerWagen* der Wert FALSCH zugewiesen. In diesem Fall soll die Prozedur abgebrochen werden.

```
Wenn NeuerWagen = Falsch Dann Verlasse Sub
```

Im anderen Fall erfolgt mit der ZelleListe-Methode die Übernahme in die Liste. Der Inhalt der Variablen *NeuerWagen* wird so der Zelle mit dem Bezug *Czeile;Cspalte* zugeordnet. Das ist die erste freie Zelle im Bereich *Wagentyp*.

```
ZelleListe(Czeile; Cspalte).Wert = NeuerWagen
```

Nun wird das nächste Dialogfeld zur Eingabe des Stückpreises erstellt.

```
Meldung = "Bitte den Listenpreis eingeben!"
Titel = "Neuer Listenpreis"
Standard = ""
Signal
' Dialogfeld zur Eingabe d. Stückpreises zeigen
NeuerPreis = Anwendung.Eingabefeld(Meldung; _
Titel; Standard; Typ:=1)
```

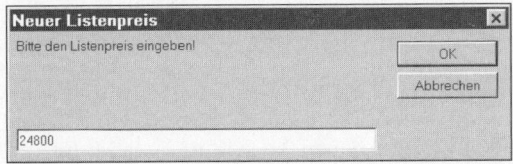

Der Typenschlüssel **1** läßt nur eine Eingabe numerischer Werte zu. Andere Eingaben werden durch eine Fehlermeldung abgeblockt.

Wird hier das Dialogfeld mit Abbrechen verlassen, so muß vor dem Ausstieg aus der Prozedur zunächst der bereits erfolgte Eintrag des Wagentyps in die Autoliste rückgängig gemacht werden. Anderenfalls kann der Stückpreis an der in der Variablen *Czeile* definierten Position in die Spalte D der Autoliste eingetragen werden.

```
Wenn NeuerPreis = Falsch Dann
      ' Eintrag Wagentyp in der Liste löschen
      ZelleListe(Czeile; Cspalte).Wert = ""
      Verlasse Sub    ' Prozedurabbruch
   Sonst
      ' Übernahme des Anschaffungspreises in die Liste
      ZelleListe(Czeile; Dspalte).Wert = NeuerPreis
```

Nun muß der Listenbereich um 1 Element erhöht und neu definiert werden. Hierzu wird die Variable *Merker* mit 1 besetzt. Dann erfolgt der Aufruf der Unterprozedur *ListeReorganisieren*, wobei *Merker* als Argument an die Unterprozedur übergeben wird.

```
Merker = 1            ' Merker für Erhöhung
Rufe ListeReorganisieren(Merker)
```

Nach Ausführung dieser Prozedur wird die nächste hinter dem Prozeduraufruf folgende Anweisung ausgeführt. Das ist der Aufruf der Unterprozedur zum Sortieren des Bereichs *Autoliste*.

```
AutolisteSortieren        ' Prozeduraufruf
```

Damit ist das Ende des Nein-Zweiges der ersten Fallunterscheidung und zugleich auch das Prozedurende erreicht.

```
Ende Wenn
Ende Sub
```

Nachfolgend wird die Prozedur nochmals zusammenhängend dargestellt.

```
' Neuen Wagentyp und Listenpreis eingeben
Sub ListeneintragNeu()
    Dim NeuerWagen Als Variant; _
    NeuerPreis Als Variant
    BlattListe("AutoFinanz").Auswählen
    ' Definieren von Listenpositionen
    Distanz = 40 ' = Zeilenanzahl vor dem 1. Listeneintrag
    ErsteZeile = Distanz + 1  ' = Zeile mit dem
```

```
                                '  1. Listeneintrag
LetzteZeile = [M6] ' = Zeile mit dem letzten
                        '    Listeneintrag
Czeile = [M8]        ' = Zeile hinter dem letzten
                        '    Listeneintrag
Cspalte = 3          ' = Spalte der Liste Wagentyp
Dspalte = 4          ' = Spalte der Liste Stückpreis
' Parameter für den Eingabedialog Wagentyp
Meldung = "Bitte Wagentyp eingeben!"
Titel = "Neuer Listeneintrag"
Standard = ""
' Dialogfeld zur Eingabe des Wagentyps zeigen
Signal
NeuerWagen = Anwendung.Eingabefeld(Meldung; _
Titel; Standard; Typ:=2)
' Betätigung von "Abbrechen" bewirkt Prozedurabbruch
Wenn NeuerWagen = Falsch Dann Verlasse Sub
' Übernahme des Wagentyps in die Liste
ZelleListe(Czeile; Cspalte).Wert = NeuerWagen
' Parameter für den Eingabedialog Stückpreis
Meldung = "Bitte den Listenpreis eingeben!"
Titel = "Neuer Listenpreis"
Standard = ""
' Dialogfeld zur Eingabe d. Stückpreises zeigen
Signal
NeuerPreis = Anwendung.Eingabefeld(Meldung; _
  Titel; Standard; Typ:=1)
Wenn NeuerPreis = Falsch Dann
  ' Eintrag Wagentyp in der Liste löschen
  ZelleListe(Czeile; Cspalte).Wert = ""
  Verlasse Sub     ' Prozedurabbruch
Sonst
  ' Übernahme des Anschaffungspreises in die Liste
  ZelleListe(Czeile; Dspalte).Wert = _
  NeuerPreis
  ' Erhöhung der Einträge um 1 und Neuaufbau
    ' der Listenbereiche "Wagentyp" u. "Stückpreis"
  Merker = 1              ' Merker für Erhöhung
  Rufe ListeReorganisieren(Merker) 'Prozeduraufruf
```

```
        ' Neusortierung der Wagenliste
      AutolisteSortieren        ' Prozeduraufruf
    Ende Wenn
Ende Sub
```

Englisch

```
' Neuen Wagentyp und Listenpreis eingeben
Sub ListeneintragNeu()
    Dim NeuerWagen As Variant; _
    NeuerPreis As Variant
    Sheets("AutoFinanz").Select
    ' Definieren von Listenpositionen
    Distanz = 40 ' = Zeilenanzahl vor dem 1. Listeneintrag
    ErsteZeile = Distanz + 1   ' = Zeile mit dem
                              '  1. Listeneintrag
    LetzteZeile = [M6] ' = Zeile mit dem letzten
                      '   Listeneintrag
    Czeile = [M8]     ' = Zeile hinter dem letzten
                      '   Listeneintrag
    Cspalte = 3       ' = Spalte der Liste Wagentyp
    Dspalte = 4       ' = Spalte der Liste Stückpreis
    ' Parameter für den Eingabedialog Wagentyp
    prompt = "Bitte Wagentyp eingeben!"
    title = "Neuer Listeneintrag"
    default = ""
    ' Dialogfeld zur Eingabe des Wagentyps zeigen
    beep
    NeuerWagen = InputBox(prompt; title; default; _
              type:=2)
    ' Betätigung von "Abbrechen" bewirkt Prozedurabbruch
    If NeuerWagen = False Then Exit Sub
    ' Übernahme des Wagentyps in die Liste
    Cells(Czeile; Cspalte).Value = NeuerWagen
    ' Parameter für den Eingabedialog Stückpreis
    prompt = "Bitte den Listenpreis eingeben!"
    title = "Neuer Listenpreis"
    default = ""
    ' Dialogfeld zur Eingabe d. Stückpreises zeigen
```

```
    beep
    NeuerPreis = InputBox(prompt; title; _
  default; type:=1)
    If NeuerPreis = False Then
      ' Eintrag Wagentyp in der Liste löschen
      Cells(Czeile; Cspalte).Value = ""
      Exit Sub    ' Prozedurabbruch
    Else
      ' Übernahme des Anschaffungspreises in die Liste
      Cells(Czeile; Dspalte).Value = NeuerPreis
      ' Erhöhung der Einträge um 1 und Neuaufbau
      ' der Listenbereiche "Wagentyp" u. "Stückpreis"
      Merker = 1              ' Merker für Erhöhung
      Call ListeReorganisieren(Merker) 'Prozeduraufruf
        ' Neusortierung der Wagenliste
      AutolisteSortieren        ' Prozeduraufruf
    End If
End Sub
```

Bevor Sie diese Prozedur testen können, müssen zunächst die beiden Unterprozeduren erstellt werden. Die Prozedur *ListeReorganisieren* erfüllt folgende Aufgabe:

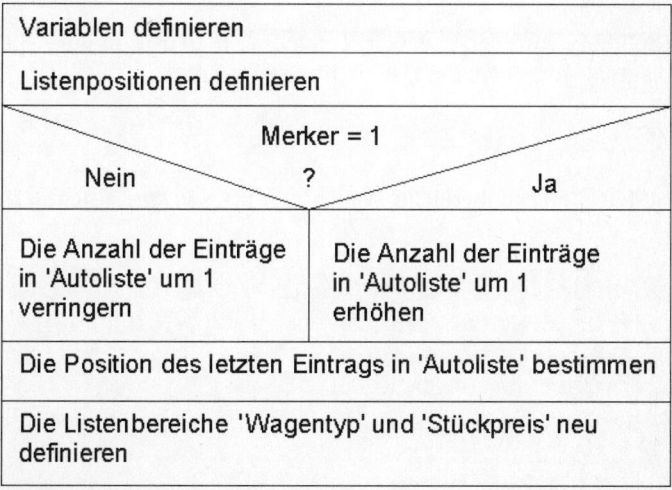

Mit dem Prozeduraufruf wird der Inhalt von *Merker* als Argument an die Unterprozedur übergeben.

```
Sub ListeReorganisieren(Merker)
```

In der Prozedur werden nach Aktivierung des Blattes *Autofinanz* einigen Variablen Werte zugewiesen:

```
BlattListe("AutoFinanz").Auswählen
Distanz = 40    ' = Zeilenanzahl vor dem 1. Listeneintrag
ErsteZeile = Distanz + 1 '= Zeile mit dem 1. Listeneintrag
Cspalte = 3                ' = Spalte Liste Wagentyp
Dspalte = 4                ' = Spalte Liste Stückpreis
```

Wenn der Inhalt von *Merker* = 1 war, wird die Zelle M4 um 1 erhöht. Andernfalls erfolgt eine Reduzierung um 1. So bleibt die Anzahl der in der *Autoliste* enthaltenen Elemente immer auf dem genauen Stand.

```
Wenn Merker = 1 Dann
    [M4] = [M4] + 1  ' Anzahl Einträge um 1 erhöhen
  Sonst
    [M4] = [M4] - 1  ' Anzahl Einträge um 1 reduzieren
Ende Wenn
```

Aus der Zelle M6 wird der Variablen *LetzteZeile* die Position der Zeile mit dem aktualisierten letzten Listeneintrag zugewiesen.

```
    LetzteZeile = [M6]
```

Dann werden die Listenbereiche *Wagentyp* und *Stückpreis* neu definiert.

```
Bereich(ZelleListe(ErsteZeile; Cspalte); _
ZelleListe(LetzteZeile; Cspalte)).Name = "Wagentyp"
Bereich(ZelleListe(ErsteZeile; Dspalte); _
ZelleListe(LetzteZeile; Dspalte)).Name = _
  "Stückpreis"
```

Die Prozedur endet mit einer Positionierung des Mauszeigers auf die
Zelle A1. Dies verhindert eine Verschiebung des Bildschirmausschnitts
in den Bereich der *Autoliste*.

```
Bereich("A1").Auswählen
Ende Sub
```

Hier folgt nochmals die gesamte Prozedur.

```
' Liste nach Hinzufügen oder Löschen eines Wagens
' reorganisieren
Sub ListeReorganisieren(Merker)
    BlattListe("AutoFinanz").Auswählen
    Distanz = 40   ' = Zeilenanzahl vor dem 1. Listeneintrag
    ErsteZeile = Distanz + 1  ' = Zeile mit dem
                              '   1. Listeneintrag
    Cspalte = 3             ' = Spalte Liste Wagentyp
    Dspalte = 4             ' = Spalte Liste Stückpreis
    Wenn Merker = 1 Dann
        [M4] = [M4] + 1  ' Anzahl Einträge um 1 erhöhen
    Sonst
        [M4] = [M4] - 1  ' Anzahl Einträge um 1 reduzieren
    Ende Wenn
    ' Zeile mit dem aktualisierten letzten Listeneintrag
    LetzteZeile = [M6]
    ' Listenbereiche "Wagentyp" u. "Stückpreis" neu _
      bestimmen
    Bereich(ZelleListe(ErsteZeile; Cspalte); _
     ZelleListe(LetzteZeile; Cspalte)).Name = _
     "Wagentyp"
    Bereich(ZelleListe(ErsteZeile; Dspalte); _
     ZelleListe(LetzteZeile; Dspalte)).Name = _
     "Stückpreis"
    Bereich("A1").Auswählen
Ende Sub
```

Englisch

```
' Liste nach Hinzufügen oder Löschen eines Wagens
' reorganisieren
Sub ListeReorganisieren(Merker)
    Worksheets("AutoFinanz").Auswählen
    Distanz = 40   ' = Zeilenanzahl vor dem 1. Listeneintrag
    ErsteZeile = Distanz + 1  ' = Zeile mit dem
                                       ' 1. Listeneintrag
    Cspalte = 3              ' = Spalte Liste Wagentyp
    Dspalte = 4              ' = Spalte Liste Stückpreis
    If Merker = 1 Then
        [M4] = [M4] + 1   ' Anzahl Einträge um 1 erhöhen
    Else
        [M4] = [M4] - 1   ' Anzahl Einträge um 1 reduzieren
    End If
    ' Zeile mit dem aktualisierten letzten Listeneintrag
    LetzteZeile = [M6]
    ' Listenbereiche "Wagentyp" u. "Stückpreis" neu _
    bestimmen
    Range(Cells(ErsteZeile; Cspalte); _
     Cells(LetzteZeile; Cspalte)).Name = _
     "Wagentyp"
    Range(Cells(ErsteZeile; Dspalte); _
     Cells(LetzteZeile; Dspalte)).Name = _
     "Stückpreis"
    Range("A1").select
End Sub
```

Die Prozedur *AutolisteSortieren* übernimmt folgende Aufgaben:

Variablen vereinbaren		
Anzeige Meldungsdialog "Soll die Autoliste neu sortiert werden?"		
Nein ?	Antwort	Ja
/	Den Listenbereich 'Autoliste' neu definieren	
	Den Listenbereich 'Wagentyp' als Schlüsselbereich für die Sortierung neu definieren	
	Den Listenbereich 'Autoliste' aufsteigend nach dem Schlüssel 'Wagentyp' sortieren	

Variablenvereinbarung, Auswahl des aktiven Blattes und Zuweisung von Werten an Variablen bilden den Anfang der Prozedur.

```
Sub AutolisteSortieren()
Dim antw Als Variant
BlattListe("AutoFinanz").Auswählen
Distanz = 40
ErsteZeile = Distanz + 1
LetzteZeile = [M6]
Cspalte = 3
Dspalte = 4
```

In einem Meldungsdialogfenster kann sich der Anwender für oder gegen eine Sortierung entscheiden. Über das Argument *vbJaNein* werden dort die Schaltflächen ⎡Ja⎤ und ⎡Nein⎤ eingeblendet. Das Argument *vbFrage* bewirkt die Einblendung eines Fragezeichens.

```
antw = MeldungsDlg _
  ("Soll die Wagenliste neu sortiert werden?"; _
  vbJaNein + vbFrage; "Hinweis")
```

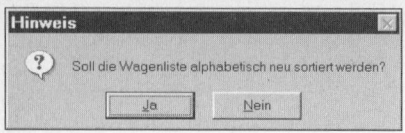

Der Meldungsdialog liefert in Abhängigkeit von der gewählten Schaltfläche einen Rückgabewert an die Variable *antw*. War der Rückgabewert *vbJa*, so sollen die Listenbereiche *Autoliste* und *Wagentyp* neu definiert werden.

```
Wenn antw = vbJa Dann
    Bereich(ZelleListe(ErsteZeile; Cspalte); _
    ZelleListe(LetzteZeile; Dspalte)).Name = _
    "AutoListe"
    Bereich(ZelleListe(ErsteZeile; Cspalte); _
    ZelleListe(LetzteZeile; Cspalte)).Name = _
    "Wagentyp"
```

Anschließend erfolgt die Sortierung. Die Befehle hierzu können Sie mit dem Makrorecorder aufzeichnen.

```
    Bereich("AutoListe").Sortieren _
        Schlüssel1:=Bereich("Wagentyp"); _
        Reihenfolge1:=xlAufsteigend; _
        Zeilenkopf:=xlNein; _
        BenutzerdefReihenfolge:=1; _
        GrossKlein:=Falsch; _
        Ausrichtung:=xlObenNachUnten
```

Nach dem Ende der Fallunterscheidung endet auch die Prozedur.

```
 Ende Wenn
Ende Sub
```

Abschließend sehen Sie die Prozedur nochmals im Zusammenhang:

```
Sub AutolisteSortieren()
    Dim antw Als Variant
    BlattListe("AutoFinanz").Auswählen
```

```
    Distanz = 40
    ErsteZeile = Distanz + 1
    LetzteZeile = [M6]
    Cspalte = 3
    Dspalte = 4
    antw = MeldungsDlg _
     ("Soll die Wagenliste neu sortiert werden?"; _
     vbJaNein + vbFrage; "Hinweis")
    Wenn antw = vbJa Dann
        Bereich(ZelleListe(ErsteZeile; Cspalte); _
         ZelleListe(LetzteZeile; Dspalte)).Name = _
         "AutoListe"
        Bereich(ZelleListe(ErsteZeile; Cspalte); _
         ZelleListe(LetzteZeile; Cspalte)).Name = _
         "Wagentyp"
        Bereich("AutoListe").Sortieren _
            Schlüssel1:=Bereich("Wagentyp"); _
            Reihenfolge1:=xlAufsteigend; _
            Zeilenkopf:=xlNein; _
            BenutzerdefReihenfolge:=1; _
            GrossKlein:=Falsch; _
            Ausrichtung:=xlObenNachUnten
    Ende Wenn
Ende Sub
```

Englisch

```
Sub AutolisteSortieren()
    Dim antw As Variant
    Sheets("AutoFinanz").Select
    Distanz = 40
    ErsteZeile = Distanz + 1
    LetzteZeile = [M6]
    Cspalte = 3
    Dspalte = 4
    antw = MsgBox _
     ("Soll die Wagenliste neu sortiert werden?"; _
     vbYesNo + vbQuestion; "Hinweis")
    Wenn antw = vbYes Then
```

```
        Range(Cells(ErsteZeile; Cspalte); _
        Cells(LetzteZeile; Dspalte)).Name = _
        "AutoListe"
        Range(Cells(ErsteZeile; Cspalte); _
        Cells(LetzteZeile; Cspalte)).Name = _
        "Wagentyp"
        Range("AutoListe").Sort _
            key1:=Range("Wagentyp"); _
            Order1:=xlAscending; _
            header:=xlNo; _
            orderCustom:=1; _
            matchCase:=False; _
            orientation:=xlTopToBottom
    End If
End Sub
```

10.4 Einen Listeneintrag löschen

Das Löschen eines im Listenfeld markierten Eintrags aus der *Autoliste*
ist etwas einfacher als das Hinzufügen von Listeneinträgen. Im einzelnen geht es um folgende Schritte:

Variablen vereinbaren
Listenpositionen definieren
Bildschirmaktualisierung ausschalten
Die Position der im Listenfeld ausgewählten Listenzeile bestimmen
Den Bereich 'Autoliste' neu bestimmen
Die zu löschende Zeile in 'Autoliste' auswählen
Die ausgewählte Zeile löschen und alle nachfolgenden Zeilen um 1 Zeile nach oben schieben
Den Merker für 'Anzahl Listeneinträge' auf 2 setzen
Die Prozedur 'Liste neu organisieren' aufrufen und 'Merker' als Argument übergeben
Bildschirmaktualisierung wieder einschalten

Auch hier bilden wieder Variablenvereinbarung, Auswahl des aktiven Blattes und Zuweisung von Werten an Variablen den Beginn der Prozedur. Außerdem wird die Bildschirmaktualisierung zur Vermeidung von Bildschirmbewegungen für die Dauer der Prozedur ausgeschaltet.

```
Sub EintragLöschen_BeiKlick()
 Dim AktuelleZeile Als Ganz
 BlattListe("AutoFinanz").Auswählen
 Distanz = 40
 ErsteZeile = Distanz + 1
 LetzteZeile = [M6]
 Cspalte = 3
 Dspalte = 4
 Anwendung.BildschirmAktualisierung = Falsch
```

Dann wird die in der Zelle M2 enthaltene Listenposition der Variablen *AktuelleZeile* zugewiesen. Damit ist die zu löschende Listenzeile bestimmt.

```
AktuelleZeile = [M2]
```

Vor dem Löschen wird der Bereich *Autoliste* nochmals festgelegt.

```
Bereich(ZelleListe(ErsteZeile; Cspalte); _
 ZelleListe(LetzteZeile; Dspalte)).Name = _
 "Autoliste"
```

Mit der folgenden Anweisung wird die zu löschende Zeile ausgewählt.

```
Bereich("AutoListe"). _
 ZeileListe(AktuelleZeile).Auswählen
```

Die Zeile wird gelöscht, und alle nachfolgenden Zeilen werden eine Zeile nach oben verschoben.

```
Auswahl.Löschen Verschieben:=xlNachOben
```

Die Variable Merker wird auf 2 gesetzt, damit in der Unterprozedur *ListeReorganisieren* der Listenbereich um 1 Element verkürzt wird.

```
Merker = 2                    ' Merker für Minderung
Rufe ListeReorganisieren(Merker) ' Prozeduraufruf
```

Eine Neusortierung der Liste ist hier nicht erforderlich. Vor dem Verlassen der Prozedur wird die Bildschirmaktualisierung wieder eingeschaltet.

```
Anwendung.BildschirmAktualisierung = Wahr
Ende Sub
```

Die gesamte Prozedur sieht wie folgt aus:

```
Sub EintragLöschen_BeiKlick()
    Dim AktuelleZeile Als Ganz
    BlattListe("AutoFinanz").Auswählen
    Distanz = 40
    ErsteZeile = Distanz + 1
    LetzteZeile = [M6]
    Cspalte = 3
    Dspalte = 4
    Anwendung.BildschirmAktualisierung = Falsch
    ' Bestimmen der zu löschenden Listenzeile
    AktuelleZeile = [M2]    ' zu löschende Listenposition
    Bereich(ZelleListe(ErsteZeile; Cspalte); _
      ZelleListe(LetzteZeile; Dspalte)).Name = _
      "Autoliste"
    Bereich("AutoListe"). _
      ZeileListe(AktuelleZeile).Auswählen
    ' Listenzeile löschen
    Auswahl.Löschen Verschieben:=xlNachOben
    ' Minderung der Einträge um 1 und Neuaufbau
    ' der Listenbereiche "Wagentyp" u. "Stückpreis"
    Merker = 2                 ' Merker für Minderung
    Rufe ListeReorganisieren(Merker) ' Prozeduraufruf
    Anwendung.BildschirmAktualisierung = Wahr
Ende Sub
```

Englisch

```
Sub EintragLöschen_BeiKlick()
    Dim AktuelleZeile As Integer
    Worksheets("AutoFinanz").select
    Distanz = 40
    ErsteZeile = Distanz + 1
    LetzteZeile = [M6]
    Cspalte = 3
    Dspalte = 4
    Application.ScreenUpdating = False
    ' Bestimmen der zu löschenden Listenzeile
    AktuelleZeile = [M2]    ' zu löschende Listenposition
    Range(Cells(ErsteZeile; Cspalte); _
        Cells(LetzteZeile; Dspalte)).Name = _
        "Autoliste"
    Range("AutoListe"). _
        Cells(AktuelleZeile).Select
    ' Listenzeile löschen
    Selection.Delete shift:=xlUp
    ' Minderung der Einträge um 1 und Neuaufbau
    ' der Listenbereiche "Wagentyp" u. "Stückpreis"
    Merker = 2                 ' Merker für Minderung
    Call ListeReorganisieren(Merker) ' Prozeduraufruf
    Application.ScreenUpdating = True
End Sub
```

Richten Sie nun auf dem Blatt *Autofinanz* zwei Schaltflächen ein. Beschriften Sie diese mit *Eintrag hinzufügen* und *markierten Eintrag löschen*. Ordnen Sie die Prozeduren *ListeneintragNeu* und *EintragLöschen_BeiKlick* diesen Schaltflächen zu. Klicken Sie hierzu mit der rechten Maustaste auf die betreffende Schaltfläche und in dem dann erscheinenden Kontextmenü auf den Befehl **Zuweisen**. Wählen Sie in dem dann erscheinenden Dialogfeld die entsprechende Prozedur aus.

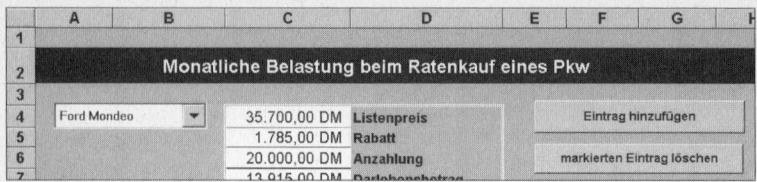

Nachdem Sie diese Arbeiten ausgeführt haben, sollten Sie in der Lage sein,

▓ in dem Listenfeld ein Fahrzeug auszuwählen, dessen Listenpreis dann in der Zelle C4 des Tabellenblattes *Autofinanz* erscheint,

▓ nach Betätigen der Schaltfläche `Eintrag hinzufügen` ein neues Fahrzeug nebst Stückpreis in die *Autoliste* aufzunehmen und alphabetisch richtig einzusortieren,

▓ nach Betätigung der Schaltfläche `markierten Eintrag löschen` einen nicht mehr benötigten Fahrzeugtyp nach vorausgehender Markierung im Listenfeld aus der Autoliste zu löschen.

10.5 Ein selbstdefiniertes Dialogfeld anlegen

Bisher haben Sie in diesem Beispiel mit vorgefertigten Dialogfeldern gearbeitet. Die Anordnung der Steuerelemente zur Erfassung des Anzahlungsbetrages, des Rabattsatzes, des Zinssatzes und der Kreditlaufzeit soll nun in einem selbstdefinierten Dialogfeld erfolgen, das Sie über die Schaltfläche `Berechnungsdaten ändern` aufrufen.

Dazu müssen Sie mit dem Befehl **Einfügen/Makro/Dialog** ein Dialog-

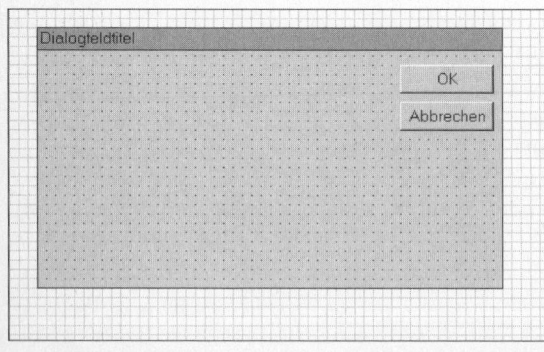

blatt in die Arbeitsmappe einfügen. Ändern Sie anschließend in der Registerleiste den Namen *Dialog1* in *Eingabedialog*. Das Dialogblatt zeigt auf einem Rasterhintergrund ein Dialogfeld mit den beiden Schaltflächen [OK] und [Abbrechen] sowie die Symbolleiste *Dialog*.

Markieren Sie den Eintrag in der Titelleiste, und überschreiben Sie ihn mit *Eingabedaten für die Ratenberechnung.*

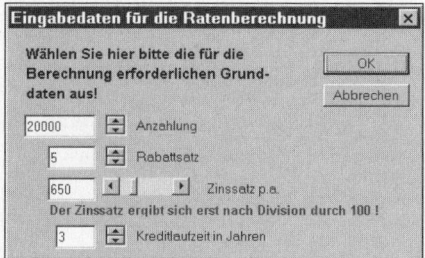

Klicken Sie in der Symbolleiste *Dialog* auf das Symbol *Bearbeitungsfeld*, und ziehen Sie dann im oberen Teil des Dialogfeldes ein Rechteck auf. Tragen Sie dort den folgenden Text ein: *Wählen Sie hier bitte die für die Berechnung erforderlichen Grunddaten aus*. Darunter werden dann die Steuerelemente für die Dateneingabe angeordnet.
Sie finden in der vorstehenden Abbildung in vier Zeilen jeweils ein Bearbeitungsfeld, ein Drehfeld bzw. eine Bildlaufleiste und ein Bezeichnungsfeld. Ordnen Sie diese Steuerelemente entsprechend der Vorlage in dem Dialogfeld an.
Weisen Sie den Steuerelementen über das Namensfeld die folgenden Namen zu.

Bearbeitungsfeld	Drehfeld bzw. Bildlaufleiste
Anzahlung	Anzahlungsdrehfeld
Rabatt	Rabattdrehfeld
Zinssatz	Zinsleiste
Jahre	Jahresdrehfeld

Mit Hilfe von Drehfeldern oder Bildlaufleisten kann in bestimmten Intervallschritten ein fester Wertebereich durchlaufen werden. Die darstellbare Werteskala ist auf den Bereich von 0 bis 30000 begrenzt. Die Intervallschritte müssen ganzzahlig sein. Der eingestellte Wert wird an eine Zelle geliefert, deren Bezug in dem Dialogfeld *Objekt* bestimmt wird. Um dieses Dialogfeld zu öffnen, führen Sie auf dem betreffenden Steuerelement einen Rechtsklick aus und wählen dann aus dem Kontextmenü den Befehl **Objekt formatieren**.

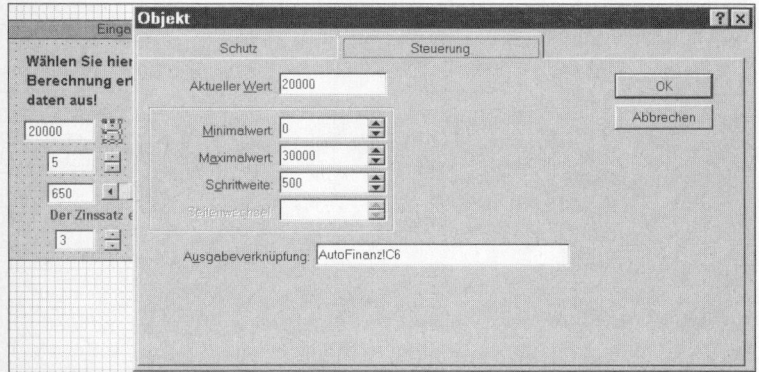

Legen Sie für die vier Steuerelemente folgende Werte fest:

Steuerelement	Mini-malwert	Maxi-malwert	Schritt-weite	Ausgabe-verknüpfung
Anzahlungsdrehfeld	0	30 000	500	Autofinanz!$C$6
Rabattdrehfeld	0	50	1	Autofinanz!n2
Zinsleiste	0	3000	100	Autofinanz!$N$4
Jahredrehfeld	0	6	1	Autofinanz!$N$6

Die über die Drehfelder oder die Bildlaufleiste eingestellten Werte werden gemäß der vereinbarten Ausgabeverknüpfung an einen Tabellenbereich geliefert, der am Bildschirm nicht sichtbar ist. Daher werden den Steuerelementen im Dialogfeld Bearbeitungsfelder zugeordnet, welche die jeweils aktuell eingestellten Werte anzeigen. Alternativ soll auch eine Werteingabe über die Bearbeitungsfelder möglich sein. Durch zwei Prozeduren, die automatisch bei einer Änderung aktiv werden, ist sicherzustellen, daß bei einer Veränderung des Drehfeldes der Inhalt des Bearbeitungsfeldes und bei einer Eingabe im Bearbeitungsfeld die aktuelle Einstellung im Drehfeld oder in der Bildlaufleiste mit dem jeweils anderen Steuerelement übereinstimmt.

Außerdem ist zu berücksichtigen, daß eine außerhalb des Gültigkeitsbereichs liegende Eingabe im Bearbeitungsfeld weiterhin angezeigt wird. Im Drehfeld oder in der Bildlaufleiste wird hingegen der Minimal- oder Maximalwert eingestellt.

Für die Änderung des Anzahlungsbetrages lauten die beiden Prozeduren:

```
' Tastatureingabe im Bearbeitungsfeld Anzahlung
' mit entsprechender Aktualisierung des Drehfelds
Sub Anzahlungsfeld_BeiÄnderung()
  Mit AktiverDialog
    ' Zuweisung des im Bearbeitungsfeld Anzahlung
    ' eingegebenen Wertes an die Variable eing
    eing = Wert(.[anzahlung].Text)
    ' Prüfung auf Gültigkeit
    Wenn eing < 0 Dann eing = 0
    Wenn eing > 30000 Dann eing = 30000
    ' Anpassung des Drehfeldes an den Wert der
    ' Variablen eing
    .[Anzahlungsdrehfeld].Wert = eing
  Ende Mit
Ende Sub
' Veränderung des Drehfeldes
' mit entspr. Aktualisierung des Bearbeitungsfelds
Sub Drehfeld_BeiÄnderung()
  Mit AktiverDialog
    ' Das Bearbeitungsfeld erhält den Wert
    ' des Drehfeldes
    .[anzahlung].Text = .[Anzahlungsdrehfeld].Wert
  Ende Mit
Ende Sub
```

Englisch

```
' Tastatureingabe im Bearbeitungsfeld Anzahlung
' mit entsprechender Aktualisierung des Drehfelds
Sub Anzahlungsfeld_BeiÄnderung()
  With AktiveDialog
    eing = Val(.[anzahlung].Text)
    If eing < 0 Then eing = 0
    If eing > 30000 Then eing = 30000
    .[Anzahlungsdrehfeld].Value = eing
  End With
End Sub


' Veränderung des Drehfeldes
' mit entspr. Aktualisierung des Bearbeitungsfelds
Sub Drehfeld_BeiÄnderung()
  With AktiveDialog
    .[anzahlung].Text = .[Anzahlungsdrehfeld].Value
  End With
End Sub
```

Die Prozeduren zur Eingabe des Rabattsatzes, des Zinssatzes und der Kreditlaufzeit sind ähnlich aufgebaut.

```
' Tastatureingabe im Bearbeitungsfeld Rabattsatz
' mit entsprechender Aktualisierung des Drehfelds
Sub RabEingabefeld_BeiÄnderung()
  Mit AktiverDialog
    eing = Wert(.[Rabatt].Text)
    Wenn eing < 0 Dann eing = 0
    Wenn eing > 30 Dann eing = 30
    .[Rabattdrehfeld].Wert = eing
  Ende Mit
Ende Sub


' Veränderung des Drehfeldes
' mit entspr. Aktualisierung des Bearbeitungsfelds
Sub RabDrehfeld_BeiÄnderung()
  Mit AktiverDialog
    .[Rabatt].Text = .[Rabattdrehfeld].Wert
```

```
   Ende Mit
Ende Sub
' -------------------------------------------------
' Tastatureingabe im Bearbeitungsfeld Zinssatz
' mit entsprech. Aktualisierung des Bildlauffelds
Sub ZinsEingabefeld_BeiÄnderung()
   Mit AktiverDialog
      eing = Wert(.[Zinssatz].Text)
      Wenn eing < 0 Dann eing = 0
      Wenn eing > 3000 Dann eing = 3000
      .[Zinsleiste].Wert = eing
   Ende Mit
Ende Sub


' Veränderung des Bildlauffeldes
' mit entspr. Aktualisierung des Bearbeitungsfelds
Sub ZinsDrehfeld_BeiÄnderung()
   Mit AktiverDialog
      .[Zinssatz].Text = .[Zinsleiste].Wert
   Ende Mit
Ende Sub
' -------------------------------------------------
' Tastatureingabe im Bearbeitungsfeld Jahre
' mit entsprechender Aktualisierung des Drehfelds
Sub JahreEingabefeld_BeiÄnderung()
   Mit AktiverDialog
      eing = Wert(.[Jahre].Text)
      Wenn eing < 0 Dann eing = 0
      Wenn eing > 6 Dann eing = 6
      .[Jahredrehfeld].Wert = eing
   Ende Mit
Ende Sub
' Veränderung des Drehfeldes
' mit entspr. Aktualisierung des Bearbeitungsfelds
Sub JahreDrehfeld_BeiÄnderung()
   Mit AktiverDialog
      .[Jahre].Text = .[Jahredrehfeld].Wert
   Ende Mit
Ende Sub
```

Englisch

```
' Tastatureingabe im Bearbeitungsfeld Rabattsatz
' mit entsprechender Aktualisierung des Drehfelds
Sub RabEingabefeld_BeiÄnderung()
  With AktiveDialog
    eing = Val(.[Rabatt].Text)
    If eing < 0 Then eing = 0
    If eing > 30 Then eing = 30
    .[Rabattdrehfeld].Value = eing
  End With
End Sub


' Veränderung des Drehfeldes
' mit entspr. Aktualisierung des Bearbeitungsfelds
Sub RabDrehfeld_BeiÄnderung()
  With AktiveDialog
    .[Rabatt].Text = .[Rabattdrehfeld].Value
  End With
End Sub
' -------------------------------------------------
' Tastatureingabe im Bearbeitungsfeld Zinssatz
' mit entsprech. Aktualisierung des Bildlauffelds
Sub ZinsEingabefeld_BeiÄnderung()
  With AktiveDialog
    eing = Val(.[Zinssatz].Text)
    If eing < 0 Then eing = 0
    If eing > 3000 Then eing = 3000
    .[Zinsleiste].Value = eing
  End With
End Sub


' Veränderung des Bildlauffeldes
' mit entspr. Aktualisierung des Bearbeitungsfelds
Sub ZinsDrehfeld_BeiÄnderung()
  With AktiveDialog
    .[Zinssatz].Text = .[Zinsleiste].Value
  End With
End Sub
' -------------------------------------------------
```

```
' Tastatureingabe im Bearbeitungsfeld Jahre
' mit entsprechender Aktualisierung des Drehfelds
Sub JahreEingabefeld_BeiÄnderung()
  With AktiveDialog
    eing = Val(.[Jahre].Text)
    If eing < 0 Then eing = 0
    If eing > 6 Then eing = 6
    .[Jahredrehfeld].Value = eing
  End With
End Sub


' Veränderung des Drehfeldes
' mit entspr. Aktualisierung des Bearbeitungsfelds
Sub JahreDrehfeld_BeiÄnderung()
  With AktiveDialog
    .[Jahre].Text = .[Jahredrehfeld].Value
  End With
End Sub
```

Nun fehlt im Tabellenblatt *Autofinanz* noch die Schaltfläche zur Einblendung des Eingabedialogfeldes. Richten Sie diese Schaltfläche unterhalb der bereits vorhandenen Schaltflächen ein. Fügen Sie auf der Schaltfläche den Text *Berechnungsdaten ändern* ein. Weisen Sie dieser Schaltfläche die folgende Prozedur zu:

```
' Selbstdefiniertes Dialogfeld "EingabeDialog"
' einblenden
Sub EingabeDialog_BeiKlick()
    DieseArbeitsmappe.DialogblattListe _
      ("EingabeDialog").Zeigen
    PrüfeAnzahlung              ' Prozeduraufruf
Ende Sub
```

Aus dieser Prozedur heraus erfolgt der Aufruf einer Unterprozedur, die prüft, ob der Anzahlungsbetrag den Listenpreis übersteigt. Falls dies zutrifft, erscheint ein Dialogfeld mit der Warnung *Der Anzahlungsbetrag ist zu hoch!*.

```
Sub PrüfeAnzahlung()
    Dim preis Als Doppelt; anzahlung Als Doppelt; _
        Poszeile Als Ganz; alarm Als Variant
    BildschirmAktualisierung = Falsch
    BlattListe("Autofinanz").Aktivieren
    Poszeile = Bereich("M10")
    Dspalte = 4
    anzahlung = Bereich("C6")
    preis = ZelleListe(Poszeile; Dspalte)
    Wenn anzahlung > preis Dann
        alarm = MeldungsDlg _
            ("Der Anzahlungsbetrag ist zu hoch!"; _
            vbNurOK + vbKritisch; "Warnung")
    Ende Wenn
    BildschirmAktualisierung = Wahr
Ende Sub
```

Englisch

```
' Selbstdefiniertes Dialogfeld "EingabeDialog"
' einblenden
Sub EingabeDialog_BeiKlick()
    ThisWorkbook.DialogSheets _
        ("EingabeDialog").Show
    PrüfeAnzahlung              ' Prozeduraufruf
End Sub


Sub PrüfeAnzahlung()
    Dim preis As Double; anzahlung As Double; _
        Poszeile As Integer; alarm As Variant
    ScreenUpdating = False
    Sheets("Autofinanz").Activate
    Poszeile = Range("M10")
    Dspalte = 4
    anzahlung = Range("C6")
    preis = Cells(Poszeile; Dspalte)
    If anzahlung > preis Then
        alarm = MsgBox _
```

```
            ("Der Anzahlungsbetrag ist zu hoch!"; _
          vbOKOnly + vbCritical; "Warnung")
     End If
     ScreenUpdating = True
  End Sub
```

Nun liegen alle Eingabewerte vor, und Sie können jetzt im Tabellenblatt *Autofinanz* in den Zellen C5 bis C11 die noch fehlenden Werte berechnen oder eintragen.

Tragen Sie in die Zelle C5 zur Berechnung des Rabattbetrages die Formel **=C4/100*N2** ein.

Der Anzahlungsbetrag wurde bereits über das Anzahlungsdrehfeld in die Zelle C6 eingetragen.

Der Darlehensbetrag in Zelle C7 wird mit der Formel **=C4-C5-C6** berechnet.

Zur Berechnung der monatlichen Zahlung in der Zelle C8 können Sie die Funktion **RMZ** benutzen. Diese Funktion verlangt die folgenden Argumente:

▨ **Zins.** Dies ist der Zinssatz pro Periode, also pro Monat. Berücksichtigen Sie, daß der in Zelle N4 eingetragene Wert zunächst noch durch 100 zu dividieren ist. Dann ergibt sich das Argument **N4%/100/12.**

▨ **Anzahl Zahlungszeiträume.** Hier müssen die gleichen Zeiteinheiten wie bei Zins verwendet werden, also **N6*12.**

▨ **Barwert.** Dies ist der Darlehensbetrag zum gegenwärtigen Zeitpunkt, also der Wert von Zelle C7.

▨ **Endwert des Darlehens.** Tragen Sie hier 0 ein.

▨ **Fälligkeit.** Tragen Sie hier 1 für Fälligkeit am Anfang der Periode ein.

Um ein positives Ergebnis zu erhalten, ist die Funktion mit −1 zu multiplizieren. Somit ergibt sich folgende Funktion:
=RMZ(N4%/100/12;N6*12;C7;0;1)*-1

Die Kreditlaufzeit in Monaten ergibt sich in Zelle C9 aus der Formel **=N6*12.**

Den Gesamtzahlungsbetrag in Zelle C11 berechnen Sie mit der Formel **=C8*C9+C6.**

Schließlich benötigen Sie zur Ermittlung der Gesamtzinsen in Zelle C10 die Formel **=C11-(C4-C5).**

10.6 Das Angebot drucken

Gemäß Aufgabenstellung soll dem Kunden das Ergebnis eines Verkaufsgespräches als Angebotsschreiben ausgehändigt werden können.
Hierzu wäre es sinnvoll, die Berechnungsergebnisse nach WinWord zu
exportieren und dort das Schreiben zu gestalten und auszudrucken.
Hier soll gezeigt werden, daß dieses Problem sich aber auch mit Excel
lösen läßt. Das Schriftstück soll auf einem Tabellenblatt gestaltet wer-

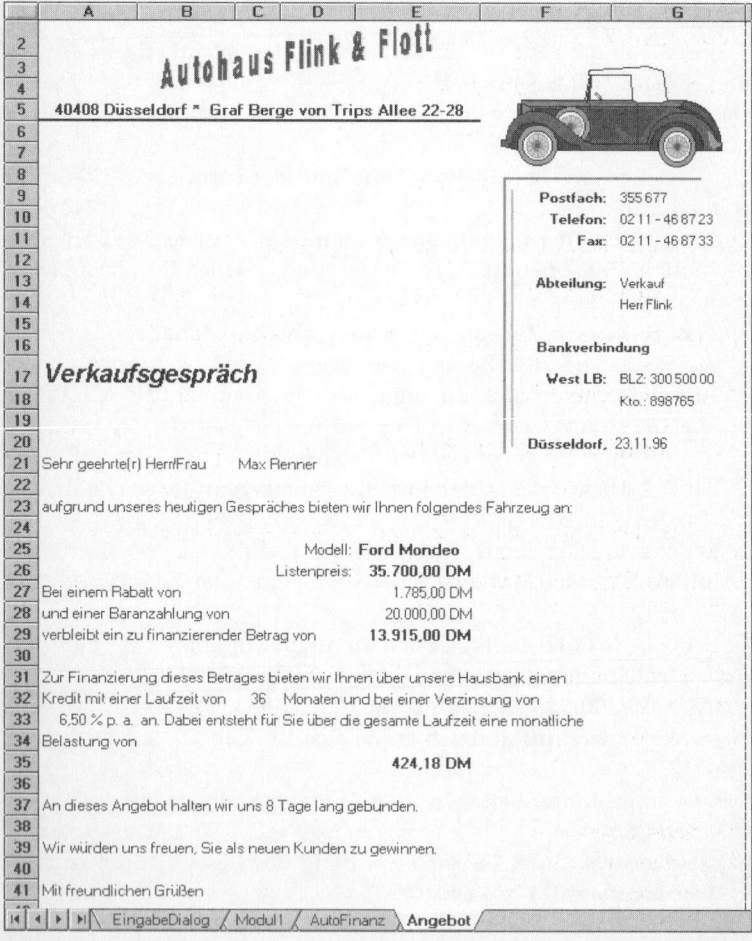

den. Geben Sie diesem Tabellenblatt den Namen *Angebot*. Gestalten
Sie das Schreiben nach dem Muster auf Seite 342.

Der Druckvorgang soll durch Anklicken einer Schaltfläche im Tabellenblatt *Autofinanz* gestartet werden. Statt der Schaltfläche kann auch
ein als BMP-Datei vorliegendes Druckerbild gewählt werden. Diesem
Sinnbild ist dann eine Prozedur zuzuweisen, die Folgendes leistet:

Variablen vereinbaren
Statusleiste individuell gestalten Anzeigen: 'Empfängername eingeben'
Parameter für Eingabedialog festlegen
Solange Empfängereingabe ungültig
Eingabedialog 'Empfänger' durchführen
Empfänger in das Blatt 'Angebot' eintragen
Text 'Original' in das Blatt 'Angebot' übertragen
In der Statusleiste anzeigen: 'Original drucken'
Wiederhole von 1 bis 2

Druckbereich von Blatt 'Angebot' drucken
    Text '1. Kopie' in das Blatt 'Angebot' eintragen
    In der Statuszeile anzeigen: '1. Kopie drucken'

Standard-Statuszeile wieder einstellen

Der Name des Empfängers wird über die Prozedur in die Zelle C21 eingetragen. Das Angebot wird zweimal ausgedruckt. Dabei wird der Zelle
G57 der Text «Original» bzw. «1. Kopie» zugewiesen. Im einzelnen enthält die Prozedur *AngebotDrucken* folgende Anweisungen:

```
' Angebot drucken
Sub AngebotDrucken_BeiKlick()
  Dim Empfänger Als Variant
```

```
Dim inhalt Als ZeichenF
Dim StatusleisteSpeichern
Dim i Als Ganz
' individuelle Gestaltung der Statusleiste
StatusleisteSpeichern = _
 Anwendung.StatusleisteAnzeigen
Anwendung.StatusleisteAnzeigen = Wahr
Anwendung.Statusleiste = "Empfängername eingeben"
' Eingabe des Empfängers
Meldung = "Für wen ist das Angebot bestimmt?" _
 & Zn(13) & Zn(10) & _
 "((Bitte nur Namen und ggf. Vornamen eingeben!)"
Titel = "Empfängereingabe"
Standard = ""
Durchlaufe Solange Empfänger = Falsch _
Oder Empfänger = ""
   Signal
   Empfänger = Anwendung.Eingabefeld _
            (Meldung; Titel; Standard; Typ:=2)
Schleife
' Den Empfänger in das Formular übertragen
Setze TBL = TabellenblattListe("Angebot")
TBL.ZelleListe(21; 3).Wert = Empfänger
' Druckroutine für Original und 1. Kopie
inhalt = "ORIGINAL"
TBL.ZelleListe(57; 7).Wert = inhalt
Anwendung.Statusleiste = "drucke " & inhalt
Für i = 1 Bis 2
   TBL.[Druckbereich].Ausdrucken
   inhalt = "1. Kopie"
   TBL.ZelleListe(57; 7).Wert = inhalt
   Anwendung.Statusleiste = "drucke " & inhalt
Nächste i
  ' zurück zur Standard-Statusleiste
Anwendung.StatusleisteAnzeigen = Falsch
Anwendung.StatusleisteAnzeigen = _
   StatusleisteSpeichern
Ende Sub
```

Englisch

```
' Angebot drucken
Sub AngebotDrucken_BeiKlick()
Dim Empfänger As Variant
Dim inhalt As String
Dim StatusleisteSpeichern
Dim i As Integer
' individuelle Gestaltung der Statusleiste
StatusleisteSpeichern = _
 Application.DisplayStatusBar
Application.DisplayStatusBar = True
Application.Statusleiste = "Empfängername eingeben"
' Eingabe des Empfängers
Prompt = "Für wen ist das Angebot bestimmt?" _
 & Chr(13) & Chr(10) & _
  "((Bitte nur Namen und ggf. Vornamen eingeben!)"
Title = "Empfängereingabe"
Default = ""
Do While Empfänger = False Or Empfänger = ""
     Beep
     Empfänger = Application.Inputbox _
                 (Prompt; Title; Default; Type:=2)
Loop
' Den Empfänger in das Formular übertragen
Set TBL = WorkSheets("Angebot")
TBL.Cells(21; 3).Value = Empfänger
' Druckroutine für Original und 1. Kopie
inhalt = "ORIGINAL"
TBL.Cells(57; 7).Value = inhalt
Application.StatusBar = "drucke " & inhalt
For i = 1 To 2
     TBL.[PrintArea].PrintOut
     inhalt = "1. Kopie"
     TBL.Cells(57; 7).Value = inhalt
     Application.StatusBar = "drucke " & inhalt
Next i
' zurück zur Standard-Statusleiste
Application.DisplayStatusBar = False
```

```
Application.DisplayStatusBar =StatusleisteSpeichern
End Sub
```

Im Tabellenblatt Angebot sollten Sie vor der Druckausgabe die Gitternetzlinien ausschalten. Dies können Sie auch in der Prozedur *Ange-
botDrucken_BeiKlick* erledigen, indem Sie hinter dem Deklarationsteil
die folgende Anweisung einfügen.

```
TabellenBlattListe("Angebot"). _
SeitenEinrichtung.GitternetzLinienDrucken = Falsch
```

Englisch

```
Worksheets("Angebot").PageSetup. _
PrintGridlines = False
```

Zum Abschluß sind in das Tabellenblatt *Angebot* noch folgende Formeln und Bezüge zur Darstellung der variablen Daten einzustellen:

Zelle	Begriff	Formel oder Bezug
E25	Modell	=Index(Autofinanzierung!Wagentyp; Autofinanz!M2; 1)
E26	Listenpreis	=Autofinanz!C4
E27	Rabattbetrag	=Autofinanz!C5
E28	Anzahlung	=Autofinanz!C6
E29	Kreditsumme	=Autofinanz!C7
C32	Laufzeit	=Autofinanz!N6*12
A33	Zinssatz	=Autofinanz!N4/100
E35	monatl. Belastung	=Autofinanz!C8

11 Anhang

11.1 VBA-Schlüsselwörter

Englisch	Deutsch
Abs	Abs
Access	Zugriff
Alias	Original
And	Und
Any	Unbestimmt
AppActivate	AktiviereAnw
Append	Anhängen
ArgName	Argument
Array	Datenfeld
As	Als
Asc	Code
Atn	ArcTan
Attributes	Attribute
Base	Basis
Beep	Signal
BF	RF
Binary	Binär
Blue	Blau
Boolean	Boolesch
Buttons	Schaltflächen
ByRef	AlsZeiger
ByVal	AlsWert

Call	Rufe
Case	Fall
CBool	ZuBoolesch
CCur	ZuWährung
CDate	ZuDatumZeit
CDbl	ZuDoppelt
CDecl	CDekl
Character	Zeichen
CharCode	Zeichencode
ChDir	WechsleVerz
ChDrive	WechsleLW
Chr	Zn
CInt	ZuGanz
Class	Klasse
CLng	ZuLang
Close	Schliesse
Color	Farbe
Compare	Vergleiche
Const	Konst
Constant	Konstante
Context	HilfeKontextID
Conversion	Konvertierung
Cos	Cos
CreateObject	ErstelleObjekt
CSng	ZuEinfach
CStr	ZuZnF
CurDir	AktVerz
Currency	Währung
CVar	ZuVariant
CVDate	ZuVariantDatumZeit
CVErr	ZuFehler
Date	DatumZeit

Date	Datum
DateSerial	Datumszahl
DateValue	Datumswert
Day	Tag
Debug	Test
Declare	Deklariere
Default	Standard
DefBool	DefBoolesch
DefCur	DefWährung
DefDate	DefDatumZeit
DefDbl	DefDoppelt
DefInt	DefGanz
DefLng	DefLang
DefObj	DefObjekt
DefSng	DefEinfach
DefStr	DefZnF
DefVar	DefVariant
Destination	Ziel
Dim	Dim
Dir	Verz
Do	Durchlaufe
DoEvents	Ereignisse
Double	Doppelt
Drive	Laufwerk
Each	Alle
Else	Sonst
ElseIf	SonstWenn
Empty	Leer
End	Ende
EndIf	EndeWenn
EOF	DEnde
Eqv	Äqv

Erase	Lösche
Erl	FehlerZeile
Err	FehlerNr
Error	Fehler
Exit	Verlasse
Exp	Exp
Explicit	Explizit
Expression	Ausdruck
False	Falsch
FileAttr	DAttr
FileCopy	DKopiere
FileDateTime	DDatumZeit
FileLen	DLänge
FileNumber	Dateinummer
Fix	Schneide
For	Für
Format	Format
FreeFile	DNrNeu
Function	Funktion
Get	Hole
GetAttr	HoleAttr
GetObject	HoleObjekt
Global	Global
GoSub	RufeMarke
GoTo	GeheZu
Green	Grün
HelpFile	Hilfedatei
Hex	Hex
Hour	Stunde
If	Wenn
IMEStatus	IMEStatus
Imp	Imp

In	In
Input	Eingabe
InputB	EingabeB
InputBox	EingabeDlg
InStr	InZnF
InStrB	InZnFB
Int	RundeAb
Integer	Ganz
Is	Ist
IsArray	IstDatenfeld
IsDate	IstDatumZeit
IsEmpty	IstLeer
IsError	IstFehler
IsMissing	IstFehlend
IsNull	IstNull
IsNumeric	IstZahl
IsObject	IstObjekt
Kill	DLösche
LBound	GrenzeU
LCase	Klein
Left	Links
LeftB	LinksB
Len	Länge
LenB	LängeB
Length	Länge
Let	Bestimme
Lib	Biblio
Like	Wie
Line	Zeilen
Loc	Pos
Local	Lokal
Lock	Sperre

LOF	DGrösse
Log	Ln
Long	Lang
Loop	Schleife
LSet	SetzeL
LTrim	KürzeL
MacID	MacID
MacScript	MacScript
Mid	TeilZnF
MidB	TeilZnFB
Minute	Minute
MkDir	ErstelleVerz
Mod	Mod
Module	Modul
Month	Monat
MsgBox	MeldungsDlg
Name	Benenne
Next	Nächste
Not	Nicht
Nothing	Nichts
Now	Jetzt
Null	Null
Number	Zahl
Object	Objekt
Oct	Okt
Of	Von
On	Bei
Open	Öffne
Option	Option
Optional	Optional
Or	Oder
Output	Ausgabe

ParamArray	ArgumentListe
Path	Pfad
PathName	Pfadname
Preserve	Erhaltend
Print	Drucke
Private	Privat
Prompt	Eingabeaufforderung
Prompt	Meldung
Property	Eigenschaft
Public	Öffentlich
Put	Lege
Random	Wahlfrei
Randomize	ZufallInit
Read	Lese
Red	Rot
ReDim	Redim
Rem	Kmt
Reset	SchliesseAlles
Resume	Weiter
Return	Zurück
ReturnType	RückgabeTyp
RGB	RGB
Right	Rechts
RightB	RechtsB
RmDir	EntferneVerz
Rnd	Zufallszahl
RSet	SetzeR
RTrim	KürzeR
Script	Skript
Second	Sekunde
Seek	DPos
Select	Prüfe

SendKeys	SendeTastenF
Set	Setze
SetAttr	SetzeAttr
Sgn	VZchn
Shared	Gemeinsam
Shell	Starte
Sin	Sin
Single	Einfach
Source	Quelle
Space	LZn
Spc	PosLZn
Sqr	Wurzel
Static	Statisch
Step	Schrittweite
Stop	Stop
Str	ZnF
StrComp	VergleicheZnF
StrConv	KonvertiereZnF
Strict	Strikt
String	ZeichenF
String	Zeichenfolge
Sub	Sub
Tab	PosTab
Tan	Tan
Text	TextSpezial
Then	Dann
Time	Zeit
Timer	Zeitgeber
TimeSerial	Zeitzahl
TimeValue	Zeitwert
Title	Titel
To	Bis

Trim	Kürze
True	Wahr
Type	Typ
TypeName	TypName
UBound	GrenzeO
UCase	Gross
Unknown	Unbekannt
Unlock	Entsperre
Until	BisWahr
Val	Wert
Variant	Variant
VarName	Variable
VarType	VarTyp
vbAbort	vbAbbruch
vbAbortRetryIgnore	vbAbbruchWiederholenIgnorieren
vbApplicationModal	vbAnwendungModal
vbArchive	vbArchiv
vbArray	vbDatenfeld
vbBoolean	vbBoolesch
vbCancel	vbAbbrechen
vbCritical	vbKritisch
vbCurrency	vbWährung
vbDataObject	vbDatenObjekt
vbDate	vbDatumZeit
vbDefaultButton1	vbStdSchaltfläche1
vbDefaultButton2	vbStdSchaltfläche2
vbDefaultButton3	vbStdSchaltfläche3
vbDirectory	vbVerzeichnis
vbDouble	vbDoppelt
vbEmpty	vbLeer
vbError	vbFehler
vbExclamation	vbWarnung

vbHidden	vbVersteckt
vbHiragana	vbHiragana
vbIgnore	vbIgnorieren
vbInformation	vbInformation
vbInteger	vbGanz
vbKatakana	vbKatakana
vbLong	vbLang
vbLowerCase	vbKleinschreibung
vbNarrow	vbSchmal
vbNo	vbNein
vbNormal	vbNormal
vbNull	vbNull
vbObject	vbObjekt
vbOK	vbOK
vbOKCancel	vbOKAbbrechen
vbOKOnly	vbNurOK
vbProperCase	vbGroßschreibungWort
vbQuestion	vbFrage
vbReadOnly	vbNurLesen
vbRetry	vbWiederholen
vbRetryCancel	vbWiederholenAbbrechen
vbSingle	vbEinfach
vbString	vbZnFolge
vbSystem	vbSystem
vbSystemModal	vbSystemModal
vbUpperCase	vbGroßschreibung
vbVariant	vbVariant
vbVolume	vbDatenträger
vbWide	vbBreit
vbYes	vbJa
vbYesNo	vbJaNein
vbYesNoCancel	vbJaNeinAbbrechen

Wait	Wartezeit
WeekDay	Wochentag
Wend	EndeSolange
Where	Wobei
While	Solange
Width	Breite
WindowStyle	Fensterart
With	Mit
Write	Schreibe
Xor	XOder
XPos	XPosition
Year	Jahr
YPos	YPosition

Deutsch	Englisch
Abs	Abs
AktiviereAnw	AppActivate
AktVerz	CurDir
Alle	Each
Als	As
AlsWert	ByVal
AlsZeiger	ByRef
Anhängen	Append
Äqv	Eqv
ArcTan	Atn
Argument	ArgName
ArgumentListe	ParamArray
Attribute	Attributes
Ausdruck	Expression
Ausgabe	Output

Basis	Base
Bei	On
Benenne	Name
Bestimme	Let
Biblio	Lib
Binär	Binary
Bis	To
BisWahr	Until
Blau	Blue
Boolesch	Boolean
Breite	Width
CDekl	CDecl
Code	Asc
Cos	Cos
Dann	Then
Dateinummer	FileNumber
Datenfeld	Array
DAttr	FileAttr
Datum	Date
Datumswert	DateValue
Datumszahl	DateSerial
DatumZeit	Date
DDatumZeit	FileDateTime
DefBoolesch	DefBool
DefDatumZeit	DefDate
DefDoppelt	DefDbl
DefEinfach	DefSng
DefGanz	DefInt
DefLang	DefLng
DefObjekt	DefObj
DefVariant	DefVar
DefWährung	DefCur

DefZnF	DefStr
Deklariere	Declare
DEnde	EOF
DGrösse	LOF
Dim	Dim
DKopiere	FileCopy
DLänge	FileLen
DLösche	Kill
DNrNeu	FreeFile
Doppelt	Double
DPos	Seek
Drucke	Print
Durchlaufe	Do
Eigenschaft	Property
Einfach	Single
Eingabe	Input
Eingabeaufforderung	Prompt
EingabeB	InputB
EingabeDlg	InputBox
Ende	End
EndeSolange	Wend
EndeWenn	EndIf
EntferneVerz	RmDir
Entsperre	Unlock
Ereignisse	DoEvents
Erhaltend	Preserve
ErstelleObjekt	CreateObject
ErstelleVerz	MkDir
Exp	Exp
Explizit	Explicit
Fall	Case
Falsch	False

Farbe	Color
Fehler	Error
FehlerNr	Err
FehlerZeile	Erl
Fensterart	WindowStyle
Format	Format
Funktion	Function
Für	For
Ganz	Integer
GeheZu	GoTo
Gemeinsam	Shared
Global	Global
GrenzeO	UBound
GrenzeU	LBound
Gross	UCase
Grün	Green
Hex	Hex
Hilfedatei	HelpFile
HilfeKontextID	Context
Hole	Get
HoleAttr	GetAttr
HoleObjekt	GetObject
IMEStatus	IMEStatus
Imp	Imp
In	In
InZnF	InStr
InZnFB	InStrB
Ist	Is
IstDatenfeld	IsArray
IstDatumZeit	IsDate
IstFehlend	IsMissing
IstFehler	IsError

IstLeer	IsEmpty
IstNull	IsNull
IstObjekt	IsObject
IstZahl	IsNumeric
Jahr	Year
Jetzt	Now
Klasse	Class
Klein	LCase
Kmt	Rem
Konst	Const
Konstante	Constant
KonvertiereZnF	StrConv
Konvertierung	Conversion
Kürze	Trim
KürzeL	LTrim
KürzeR	RTrim
Lang	Long
Länge	Len
Länge	Length
LängeB	LenB
Laufwerk	Drive
Leer	Empty
Lege	Put
Lese	Read
Links	Left
LinksB	LeftB
Ln	Log
Lokal	Local
Lösche	Erase
LZn	Space
MacID	MacID
MacScript	MacScript

Meldung	Prompt
MeldungsDlg	MsgBox
Minute	Minute
Mit	With
Mod	Mod
Modul	Module
Monat	Month
Nächste	Next
Nicht	Not
Nichts	Nothing
Null	Null
Objekt	Object
Oder	Or
Öffentlich	Public
Öffne	Open
Okt	Oct
Option	Option
Optional	Optional
Original	Alias
Pfad	Path
Pfadname	PathName
Pos	Loc
PosLZn	Spc
PosTab	Tab
Privat	Private
Prüfe	Select
Quelle	Source
Rechts	Right
RechtsB	RightB
Redim	ReDim
RF	BF
RGB	RGB

Rot	Red
RückgabeTyp	ReturnType
Rufe	Call
RufeMarke	GoSub
RundeAb	Int
Schaltflächen	Buttons
Schleife	Loop
Schliesse	Close
SchliesseAlles	Reset
Schneide	Fix
Schreibe	Write
Schrittweite	Step
Sekunde	Second
SendeTastenF	SendKeys
Setze	Set
SetzeAttr	SetAttr
SetzeL	LSet
SetzeR	RSet
Signal	Beep
Sin	Sin
Skript	Script
Solange	While
Sonst	Else
SonstWenn	ElseIf
Sperre	Lock
Standard	Default
Starte	Shell
Statisch	Static
Stop	Stop
Strikt	Strict
Stunde	Hour
Sub	Sub

Tag	Day
Tan	Tan
TeilZnF	Mid
TeilZnFB	MidB
Test	Debug
TextSpezial	Text
Titel	Title
Typ	Type
TypName	TypeName
Unbekannt	Unknown
Unbestimmt	Any
Und	And
Variable	VarName
Variant	Variant
VarTyp	VarType
vbAbbrechen	vbCancel
vbAbbruch	vbAbort
vbAbbruchWiederholenIgnorieren	vbAbortRetryIgnore
vbAnwendungModal	vbApplicationModal
vbArchiv	vbArchive
vbBoolesch	vbBoolean
vbBreit	vbWide
vbDatenfeld	vbArray
vbDatenObjekt	vbDataObject
vbDatenträger	vbVolume
vbDatumZeit	vbDate
vbDoppelt	vbDouble
vbEinfach	vbSingle
vbFehler	vbError
vbFrage	vbQuestion
vbGanz	vbInteger
vbGroßschreibung	vbUpperCase

vbGroßschreibungWort	vbProperCase
vbHiragana	vbHiragana
vbIgnorieren	vbIgnore
vbInformation	vbInformation
vbJa	vbYes
vbJaNein	vbYesNo
vbJaNeinAbbrechen	vbYesNoCancel
vbKatakana	vbKatakana
vbKleinschreibung	vbLowerCase
vbKritisch	vbCritical
vbLang	vbLong
vbLeer	vbEmpty
vbNein	vbNo
vbNormal	vbNormal
vbNull	vbNull
vbNurLesen	vbReadOnly
vbNurOK	vbOKOnly
vbObjekt	vbObject
vbOK	vbOK
vbOKAbbrechen	vbOKCancel
vbSchmal	vbNarrow
vbStdSchaltfläche1	vbDefaultButton1
vbStdSchaltfläche2	vbDefaultButton2
vbStdSchaltfläche3	vbDefaultButton3
vbSystem	vbSystem
vbSystemModal	vbSystemModal
vbVariant	vbVariant
vbVersteckt	vbHidden
vbVerzeichnis	vbDirectory
vbWährung	vbCurrency
vbWarnung	vbExclamation
vbWiederholen	vbRetry

vbWiederholenAbbrechen	vbRetryCancel
vbZnFolge	vbString
Vergleiche	Compare
VergleicheZnF	StrComp
Verlasse	Exit
Verz	Dir
Von	Of
VZchn	Sgn
Wahlfrei	Random
Wahr	True
Währung	Currency
Wartezeit	Wait
WechsleLW	ChDrive
WechsleVerz	ChDir
Weiter	Resume
Wenn	If
Wert	Val
Wie	Like
Wobei	Where
Wochentag	WeekDay
Wurzel	Sqr
XOder	Xor
XPosition	XPos
YPosition	YPos
Zahl	Number
Zeichen	Character
Zeichencode	CharCode
ZeichenF	String
Zeichenfolge	String
Zeilen	Line
Zeit	Time
Zeitgeber	Timer

Zeitwert	TimeValue
Zeitzahl	TimeSerial
Ziel	Destination
Zn	Chr
ZnF	Str
ZuBoolesch	CBool
ZuDatumZeit	CDate
ZuDoppelt	CDbl
ZuEinfach	CSng
ZufallInit	Randomize
Zufallszahl	Rnd
ZuFehler	CVErr
ZuGanz	CInt
Zugriff	Access
ZuLang	CLng
Zurück	Return
ZuVariant	CVar
ZuVariantDatumZeit	CVDate
ZuWährung	CCur
ZuZnF	CStr

11.2 Objektnamen in VBA

Englische Begriffe	Deutsche Begriffe
AddIns	AddInListe
Application	Anwendung
Arcs	BogenListe
Areas (Range)	Fläche
Autocorrect	Autokorrektur
Axis	Achse
AxisTitle	Achsentitel

Borders	RahmenListe
Buttons	SchaltflächeListe
Characters	Zeichen
ChartArea	Diagrammfläche
ChartGroups	DiagrammgruppeListe
ChartObjects	DiagrammobjektListe
Charts	DiagrammListe
ChartTitle	Diagrammtitel
CheckBoxes	KontrollkästchenListe
Corners	Ecken
DataLabel	Datenbeschriftung
DataLabels	DatenbeschriftungsListe
Debug	Test
DialogFrame	Dialogfeldrahmen
Dialogs	DialogListe
DialogSheets	DialogblattListe
DownBars	NegAbwBalken
DrawingObjects	Zeichnungsobjekte
Drawings	ZeichnungListe
DropDowns	DropdownListe
DropLines	Bezugslinien
EditBoxes	BearbeitungsfeldListe
ErrorBars	Fehlerindikatoren
Floor	Bodenfläche
Font	Schriftart
Gridlines	Gitternetzlinien
GroupBoxes	GruppenfeldListe
GroupObjects	ObjektgruppeListe
HiLoLines	Spannweitenlinien
Interior	Innenbereich
Labels	BezeichnungsfeldListe
Legend	Legende

LegendEntries	LegendeneintragListe
LegendKey	Legendenschlüssel
Lines	LinieListe
ListBoxes	ListenfeldListe
Mailer	Wurfsendung
Menubars	MenüleisteListe
Menuitems	Menüelement
Menus	Menü
Modules	Modulliste
Name	Name
Names	NameListe
OLEObjects	OLEObjektListe
OptionButtons	OptionsfeldListe
Outline	Gliederung
Ovals	EllipseListe
PageSetup	Seiteneinrichtung
Panes	AusschnittListe
Pictures	BildListe
Pivotfields	PivotfeldListe
PivotItems	PivotelementListe
PivotTables	PivottabelleListe
PlotArea	Zeichnungsfläche
Points	DatenpunktListe
Range	Bereich
Rectangles	RechteckListe
RoutingSlip	Verteiler
Scenarios	ScenarioListe
ScrollBars	BildlaufleisteListe
SeriesCollection	DatenreiheListe
SeriesLines	Verbindungslinien
Sheets	BlattListe
SoundNote	AudioNotiz

Spinners	DrehfeldListe
Style	Formatvorlage
TextBoxes	TextfeldListe
TickLabels	Teilstrichbeschriftungen
ToolbarButtons	SymbolleistenschaltflächeListe
Toolbars	SymbolleisteListe
Trendlines	TrendlinienListe
UpBars	PosAbwBalken
Walls	Wände
Windows	FensterListe
Workbooks	ArbeitsmappeListe
Worksheets	TabellenblattListe

Deutsche Begriffe	Englische Begriffe
AddInListe	AddIns
Anwendung	Application
BogenListe	Arcs
Fläche	Areas (Range)
Autokorrektur	Autocorrect
Achse	Axis
Achsentitel	AxisTitle
RahmenListe	Borders
SchaltflächeListe	Buttons
Zeichen	Characters
Diagrammfläche	ChartArea
DiagrammgruppeListe	ChartGroups
DiagrammobjektListe	ChartObjects
DiagrammListe	Charts
Diagrammtitel	ChartTitle
KontrollkästchenListe	CheckBoxes

Ecken	Corners
Datenbeschriftung	DataLabel
DatenbeschriftungsListe	DataLabels
Test	Debug
Dialogfeldrahmen	DialogFrame
DialogListe	Dialogs
DialogblattListe	DialogSheets
NegAbwBalken	DownBars
Zeichnungsobjekte	DrawingObjects
ZeichnungListe	Drawings
DropdownListe	DropDowns
Bezugslinien	DropLines
BearbeitungsfeldListe	EditBoxes
Fehlerindikatoren	ErrorBars
Bodenfläche	Floor
Schriftart	Font
Gitternetzlinien	Gridlines
GruppenfeldListe	GroupBoxes
ObjektgruppeListe	GroupObjects
Spannweitenlinien	HiLoLines
Innenbereich	Interior
BezeichnungsfeldListe	Labels
Legende	Legend
LegendeneintragListe	LegendEntries
Legendenschlüssel	LegendKey
LinieListe	Lines
ListenfeldListe	ListBoxes
Wurfsendung	Mailer
MenüleisteListe	Menubars
Menüelement	Menuitems
Menü	Menus
Modulliste	Modules

Name	Name
NameListe	Names
OLEObjektListe	OLEObjects
OptionsfeldListe	OptionButtons
Gliederung	Outline
EllipseListe	Ovals
Seiteneinrichtung	PageSetup
AusschnittListe	Panes
BildListe	Pictures
PivotfeldListe	Pivotfields
PivotelementListe	PivotItems
PivottabelleListe	PivotTables
Zeichnungsfläche	PlotArea
DatenpunktListe	Points
Bereich	Range
RechteckListe	Rectangles
Verteiler	RoutingSlip
ScenarioListe	Scenarios
BildlaufleisteListe	ScrollBars
DatenreiheListe	SeriesCollection
Verbindungslinien	SeriesLines
BlattListe	Sheets
AudioNotiz	SoundNote
DrehfeldListe	Spinners
Formatvorlage	Style
TextfeldListe	TextBoxes
Teilstrichbeschriftungen	TickLabels
SymbolleistenschaltflächeListe	ToolbarButtons
SymbolleisteListe	Toolbars
TrendlinienListe	Trendlines
PosAbwBalken	UpBars
Wände	Walls

FensterListe	Windows
ArbeitsmappeListe	Workbooks
TabellenblattListe	Worksheets

11.3 Literaturverzeichnis

Brudermanns, Benno: Excel für Windows 95, Eine strukturierte Einführung, Reinbek 1996

Kofler, Michael: Anwendungsprogrammierung mit Excel 5.0, Bonn 1994

Microsoft Corporation: Microsoft Excel, Visual Basic Programmierleitfaden, Version 7, Unterschleißheim 1995

Microsoft Corporation: Microsoft Excel, Visual Basic Sprachverzeichnis, Version 7, Unterschleißheim 1995

Microsoft Corporation: Visual Basic Benutzerhandbuch, Unterschleißheim 1993

Hinweis

Autoren, Herausgeber und Verlag haben sämtliche Angaben, Hinweise und Beispiele, die in diesem Buch aufgeführt sind, sorgfältig geprüft. Dennoch können Fehler nicht völlig ausgeschlossen werden. Autoren, Herausgeber und Verlag können deshalb keine Gewährleistung für die einwandfreie Funktion aller Angaben, Hinweise und Beispiele übernehmen. Für etwaige Folgeschäden an Geräten und Programmen, die durch die Benutzung der Inhalte dieses Buches entstehen können, wird keine Haftung übernommen.

Für Hinweise auf Fehler und Verbesserungsvorschläge sind wir sehr dankbar.

11.4 Sachwortregister

Absoluter Bezug 33
Annuitäten-Anwendung 214 ff.
Anweisung 43, 57
ArbeitsmappeListe 186
Argumente 57, 120 ff.
Auflistungsobjekt 186
Auswählen-Methode 181
Auswahlstrukturen 135 ff.
Auto-Prozedur 125 ff.
Auto_Öffnen() 296

Bearbeitungsfeld 195, 202 ff.
Bedingungsabfrage 147 ff.
Befehlsschaltfläche 28, 195, 265
Befehlsschaltfläche benennen 28
BeiAktion 173
BeiBerechnung 174
BeiBlattaktivierung 175
BeiDatenerhalt 176
BeiDoppelklick 176
BeiEingabe 178
BeiEreignis-Eigenschaften 172
BeiEreignis-Prozeduren 172
BeiFensterwechsel 180
Benannte Argumente 182
Benutzerdefinierte Schaltflächen 25
Bereich-Objekt 167
Bereichszuweisung 117
Bezeichnungsfeld 195, 200 ff.
Bezugsart 33
Bildlaufleiste 196, 335
Bildschirmaktualisierung 51, 286
Bildschirmorganisation 296
BlattListe 188
Boolean 66

Code drucken 41
Code ergänzen 51
Code löschen 48
Code verschieben 48
Code-Elemente gestalten 41
Codesprache 132 ff.
Currency 66

Datenausgabe 233 ff.
Datenbank 270
Datendeklaration 65 f.
Dateneingabe 226 ff.
Datenmaske zeigen 270
Datentypen 65 ff.
Deklarationsanweisungen 102
Deklarationsbereich 97
Deklarationsteil 106 ff.
DiagrammListe 188
Dialog-Symbolleiste 194 ff.
DialogblattListe 188
Dialogeditor 190 ff.
Dialogelemente 194 ff.
Dialogfeld, benutzerdefiniert 243
Dialogfelder 190 ff.
Dialogfeldtitel 193
DialogListe 189
Dialogmenü 190
Differenzkalkulation 77
Double 66
Drehfeld 196, 209 f., 334
Drop-down-Feld 195

Eigenschaften 165
Eigenschaften, Schreibweise 169
Eigenschaftswert 167, 170 f.
Einfachauswahl 136 ff.

Eingabeanweisung 116
EingabeDialog-Funktion 250
EingabeDlg-Funktion 226 ff.
Eingabefeld-Methode 230 ff., 251
Endlosschleife 147
Ereignis 125 f., 168
Ereignis-Prozeduren 168

Fallunterscheidung 143 ff.
Fenster teilen 39
Format-Funktion 253
Funktion RMZ 341
Funktion SVERWEIS 285, 289, 293
Funktionen 53 ff.
Funktions-Assistent 62 f.
Funktionsaufruf 54 f.
Funktionsbegriff 53
Funktionskategorie 125
Funktionsname 56
Funktionsprozedur 98

Global.xlm 32
Grafik einfügen 28
Gruppenfeld 195
Gruppenrahmen 205 ff.
Gültigkeitsbereiche 127 ff.

Handelskalkulation 71 ff.
Hauptmenü 72
Hauptprogramm 114
Hauptprozedur 101
Hilfefunktion 99
Hinzufügen-Methode 187

Index 186
Indexfunktion 216
Industriekalkulation 87 ff.
Installation 14
Integervariable 66

Integrierte Konstante 184
Integrierte Schaltflächen 25

Kennwortvergabe 205
Kennziffern 77 f.
Kommentare 103
Kommentarzeilen 44
Konstante 122 ff.
Kontrollkästchen 195
Kontrollstrukturen 135 ff.

Ländereigenschaften 58
Landesspezifische Einstellungen 14
Liste drucken 279
Listenfeld 195, 206 ff.
Listenfeld einrichten 310
Listentrennzeichen 57 f.
Long 66

Makro aufzeichnen 16
Makro ausführen 19
Makro benennen 18
Makro speichern 30 ff.
Makro zeigen 34
Makroaufzeichnung beenden 18
Makrooptionen 29
Makro-Recorder 16
Makros in das Menü Extras einbinden 23
Mehrseitige Auswahl 139 ff.
Meldungsdialog 250, 325
MeldungsDlg-Funktion 185, 233 ff.
MenüleisteListe 189
MenüleisteListe-Methode 184
Methoden 165
Methoden, Schreibweise 180
Modulblatt 35
Modulblatt benennen 38

Modulblatt einfügen 38
Module strukturieren 106 ff.
Modulfenster teilen 39
ModulListe 189

Nur-Lese-Zugriff 169

Objekt formatieren 28
Objektauflistung 186
Objekte 119, 165
Objekte steuern 169
Objekthierarchie 165
Objektkatalog 64 f., 166, 184
Objekt-Methode 167
Öffentliche Gültigkeit 129
Optionen 107
Optionsfeld 195

Personl.xls 32
Persönliche Makro-Arbeitsmappe
  31
Private Gültigkeit 129
Problemanalyse 100
Programm beenden 295
Programm-Code bearbeiten 40
Programmpflege 105 f.
Programmtest 105 f.
Prozedur 42
Prozeduren aktivieren 122 ff.
Prozeduren deklarieren 113 ff.
Prozedurkonzept 95 ff.
Prozedurname 43
Prüfe-Fall-Struktur 143 ff.

Register-Dialogfeld 197
Relative Aufzeichnung 34
Relativer Bezug 33
Rückgabewert 57, 326
Rufe-Anweisung 277

Schaltflächen 72 ff., 208 ff., 235 ff.
Schleifenstrukturen 146 ff.
Schlüsselwort 43
Schnelltasten 21, 40
Schreib-Lese-Zugriff 169
Schrittweite 151 ff.
Schutzeinstellungen 202
Selbstdefiniertes Dialogfeld 295,
  332
Shortcuts 21
Single 66
SonstAnweisungen 140 f.
Sortierprozedur 278
Sprachverzeichnis 43
Sprungbefehl 157 ff.
Steuerelemente 190 ff.
Steuerung 197
String 67
Sub-Prozedur 98, 115 ff.
SymbolleisteListe 189
Syntaxfehler 103
Syntaxprüfung 60

TabellenblattListe 188
Tastenschlüssel 124
Teilung aufheben 39
Typenkennzeichen 66 f.

Unterprozedur 270

Variable 107 f.
Variant 110
VBA 12
VBA-Anweisungen 102 ff.
VBA-Entwicklungsumgebung 37
VBA-Programmierumgebung 95 ff.
Vergleichsoperatoren 135
Verschachtelung 159 f.
Verweise 130 f.

Verweistabellen 285
Verzweigungen 135 ff.
Visual Basic 12
Visual-Basic-Modul 34, 37, 54,
    58 ff.
Visual-Basic-Symbolleiste 20, 39

Wenn...Dann-Anweisung 136 ff.
Wenn-Dann-Struktur 69 f.
Wertberechnung 117

Werte zuweisen 118
Wiederholungsstruktur 70

Zählergesteuerte Schleife 151 ff.
Zählvariable 151 f.
Zeigen-Methode 221 ff.
Zeilenmarke 157
ZelleListe-Methode 316
Zugriffstaste 202
Zuweisungsanweisungen 102

Grundkurs Computerpraxis
bietet Schulungskurse im Taschenbuchformat, die systematisch die Grundlagen für gängige Anwendungsprogramme vermitteln. Von erfahrenen Didaktikern in der Ausbildungspraxis erprobt, bieten sie einen effektiven Zugang zu Standardsoftware, Betriebssystemen und Programmiersprachen.

Benno Brudermanns /
Gregor Kuhlmann /
Lutz Seemann
Access für Windows 95
(rororo computer 9832)
Access 2 für Windows
(rororo computer 9810)

Reiner Backer
Assember
(rororo computer 9249)

Hans Stiehl / Dirk Helbig
AutoCAD für Windows *Der Einstieg*
(rororo computer 9809)

Helmut Erlenkötter /
Volker Reher
C für Windows *Visual C++, Borland C++, Turbo C+*
(rororo computer 9234)
Objektorientiertes Programmieren in C++
(rororo computer 9282)
Programmiersprache C *Visual C, Quick C, MS-C/C++, Turbo-, Borland C++*
(rororo computer 8166)

G. Kuhlmann / A. Parkmann
J. Röhl / J. Verhuven
Computerwissen für Einsteiger
(rororo computer 9825)

Michael Monka /
Werner Voß
CorelDraw! *bis Version 3.0*
(rororo computer 9223)
CorelDraw 5 *Mit Corel Ventura*
(rororo computer 9280)

Peter Freese /
Friedrich Müllmerstadt
dBase 5 für Windows
(rororo computer 9238)

Gregor Kuhlmann /
Friedrich Müllmerstadt
DB 2 *für OS/2*
(rororo computer 9834)

rororo computer wird herausgegeben vom *Ludwig Moos*. Ein Gesamtverzeichnis der Reihe finden Sie in der *Rowohlt Revue*. Jedes Vierteljahr neu. Kostenlos in Ihrer Buchhandlung.

Grundkurs Computerpraxis

Benno Brudermanns
Excel für Windows 95
(rororo computer 9831)
Excel 5 für Windows
(rororo computer 9281)
Excel 4.0 für Windows *mit Version 3.0*
(rororo computer 9229)

Gisela Engeln-Müllges /
Klaus Niederdrenk
Fortran 90 *mit Fortran 95*
(rororo computer 9826)

Paul Klimsa /
Michael Maruschke
ISDN *Das schnelle Netz für alle Dienste*
(rororo computer 9843)

Werner Wehmeier /
Gregor Kuhlmann /
Bernhard Karrasch
KHK Classic Line 8 *mit Version 97*
(rororo computer 9845)

Ernst Tiemeyer
Lotus 1-2-3 5 für Windows
(rororo computer 9816)

Peter Freese
MS-DOS *bis Version 6.2*
(rororo computer 9259)

Jochen Waßermann
MS-Money für Windows 95
(rororo computer 9847)

Paul Klimsa
Multimedia *Anwendungen, Tools und Techniken*
(rororo computer 9823)

Peter Freese / Heinrich
Tofall / Werner Wehmeier
Novell NetWare *bis Version 3.11*
(rororo computer 9222)

Peter Freese /
Friedrich Müllmerstadt
OS/2 Warp
(rororo computer 9827)

Peter Freese
PC-Starter *Computer einfach bedienen*
(rororo computer 9856)

Bernd Neuhaus / Joachim
Röhl / Johannes Verhuven
Power für den PC *Sinnvoll aufrüsten, gezielt Schwächen beseitigen*
(rororo computer 9835)

Benno Brudermanns /
Ernst Tiemeyer
PowerPoint für Windows 95
(rororo computer 9833)
PowerPoint 4 für Windows
(rororo computer 9800)

rororo computer

rororo computer wird herausgegeben von *Ludwig Moos.* Ein Gesamtverzeichnis der Reihe finden Sie in der *Rowohlt Revue.* Jedes Vierteljahr neu. Kostenlos in Ihrer Buchhandlung.

Grundkurs Computerpraxis

Peter Höver / Ernst Tiemeyer
Quattro Pro 5 für Windows
(rororo computer 9239)

Michael Monka /
Werner Voß
Softwarewissen für Einsteiger
*Voraussetzung für die
richtige Wahl*
(rororo computer 9209)

Gregor Kuhlmann /
Friedrich Müllmerstadt
**SQL für DOS, Windows, OS/2
und Unix**
(rororo computer 9289)

Gregor Kuhlmann
Turbo-Pascal *bis Version 7.0*
(rororo computer 8148)
**Turbo-Pascal für Fortge-
schrittene**
bis Version 7.0
(rororo computer 8155)

Gregor Kuhlmann / Ulrich
Bornschein / Lutz Seemann
Turbo-Pascal für Windows
*Objektorientierte
Programmierung und
Grafik (bis Version 7.0)*
(rororo computer 9235)

Hans-Josef Heck
UNIX
(rororo computer 8167)
**UNIX für Fortgeschrittene 1
Benutzerumgebung und
Kommando-sprache**
(rororo computer 8187)

Alexander Parkmann /
Martin Schröder
Visual Basic für Windows
Version 3.0
(rororo computer 9248)

Helmut Erlenkötter /
Volker Reher
Windows 95
(rororo computer 9801)

WINDOWS 3.1 *bis Version
3.1*
(rororo computer 9230)

Joachim Röhl /
Johannes Verhuven
Word für Windows 95
(rororo computer 9830)
Word für Windows 95 *Der
Fortgeschrittenenkurs.
Grafiken, Makros, Formeln
und Tabellen*
(rororo computer 9846)
Word 6 für Windows
(rororo computer 9286)
WinWord 6 für Fortgeschrittene
(rororo computer 9255)
MS-Word 6
(rororo computer 9269)

Hermann Mehlig
Works für Windows 95
(rororo computer 9844)
Works 3 für Windows
(rororo computer 9287)

rororo computer

rororo computer wird herausgegeben von *Ludwig
Moos*. Ein Gesamtverzeichnis der Reihe finden Sie in
der *Rowohlt Revue*. Jedes
Vierteljahr neu. Kostenlos in
Ihrer Buchhandlung.

3432/6

Experten sind sich einig: Die Welt geht online. Die Telekommunikation, schon heute aus dem beruflichen und privaten Leben nicht mehr wegzudenken, gilt als eine Schlüsseltechnologie der Zukunft. Ob Telebanking oder computergestütztes Verkaufen, Austausch über Mailboxen oder das Nutzen des World Wide Web im Internet – mit den Online-Büchern bei rororo computer gehen Sie auf spannende und unterhaltsame Datenreisen.

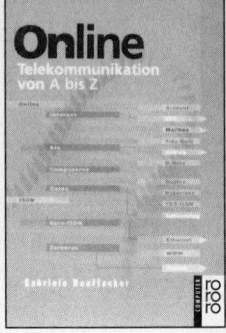

Gabriele Hooffacker
Online *Telekommunikation von A bis Z*
(rororo computer 9818)

Ingo Steinhaus
Keine Panik! Online-Dienste Sicher nutzen
(rororo computer 9849)
Kommerzielle Online-Dienste sind die neue Boom-Branche innerhalb der Computerindustrie. Welcher Dienst ist wofür der richtige? Was findet man wie und wo am schnellsten? Ein Ratgeber.

Martin Goldmann / Claus Herwig / Gabriele Hooffacker
Internet *Per Anhalter durch das globale Datennetz*
(rororo computer 9225)
Kommunikation rund um den Erdball: Das «globale Dorf» ist mit den internationalen Datennetzen Wirklichkeit geworden. Via Internet sind Datenreisen inzwischen für jeden Computerbesitzer möglich und erschwinglich. Was man braucht und wie man es anstellt, sich in dieser virtuellen Welt zu bewegen, zeigt dieser Datenreiseführer.

Gabriele Hooffacker /
Sven Mainka
Online-Guide Computer & Software *Findig reisen in den Netzen*
(rororo computer 9851)
So finden Sie aktuelle Software zum Downloaden, aber auch verläßliche Auskunft zu kniffligen Fragen und Hilfe bei alltäglichen Problemen.

Gabriele Hooffacker /
Peter Lokk
Online-Guide Beruf & Business *Findig reisen in den Netzen*
(rororo computer 9852)
Der Band zeigt unter anderem, wie die Jobsuche übers Datennetz funktioniert, wie Sie aktuelle Geschäftsinformationen bekommen oder wie Sie online Kontakte zu Kunden und Geschäftspartnern finden und halten.

Paul Klimsa /
Michael Maruschke
ISDN *Das schnelle Netz für alle Dienste*
(rororo computer 9843)
Dieser Band macht ohne Vorwissen mit der Technik vertraut und bietet dem Einsteiger alle Hilfen bei der praktischen Nutzung.